신장 위구르
자치구

닝샤후이족
자치구

충칭

베이징

헤이룽장성

네이멍구자치구

지린성

간쑤성

랴오닝성

칭하이성

산시성
(山西省)

톈진

허베이성

산둥성

산시성
(陝西省)

허난성

장쑤성

안후이성

상하이

쓰촨성

후베이성

저장성

시짱자치구

후난성

장시성

푸젠성

윈난성

광시좡족
자치구

광둥성

홍콩

구이저우성

마카오

하이난성

중국 전도

장자제시
(張家界)

창더시
(常德)

웨양시
(岳陽)

샹시 투자족
마오족 자치주
(湘西土家族苗族
自治州)

둥팅호
(洞庭湖)

이양시
(益陽)

창사시
(長沙)

화이화시
(懷化)

뤄디시
(婁底)

샹탄시
(湘潭)

주저우시
(株洲)

사오양시
(邵陽)

헝양시
(衡陽)

융저우시
(永州)

천저우시
(郴州)

후난성 지도

Maoroad
湖南, 毛之路

신이 된 마오쩌둥

나남
nanam

서명수 徐明秀

중국이 눈에 들어온 건 한순간이었다. 1998년 남북고위급 회담 취재를 위해 베이징행
비행기를 탔다. 밤늦게까지 이어진 남북회담을 취재하고 택시를 탔다가 강제로 베이
징 뒷골목 투어를 당했다. 그것이 중국에 빠져들게 한 짜릿한 유혹이 될 줄 몰랐다.
톈안먼 앞을 가로지르는 창안제의 화려한 야경 뒤에 숨어있던 베이징 서민들의 삶.
그것은 중국식 만두피 속에 감춰져 있던 만두소를 맛본 것과 같은 끌림이었다. 비록
따따블의 택시비 바가지라는 대가를 치렀지만….
2005년 중국사회과학원에서 진수과정을 거친 뒤 온 가족을 베이징에 볼모로 남겨둔
채, 수시로 중국을 드나들었다. 이 거대한 대륙을 살아가는 중국인들의 속살을 들여
다보려고 무진 애를 썼다.
그것이 중국프로젝트인 '서명수의 중국 대장정'이었다. 《인민복을 벗은 라오바이싱》
(2007) 을 시작으로 중국의 30여 성·시·자치구를 각각 한 권의 책으로 섭렵하기로 마
음먹었다. 《허난, 우리는 요괴가 아니다》(2009, '허난 본색'으로 개정출간 예정) 에 이
어 《산시, 석탄국수》(2014) 를 내놓았고 《후난, 마오로드》는 네 번째 결과물이다. 다
음은 《닝샤, 잃어버린 왕국》(가제) 과 《충칭, 홍색삼림》(가제) 을 집필하고 있다.
2010~2012년 EBS 〈세계테마기행〉을 통해 중국전문기자로 산시성과 후난성, 닝샤
회족자치구를 안내했다.

서명수의 중국 대장정 3
후난, 마오로드
신이 된 마오쩌둥

2015년 5월 5일 초판 발행
2015년 5월 5일 초판 1쇄

지은이 · 徐明秀
발행자 · 趙相浩
발행처 · (주) 나남
주소 · 413-120 경기도 파주시 회동길 193
전화 · (031) 955-4601 (代)
FAX · (031) 955-4555
등록 · 제 1-71호(1979.5.12)
홈페이지 · http://www.nanam.net
전자우편 · post@nanam.net

ISBN 978-89-300-8796-4
ISBN 978-89-300-8655-4 (세트)
책값은 뒤표지에 있습니다.

서명수의 중국 대장정 3

후난 마오로드

Maoroad
湖南, 毛之路

신이 된 마오쩌둥

나남
nanam

그 길의 초입에서

— 무더운 어느 여름 날, 두 청년은 팍팍한 시골길을 걷고 있었다.

여름방학을 맞아 무전여행을 나선 길이었다. 주머니에 땡전 한 푼 없었기 때문에 '거지여행'이라 이름붙인 이 여정은 결코 낭만적이지 않았다. 이 여행의 목표는 '난관에 부딪쳤을 때 어떻게 그 역경의 파도를 헤쳐 나갈 것인가'를 시험하기 위한 일종의 극기 훈련 같은 것이었다. 그들은 '동가식서가숙'(東家食西家宿) 하면서 세상구경을 하고 있었다.

두 사람은 제1사범학교 동창생이자 옆 동네에서 자란 둘도 없는 친구였다.

하지만 타고난 성격과 정치적 견해는 극과 극이었다. 그래서 두 사람은 무전여행 내내 사사건건 정치적 이견 때문에 논쟁을 벌인다.

한 사람은 국민당의 중심인물이 된 샤오위(蕭瑜). 그리고 다른 한 청년은 마오쩌둥(毛澤東)이었다.

정치권력이 칼과 같다는 말인가? 칼이 살생을 위해 만들어졌기 때문에 애초에 만들지 말아야했다는 말은 아니겠지? 칼은 정교한 조각을 만드는 데도 쓰인다고. 마찬가지로 정치권력도 나라를 조직하고 개발하는 데 사용될 수 있는 거야.

— 마오쩌둥

친구 샤오위가 기억하는 마오쩌둥은 농촌출신의 투박하고 고집 센 청년이었다. 글씨는 엉망이었으나 글재주와 언변은 탁월했고, 독선적인 야심가였다. 둘은 여행의 피로에 몸이 녹초가 됐지만 밤마다 토론을 멈추지 않았다.

중국 역사든 다른 나라 역사든, 그것을 분석해보면 적을 죽이려고 하지 않은 정치란 찾아볼 수 없어. 최고의 정치가들도 국민을 죽이거나 다치게 하기 쉽다는 말이야. 난 그런 걸 선한 행위로 인정할 수 없네.

— 샤오위

그러나 마오쩌둥은 '나라를 개혁하기 위해서는 권력을 잡아야 하고, 그 과정에서 국민의 일부를 희생시키는 것은 어쩔 수 없다'는 논리를 고수했다. 또 정치의 속성이 사람의 품위를 해치는 것이고, 성공한 정치가들 중에서 정직과 도덕을 갖춘 사람은 없다고 반박했다.

진시황, 한고조, 당태종, 송태조, 칭기즈칸, 주원장, 그리고 그 밖의 다른 사람들을 보라고. 그 사람들이 정직했나? 태곳적부터 중국에서 권력을 숭상하던 사람들은 정신이 비열한 사람들이었네. 권력과 비열한 정신은 서로 밀접한 관계에 놓여있어….

마오쩌둥의 생각은 확고했다. 그는 정치권력이 선하기를 기다리는 건 현실을 도외시한 이상이라고 반박했다. 둘은 현실과 이상에서 부딪쳤다. 그러나 그들의 우정은 한동안 돈독했다.

그들은 서구 열강의 각축장이 된 중국을 개혁하겠다는 열정으로 주도적으로 중국공산당의 모태가 된 '신민학회'(新民學會)를 조직했다. 당시 그들은 공산주의가 마치 금방이라도 중국을 개혁할 수 있는 마술봉인 것처럼 간주했다. 그들은 맹목적으로 러시아의 공산주의를 추종했고, 그 체제를 중국에 들여오기 위해 무진 애를 썼다. 마오쩌둥과 샤오위는 이 조직의 중추적인 역할을 담당했다.

하지만 시간이 지날수록 권력욕을 공공연하게 드러낸 마오쩌둥과 달리 샤오위는 자본주의에 반대하지만 궁극적으로 러시아 공산주의가 중국에 도입될 경우 중국인들은 자유를 강탈당하고 불행해질 것이라는 믿음을 가지게 됐다.

마침내 그들은 끈끈한 우정을 유지하되 다른 길을 가기로 했다. 마오쩌둥보다 더 똑똑하고 우수했지만 '자유'를 버릴 수 없었던 샤오위는 절친한 친구 마오쩌둥이 중국 공산당의 지도자로 우뚝 서서 혁명의 광풍을 일으키면서 피비린내 나는 역사의 한 페이지를 쓰는 동안 반대편인 장제스(張介石)의 국민당 정부에서 일을 했다. 그리고 신중국이 건국되자 다시는 중국으로 되돌아가지 않았다. 그는 공산주의에 반대한 최초의 중국인이었다. 세월이 흐른 뒤 그는 친구였던 마오쩌둥에 대해 이렇게 정의했다.

'나는 단호했고, 그는 격렬했다.'

마오쩌둥을 신격화하거나 찬양한 수많은 마오쩌둥 전기의 홍수 속에서 청년 마오쩌둥과 함께 같은 길을 걷다가, 정치적으로 반대편의 길로 접어들었던 샤오위가 쓴《마오쩌둥과의 거지여행》(我和毛澤東行 乞記)을 우연히 접했다. 그것은 온갖 향신료와 조미료 범벅이 된 냉동식품을 먹다가 신선한 야채를 씹었을 때 느끼는 청량감 같은 것이었다. '동방의 붉은 태양'(東方紅)이라는 등의 우상숭배와 신화로 과대 포장된 마오쩌둥의 속살을 처음으로 마주한 것과도 같았다.

후난을 걸었다.
청년 마오쩌둥이 친구 샤오위와 걸었던 길, '비열하다는 비난을 감수하고서라도, 무력투쟁을 해서라도 권력을 잡아야겠다'며 무서운 욕망을 굳혔던 길. 혁명가의 꿈을 키우며 황제의 야망을 몰래 불태웠던 그 길이었다. 그리고 마침내 그는 진시황에 이어 두 번째로 중국을 통일한 '신중국'의 시황제가 되는 데 성공했다.

그리하여 후난은 마오 아닌 길이 없다.

후난의 길 그 어디서나 마오의 발자국, 마오의 숨결, 마오의 불온한 신화들이 창궐해있다.

나는 그 길 위에서 마오의 고향사람들, 마오가 스쳐갔던 풍경들, 그가 만났던 사람들을 다시 만났다. 그가 남긴 흔적들을 찾아 헤매면서 '살아있는' 마오의 원형을 더듬어갔다.

이 길을 '마오로드'(毛之路) 라고 이름 붙였다. 그것은 마오의 '욕망의 길'이었다.

피는 함께 나누어도 빵은 함께 나눌 수 없는 것, 그것이 권력이다.

나의 뇌리 속에서 오랫동안 맴돌고 있던 이 한마디를 되뇌면서 '후난, 그 붉은 길'을 하염없이 걷고 또 걸었다.

2015년 5월
서 명 수

2014년 12월 25일 오후 3시 25분.

기적과 함께 황금색 '마오쩌둥 주석의 초상을 새긴 마오쩌둥호'라는 표식을 단

T1 열차가 창사를 향해 출발했다.

이 열차는 전 중국에서 유일한 '마오쩌둥호'다.

특히 이번 마오쩌둥호는 1946년 첫 운행한 이래로 여섯 번째 모델로 가장 화려하다.

T1 열차는 16시간 후인 26일 오전 마오쩌둥 주석의 고향인

후난성 창사역에 도착했다.

크리스마스 다음 날인 이날은 마오 주석 탄신 121주년이었다.

마오는 중국에서 살아있는 신(神)이다.

Maoroad
湖南, 毛之路

신이 된 마오쩌둥

차례

1부

붉은 길

여행에도 색깔이 있다.

마오쩌둥(毛澤東)을 찾아 나서는 여행.

그것이 붉은 여행이다.

1. 붉은 여행

'훙커', 붉은 여행객이다.

한국을 찾는 중국여행객들을 '요우커'(游客)라고 하듯이 중국 혁명의 성지를 찾아 나서는 여행객들을 중국에서는 '훙커'(紅客)라고 부른다.

'홍색(紅色) 여행'이 중국 국내관광의 한 형태로 자리 잡은 지는 이미 10여 년 이상이 지났다.

오성홍기(五星紅旗, 중국국기)나 '붉은' 깃발을 앞장세운 100여 명의 여행객들이 줄을 서서 마치 열을 맞춘 듯 앞서거니 뒤서거니 마오쩌둥 주석의 동상 앞으로 경건하게 걸어가고 있었다. 행렬의 맨 앞줄에 선 두 사람은 한눈에 보기에도 호화롭고 거대한 화환을 양손으로 떠받든 채 종종걸음치고 있었다.

화환은 무척 웅장하고 화려했다. 참배행렬 앞으로는 제복을 단정하게 차려입은 인민해방군 전사들이 절도 있는 동작으로 참

마오쩌둥을 찾아 나선 붉은 여행객들이
마오의 비밀별장 '디슈이둥' 1호 별장에 전시된
활짝 웃는 마오쩌둥의 사진 앞을 지나가고 있다.

배객들을 이끌었다. 광장 맨 안쪽에 위치한 마오쩌둥(毛澤東) 주석의 동상 앞에 헌화한 참배객들은 일제히 고개를 숙였다. 그리고는 뒤돌아서서 환하게 웃은 채 기념사진을 찍어댔다. 참배대열이 한 차례 지나가자 곧바로 '붉은 스카프'를 맨 100여 명의 학생들이 다시 무리지어 쏟아져 들어왔다. 마오쩌둥 동상 광장은 하루 종일 참배객들로 인파가 끊이지 않았다.

'홍색여행단'이었다.

마오쩌둥의 고향마을이자 옛집(故居)이 있는 이곳 '샤오산'(韶山)은 10여 년 전부터 마오 주석의 혁명 흔적을 찾아 나선 붉은 여행객들로 넘쳐나고 있다. 그들이 찾아 나선 곳은 샤오산뿐만이 아니다. 마오 주석이 중국혁명 과정에서 처음으로 소비에트를 건설하는 데 성공한 '징강산'(井剛山)은 물론 중국공산당의 사실상 장기적인 첫 혁명근거지였던 산시성(陝西省) 옌안(延安), 대장정 도중 마오 주석이 중국공산당의 지도자로 우뚝 선 구이저우성(貴州省) 쭌이(遵義)도 마찬가지로 홍색여행객들로 북적거리고 있다.

붉은 여행 열풍은 마오쩌둥 주석 탄생 120주년을 맞이한 2013년 12월에 절정에 이르렀다. 마오 주석의 생가가 있는 후난성 샤오산을 방문한 관광객 수는 1천만 명을 넘어섰고 전 중국의 붉은 여행객이 8억여 명에 이른다는 통계도 제시됐다. 이에 2년 앞선 2011년 중국공산당 창당 90주년 때도 비슷한 현상이 빚어졌다.

개혁개방의 전도사이자 '중국특색의 사회주의'의 창시자로 불리는 덩샤오핑(鄧小平) 탄생 110주년을 맞이한 2014년 8월, 쓰촨성(四川省) 광안(廣安)시에 있는 덩샤오핑의 생가도 전국 각지에

중국을 모르면 세상의 절반에 대해 눈을 감는 것과 같다.

그것은 마오쩌둥을 이해하지 못하고서는

신중국을 제대로 이해하지 못하는 것과 마찬가지다.

서 몰려든 추모 인파로 인산인해를 이뤘다. 덩샤오핑의 생가는 고전적 의미의 홍색성지는 아니지만 신중국 개혁개방의 산파인 덩샤오핑을 기리는 여행지라는 점에서 넓은 의미의 붉은 여행이라고 할 수 있다.

광안시 당국은 '덩샤오핑 기념우표'까지 발행했다. 광안시가 중국 국무원이 공인한 '홍색 혁명성지'는 아니지만 이처럼 중국 혁명을 이끈 최고위급 지도자들의 생가나 그들과 행적과 조금이라도 관련이 있는 곳은 종종 인기 있는 홍색여행지로 탈바꿈하는 경우도 적지 않다.

'샤오산'과 '징강산'은 붉은 여행의 출발지이자 종착지다. 학교나 직장 단위의 홍색여행객들은 아예 샤오산과 징강산에서 홍색여행 발대식을 갖고 출발하면서 여러 곳의 홍색성지를 도보로 여행하는 답사여정을 짜기도 한다. 그것은 마치 우리나라에서 해마다 여름에 대학생들이 국토종단 순례에 나서는 모양새와 비슷하다.

사실 중국의 붉은 여행은 우리나라의 국토순례 행사처럼 '중화주의'라는 애국심과 중국식 '혁명정신'을 고취시키기 위한 성격이 강하다. 개혁개방 이후 급속한 경제성장의 과실에 따라 중국 인민들(老百姓, 라오바이싱)도 여유를 갖게 되면서 대거 국내외 여행에 나서게 됐다. 붉은 여행은 그런 인민들의 여행욕구를 충족시키기 위해 본격화된 측면도 있다. 그러나 중국 정부 차원에서 2004년 '홍색여행 발전계획'과 예산을 마련, 대대적으로 혁명유적지를 발굴하고 정비하는 한편, 전 국민에게 홍색여행을 장려하고 지원한 결과라는 점도 유념할 필요가 있다.

마오쩌둥 주석 탄생 120주년을 맞이한 2013년 혁명성지를 찾아 나서는
붉은 여행객들은 무려 8억여 명에 이르렀다.
붉은 여행은 혁명정신을 고취시키는 애국주의의 일환이기도 하지만
중국 특색의 새로운 여행패턴으로 자리 잡고 있다.

아예 당국은 〈인민일보〉 등 주요 관영매체를 통해 "홍색여행은 혁명전통을 고양시키는 중화민족의 고귀한 정신적 재산"이라면서 "중국공산당은 장기간의 혁명투쟁을 통해 징강산 정신과 대장정(大長征) 정신, 옌안 정신, 시바이포(西柏坡, 베이징에 입성하기 직전 공산당 지도부의 임시수도) 정신 등을 형성했다"며 홍색여행에 적극적으로 나설 것을 독려하고 있다.

이어 "홍색여행은 혁명전통 교육과 애국주의 교육의 일환이며, 한편으로는 여행하고 다른 한편으로는 혁명정신을 배우는 길"이라며 혁명정신을 고취시키는 새로운 방식으로 규정했다. 학교와 직장에서는 홍색여행 경비를 일부 지원한다. 홍색여행을 중국공산당이 관리하는 현 체제를 강화하는 수단으로 활용하는 동시에 여행산업 활성화를 통한 경기부양이라는 두 마리 토끼를 잡겠다는 것이다.

2010년 중국 국내 홍색여행을 통한 경제적 수입이 1천억 위안에 이르고 이로 인한 직접적인 취업인구가 2백만 명에 달했으며 간접취업인구도 1천만 명에 이르렀다는 통계가 발표됐다.

정부 입장에서도 그동안 방치하다시피 했던 중국 혁명유적을 전면적으로 개, 보수하는 과정을 통해 사회주의 시장경제하에서의 사회적 이득과 경제적 이득을 결합하는 효과를 보고 있다는 평가도 있다.

붉은 여행은 혁명성지를 찾아 나서는 일종의 '주제여행'의 하나로 중국만의 독특한 여행문화다. 중국 정부의 적극적인 정책적 독려와 중국인민들의 경제적 부가 결합하면서 붉은 여행은 중국인민들의 사랑을 받고 있다. 중국 정부로서는 혁명정신을

샤오산 마오쩌둥 광장의 마오쩌둥 동상에 헌화하는 붉은 여행객들.

고취시키는 동시에 홍색여행을 통한 경기효과도 함께 보는 일석이조의 정책인 셈이다.

중국 정부는 2004년 말 중앙판공청과 국무원 판공청, 국가여유국(國家旅遊局) 등이 공동으로 '홍색여행'의 구체적인 지역, 경로, 목표와 전략 등을 정리한 홍색여행업 발전계획을 확정한 바 있다.

그러나 '홍색여행'을 표방한 각 지방 정부의 무분별한 투자와 난개발 등으로 인한 홍색관광의 문제점도 적잖게 드러나고 있다.

이를테면 중국혁명의 성지라는 점에서 홍색여행 자원이 풍부한 후난성의 경우를 보더라도, 인접한 장시성(江西省) 징강산과, 샤오산, 펑더화이(彭德怀) 생가, 류샤오치(劉少奇)의 화밍로우(花明樓) 등의 관광지들이 가까이 있지만 상호 연계관광이 되지 못하고 있다. 그래서 시너지 효과를 발휘하지 못한다는 지적을 받은 지 오래다.

마오 주석의 생가가 있는 샤오산과 류샤오치 주석의 생가가 있는 화밍로우를 연결하는 여행상품이 본격화된 지는 불과 수년밖에 되지 않았다. 또 샤오산-화밍로우 1일 투어는 인접한 펑더화이 고거와 연계 관광상품도 개발되지 않았다. 샤오산에서 펑더화이 고거까지는 불과 30km밖에 떨어져 있지 않았다. 붉은 여행의 핵심으로 꼽히는 샤오산과 징강산의 경우에도 그리 먼 거리는 아니지만 각각 후난성과 장시성에 위치하고 있다는 이유로 유기적인 연계관광이 이뤄지지도 않고 있다.

중국인민들로부터 사랑받는 주요 혁명성지, '홍색여행지'는 중국식 분류법답게 '5대', '8대', '10대' 등으로 규정하고 있다.

혁명성지는 중국공산당이 창당한 1921년부터 중화인민공화국

마오쩌둥 탄신 120주년 기념일인 2013년 12월 26일
샤오산 마오쩌둥 광장에 모인 붉은 여행객들.

이 설립된 1949년까지 역사적으로 중요한 곳이다. 중국공산당이 소재했거나 혁명의 근거지 혹은 무장봉기를 일으킨 곳, 마오쩌둥 주석 같은 주요 혁명지도자들의 생가나 연고가 있는 곳이다. 중국정부도 1949년 신중국 출범 직후부터 혁명성지에 대한 대대적인 선전선동 활동에 나섰는데 문화대혁명이 최고조에 이른 1970년대 말부터는 혁명성지에 대한 본격적인 관리가 시작됐다.

특히 문혁(文革) 소멸 직전인 1974년 중국정부는 '혁명성지' 시리즈 우표를 발행했다. 최근 들어서서는 이른바 '혁명성지' 개념을 벗어나 장쩌민(江澤民) 전 주석 등 신중국의 최고위급 지도자들과 인연이 있는 장소가 새로운 혁명성지로 각광받고 있다.

중국정부와 중국공산당이 선정한 주요 홍색여행지는 중국 공산당의 역사와 중국혁명 전 과정을 이해하는 지름길이 될 수 있다.

5대 혁명성지 중에서는 1927년 10월 마오쩌둥과 주더(朱德), 펑더화이 등의 초기 혁명가들이 농공홍군(農工紅軍)을 이끌고 중국에서 처음으로 농촌 혁명근거지를 건설한 장시성 '징강산'이 첫 번째 혁명성지로 꼽힌다. 징강산은 코민테른이 제시한 도시 무장폭동 방식의 혁명에서 벗어나 '도시 포위를 통한 농촌중심의 무장봉기'라는 마오쩌둥이 제시한 중국특색의 혁명노선을 채택한 역사적 전환점이라는 정치적 의미를 갖는다.

두 번째 혁명성지로는 징강산과 같은 장시성 남부에 있는 소도시 '루이진'(瑞金)이다. 중국공산당은 1931년 11월 7일 전국단위의 홍색정부(공산당 정부) '중화소비에트공화국 임시중앙정부'를 이곳에서 처음으로 출범시켰다. 당시 루이진은 임시중앙정부가 소재한 임시 수도로서 소비에트지구의 정치·문화 중심지였다. 1934년 10월 10일 중국공산당의 역사적인 '중앙홍군'이 대장정에 나선 출발지가 여기다. 루이진에는 대장정을 기념하는 각종 기념물들이 즐비하다.

세 번째로 중요하게 여겨지는 혁명성지는 구이저우성 '쭌이'다. 쭌이에서는 1935년 1월 15일부터 17일까지 사흘간 중국공산당 중앙정치국 확대회의가 열렸다. 그저 대장정 참여자로 따라나선 신세인 마오쩌둥은 당시 중국공산당 서기로서 최고지도자 자리에 올랐던 '보구'(博古)와 저우언라이(周恩來), 장원티엔(張聞天) 등이 참석한 회의에서 '왕밍'(王明)의 좌경 기회주의 노선을 청산하고 당 지도자의 지위를 확립하는 역사적 계기를 마련하는 데 성공했다. 이때부터 대장정은 마오쩌둥의 주도하에 이뤄졌고 중국공산당은 소련의 조종하에 있던 코민테른과 독립한 독자노선을 걷기 시작했다.

네 번째 혁명성지는 대장정을 마친 중앙홍군과 중국공산당 지도부가 1935년부터 1948년에 이르기까지 혁명 근거지를 마련한 산시성(陝西省) 북부 옌안이다. 옌안은 당시 중국공산당 중앙지도부가 소재하는 핵심 근거지였고 중국혁명의 총본산이자 후방기지 역할을 했다. 마오쩌둥은 13년간 이곳에 머물면서 항일(抗日)투쟁과 장제스(張介石) 국민당 정권과의 해방전쟁을 동시에 수행했으며 정풍(整風)운동을 통해 무자비한 내부 숙청작업도 병행했다.

다섯 번째 혁명성지는 허베이성(河北省) 핑산현(平山縣)의 '시바이포'다. 1948년 5월 마오쩌둥이 이끄는 중국공산당 중앙지도부와 홍군 총사령부는 이곳으로 이전했다. 여기에서 장제스의

시진핑 주석이 후난을 시찰하다가 한 가정집을 방문했다.

후난에서는 어느 집을 가더라도

집 안에 한두 장의 마오쩌둥 초상화를 걸어두고 있다.

국민당군과 최후의 결전을 치렀다. 그런 의미에서 신중국 건국 이전의 마지막 혁명근거지라는 의미를 갖는다. 인민해방군은 이곳에서 마침내 베이징(北京)에 입성하는 데 성공했다.

언급한 다섯 곳 외에도 중국공산당 제1차 전국대표대회가 비밀리에 열린 상하이(上海)와 자싱(嘉興)도 홍색성지의 한 곳으로 꼽힌다.

그 밖의 주요 홍색관광지는 다음과 같다.

- 후난성 샹탄현(湘潭縣): 샹탄현은 마오쩌둥의 생가와 기념관이 있는 샤오산과 비밀별장 디슈이둥(滴水洞)이 있다. 또 인근에 마오 주석이 숙청한 펑더화이의 생가도 있다.
- 후난성 창사(長沙): 창사는 마오쩌둥이 샤오산을 떠나 유학 온 후난(湖南)제1사범학교가 있다. 인근 닝샹현(宁鄕縣)에는 류샤오치 주석 생가가 있는 '화밍로우'가 있다.
- 광저우(廣州): 광저우 봉기가 일어난 곳으로, 광저우 농민운동강습소 자리 등이 혁명성지로 꼽힌다.
- 류양(瀏陽): 원자시(文家市) 마오쩌둥이 추수봉기(秋收起義會師)지역
- 안위안(安源): 1922년 류샤오치와 리리싼(李立三), 마오쩌둥 등이 안위안 노천탄광 파업을 일으켰다.
- 우한(武漢): 1927년 중국공산당 제5차 전국대표회의 개최지.
- 바이서(百色): 1929년 덩샤오핑의 바이서 봉기
- 장딩(長訂): 1929년 마오쩌둥이 창건한 중앙소비에트의 원류(源頭)로서, 혁명근거지와 중화소비에트공화국의 요람 역할이었다. 중앙소비에트구역의 경제문화중심지역으로 '홍색소상하이'(紅色小上海)로 불릴 정도였다. 1932년 푸젠성 소비에트정부

마오쩌둥 주석의 고거를 참배하려는 붉은 여행객들이 길게 줄을 서 있다.
마오 주석의 고거가 있는 샤오산은 중국인들에게 가장 인기 있는 붉은 여행지이다.

의 '홍색수도'였다. 1934년 중앙홍군대장정의 첫 번째 출발지이기
도 했다.

'홍색(붉은) 여행'은 사실 다른 나라에서는 없지만, 중국에서
만 찾아볼 수 있는 독특한 여행패턴이다. 수년 전부터 주춤해지
던 붉은 여행 열풍은 2011년 7월 1일 중국공산당 창당 90주년을
앞두고 재차 붐이 일었다. 중국 정부가 대대적인 홍색 바람을 불
러일으키면서 저우룬파(周倫發)와 류더화(劉德華) 등 중화권 스
타배우 100여 명을 총동원하다시피 해서 제작한 〈건당위업〉(建
黨偉業)을 필두로 붉은 바람이 거세게 일었다.

이 영화 한 편에 무려 8억 위안(한화 1,360억 원)이라는 중국 영화
사상 최고의 제작비가 투입됐고 흥행수입만 4억 위안을 올렸다.

시진핑(習近平) 주석이 집권한 2012년부터는 시 주석이 문혁
당시 하방(下方)된 산시성(陝西省)과 시 주석의 고향도 중국인민
들이 즐겨 찾는 혁명성지 리스트에 등재됐다. 홍색여행 붐에는
시 주석 등 중국 정치지도자들의 잇따른 혁명성지 방문도 기폭제
역할로 작용하고 있다.

시 주석은 2013년 7월 이른바 '5대 혁명성지' 중의 한 곳으로
꼽히는 '시바이포'를 방문했다. 시 주석의 시바이포 방문은 신중
국 건국의 시발점이 된 시바이포에서 마오쩌둥 사상을 강조한
것으로 해석됐다. 시 주석의 행보를 본받은 다른 중앙정치국 상
무위원은 물론이고 지방 당 서기와 고위관료들까지 혁명성지 순
례에 동참하고 있다.

2013년 초에 열린 양회(전국인민대표대회와 전국인민정치협상회

의)가 끝난 직후, 위정성(兪正聲) 정협 주석은 혁명성지의 하나
인 구이저우 쭌이를 찾았다. 그는 혁명성지 중의 으뜸으로 꼽히
는 쭌이시 펑황산(鳳凰山) 남쪽에 있는 홍군열사 능원을 찾아 헌
화했다. 앞서 후진타오(胡錦濤) 전 주석도 18차 당 대회를 통해
총서기직에서 물러난 직후 쭌이를 찾은 바 있다.

저우창(周强) 중국 최고인민법원장도 후난성 서기직을 떠나
최고인민법원장에 취임하기에 앞서 샤오산을 방문, 마오 주석의
동상에 헌화하는 모습을 대중 앞에 연출했다.

이처럼 후난성에 부임하거나 후난성에서 다른 곳으로 떠나는
고위 당 간부는 반드시 샤오산을 찾아 마오 주석을 참배하는 것
이 관례화돼 있다. 시 주석도 부주석 시절에 샤오산을 찾은 적이
있으며 샤오산 마오쩌둥 생가 앞에는 시 주석의 방문 모습이 담
긴 사진이 전시돼 있다.

중국공산당의 혁명근거지였던 옌안을 찾아 나선 관광객 수는
지난 2013년 무려 3천만 명에 이른 것으로 집계됐고, 샤오산 참배
객도 1천만 명을 넘어섰다. 샤오산은 홍색여행의 핵심 아이콘으
로 자리 잡으면서 홍색관광산업은 중국의 전체관광의 20%를 차
지할 정도로 급성장한 것이 사실이다. 특히 홍색관광으로 인한
매출 등 경제적 효과가 무려 1조 위안에 이른다는 통계도 있다.

하긴 오늘을 사는 중국인들은 '마오쩌둥이 없었다면…. 공산
당이 없었다면 오늘의 신중국도 없다'(沒有毛主席, 沒有共産党, 沒
有新中國)는 말을 십분 수긍하고 있다.

중국혁명의 시대를 살았던 원로세대는 물론 문화대혁명의 시
대를 겪은 중년 혹은 빠링호우(80년대 후반에 태어난 세대)에 이르

마오쩌둥 고거 앞에서 포즈를 취하고 있는 '훙커'.
마오 주석의 고거를 비롯한 중국 혁명성지는 중국인들이
죽기 전에 한 번은 가보고 싶어 하는 주요 여행지다.
고거를 둘러 본 훙커들이 기념사진을 찍고 있다.

기까지 세대를 불문한 중국인들은 오늘도 중국혁명의 성지들을 찾아 나서면서 그 시절을 기억하려 한다.

후난성의 샤오산, 장시성의 징강산, 그리고 산시성(陝西省) 옌안시에서 만난 붉은 여행단들은 늘 얼굴에 홍조를 띠었다. 혁명은 사람들을 흥분시키고 혁명의 시대를 헤쳐 살아남은 사람들에게도 혁명의 기억을 공유하게 한다.

붉은 여행은 붉은 혁명의 기억, 혁명의 주역인 중국공산당의 존재를 강화시키는 역할을 하고 있다. 무엇보다 붉은 혁명에 나선 무리들은 각급 학교와 직장 단위로 나서는 경우가 대다수이지만 요즘 들어서는 친인척과 가족단위의 홍색여행단이 많아진 것도 또 다른 특징이다.

이는 중국 정부가 사상교육 차원에서 홍색여행을 전면적으로 독려하고 나선 덕분이다. 중국 공산당은 이미 2004년부터 혁명 성지를 개발하고, 찾아 나서는 '홍색여행 발전계획'을 수립, 본격적으로 전개했다. 경제성장에 따라 빈부격차가 커지고 사회적 불만과 갈등이 커지면서 당국으로서는 사상교육의 일환으로 보다 적극적으로 홍색여행을 활용할 수밖에 없게 된 것이다.

여기에 향수에 젖어서 문화대혁명의 상처를 잊고, 시간이 흐르면서 그 상처가 덧나지 않게 할 수 있게 되면서 '가난했지만 한 솥밥을 먹으면서 평등했다'는 그 시대에 대한 아련한 그리움을 대다수 중국인들이 갖게 된 것도 붉은 여행이 성행하게 된 원인의 하나로 지목되고 있다.

홍색관광이 본격화된 것은 역설적으로 마오 주석의 최대 과오로 꼽히는 문혁을 더 이상 따지지 않겠다는 대중의 심리와 일치

한다.

개혁개방의 달콤한 경제적 과실을 따먹기 시작한 라오바이싱은 마오의 시대에 대한 진지한 반추보다는 홍색관광을 통해 향수를 달래는 것인지도 모른다.

마오 주석 탄생 120주년을 맞이한 2013년 후난성 정부는 마오쩌둥 탄생 기념행사를 위해 무려 155억 위안의 예산을 책정, 생가와 주변 도로, 기념관 등을 정비하는 등의 16개 프로젝트를 진행했다. 아예 중국 국무원 국가발전개혁위원회와 중국 공산당 중안선전부 등 중국 13개 기관은 친절하게 공동으로 30개 홍색여행 노선과 100개의 홍색여행 지도를 내놓았다.

이는 다분히 중국 공산당 기관지인 〈인민일보〉가 "홍색여행은 중국 사회주의 선진문화를 건설하고 공산당의 집권지위를 확고히 하려는 고도의 전략"이라며 "홍색여행을 더욱 발전시켜야 한다"고 노골적인 주장을 펴듯이, 점차 심화되는 빈부갈등과 민주화 욕구를 잠재우려는 정치적 의도도 바닥에 깔려있는 것 같다.

홍색여행 혹은 붉은 여행은 지금의 신중국을 이해하는 핵심 키워드 중의 하나로 간주되고 있다. 그런 점에서 홍색여행의 출발지와 종착지가 마오쩌둥의 고향이자 그의 유적이 곳곳에 남아 있는 '중국의 붉은 별'로 불리는 후난성(湖南省)이어야 하는 것은 당연한 일이다.

2. 두 주석

마오쩌둥의 고거는 늘 참배객과 '홍커'들로 인산인해를 이루고 있다. 세 번씩이나 샤오산을 찾아갔지만 그때마다 고거를 참배하려는 사람들의 행렬은 변함없이 줄을 잇고 있었다.

최근 들어 달라진 것이 있다면 고거에 들어서기 전에 검색대를 설치해서 경찰이 '고거'를 찾는 홍색여행객들을 일일이 검색하는 풍경이었다. 손자 손녀들까지 대동하고 와서 마오 주석과의 일화에 대해 일일이 설명해주는 홍군(紅軍) 원로전사, 다리가 불편함에도 수천 리 길을 아들의 등에 업혀서 죽기 전에 한 번이라도 마오 주석의 유적지를 찾아 나선 노모, 고거 구석구석을 둘러보고 나와서는 고거를 배경으로 차렷 자세로 사진을 찍는 사람들. 그들에게 마오쩌둥은 내가 이해하는 '신중국 건국의 아버지' 마오쩌둥 주석 이상의 그 무엇인 듯했다.

나 역시 고거 안팎을 찬찬히 둘러봤다. 마오 주석이 창사로 유학을 떠나기 전까지 기껏 해야 15년 정도의 어린 시절을 보낸 옛

중국의 시골에서는 여전히 마오 시대의 흔적을 찾아 볼 수 있다. 한 시골 농가의 벽에
붙은 붉은 구호 '마오 주석을 따르라'(听毛主席)가 눈에 들어온다.

집이지만 그는 이곳에서 후난 사람의 기질을 다졌고, 혁명가로서의 꿈을 꿨다.

고거를 찾아 나선 중국인들이 북적거리는 속에서 나는 조용히 마오쩌둥이 중국인에게 어떤 의미를 갖고 있는지 다시 한 번 곰곰 생각하기 시작했다. 봉건시대의 마지막 왕조 청나라 황실을 무너뜨린 '신해혁명'은 중화민국을 탄생시켰지만 중국대륙을 내란으로 몰아넣은 대혼란시대의 영웅을 자임한 것은 마오쩌둥이었다. 마오는 장제스를 작은 섬(타이완)으로 몰아내고 중국대륙의 새로운 지도자로 등극하는 데 성공했다.

마오쩌둥이 꿈꿨던 세상은 개혁개방 이후 경제적 성장을 통해 '원바오'(溫飽, 배고픔과 얼어 죽는 것을 면하는 세상)를 달성한 후 '샤오캉'(小康, 의식주를 걱정하지 않는 쁘띠부르주아) 사회를 지향하는 지금의 중국은 아니었을 것이라는 생각도 동시에 들었다. 마찬가지로 그가 건설하려던 신중국은 문화대혁명을 통해 파괴해버린 그런 참혹한 세상도 아니었을 것이다.

고거를 참배한 후 열에 들뜬 듯 격정에 빠진 듯 고거를 바라보는 한 참배객에게 말을 건넸다.

"당신들 중국인에게 마오쩌둥 주석은 어떤 사람인가요?"

"마오 주석이 없었다면 오늘 우리가 이렇게 살 수 있을까요? 마오 주석은 영원한 영웅입니다."

역사적으로는 성공한 혁명가였지만 마오는 실패한 집권자라는 양면적인 평가를 받고 있다. 그렇지만 지금의 중국인들에게 마오쩌둥은 '중국건국의 아버지'로, 신과 같은 존재로 대접받고 있다. 마오쩌둥 사후 덩샤오핑 시대를 거쳐 화궈펑(華國鋒)과 후

마오쩌둥 고거를 참배하는 붉은 여행객들.
그들에게 마오쩌둥은 어떤 존재일까?

야오방(胡耀邦), 자오쯔양(趙紫陽), 장쩌민, 후진타오에 이어 시진핑 주석의 시대가 전개되고 있지만 어느 누구도 마오 주석의 위상에는 다가가지 못하고 있다.

마오쩌둥 주석의 고거 위로 중국화폐 런민비(人民幣)에 새겨진 그의 온화한 미소가 겹쳐져 보이는 듯했다. 나는 천천히 눈을 감고 마오쩌둥의 시대로 빠져들어 갔다.

마오쩌둥 주석은 천천히 눈을 감았다.

고향 샤오산을 떠나 창사에서 후난 제1사범학교를 다닐 때 친구 샤오위와 처음으로 후난성 구석구석을 무전 여행하던 모습이 떠올랐다.

그때 그는 처음으로 황제가 되고 싶다는 욕망을 내비쳤다. 평민 출신으로 한(漢)나라 황제가 된 한고조 유방(劉邦)이 그가 꾼 황제의 롤모델이었다. '진(秦)의 폭군을 내쫓은 성공한 혁명가'로 유방을 높이 평가하던 마오는 스스로 신중국의 유방이 되겠다는 꿈을 공공연하게 키워가기 시작했다. 그는 중화인민공화국을 탄생시켰고, '신중국'의 주석이라는 황제의 꿈을 함께 실현했다.

그러나 하늘 아래 두 명의 황제, 두 명의 주석이 동시에 존재할 수는 없다. 천자(天子)는 유일한 것이다.

류샤오치에게 2인자 역할을 주고 자신의 후계자로 공식적으로 인정한 것이 사실이지만 자신과 동등한 주석의 위상을 가지라고 한 것은 아니었다. 류샤오치 주석이 밤늦게 찾아와서 침대 아래 무릎을 꿇은 채 용서해줄 것을 간청했지만 마오는 아무런 감정의 변화를 느끼지 않았다. 물끄러미 바라봤을 뿐이다.

40여 년간 생사고락을 함께해온 혁명 동지이자 고향 후배인 '샤오치'를 숙청해야 한다고 생각하니 가슴 한켠이 아련해지기도 했다. 하지만 그것도 잠시 잠깐이었다. 그가 황제의 자리를 넘보면서 자신을 넘어서려고까지 했다는 사실이 새삼 떠올랐다.

그의 얼굴에 혁명 초기부터 평생 동안 마오쩌둥의 권위에 도전하면서 괴롭혀온 펑더화이의 모습도 겹쳐졌다. 자신의 방탕한 사생활을 거론하는 등 사사건건 발목을 잡던 펑더화이와는 달랐지만 황제의 자리를 위협했다는 점에서 류샤오치가 더 괘씸하게 여겨졌다. 자신에게 도전한 것은 중화인민공화국과 황제를 무너뜨리는 쿠데타나 다름없다는 생각이 들었다.

"감히 주석 자리를 넘보다니…. 네가 감히 나를 제치고 진시황 (秦始皇)이 되려고 하다니…."

도저히 류샤오치의 도전은 그냥 묵과할 수가 없었다.

측근, 주변 인사들의 충성심을 확인하겠다며 '백화제방'(百花齊放) 운동을 통해 먹물이 든 지식인 무리들을 솎아냈다. 그런데 후계자로까지 치켜세워 준 류샤오치가 덩샤오핑을 비롯한 주변 세력을 규합해서 완전히 2선으로 물러나라며 압박해온 것이다.

6 · 25 전쟁에 내보낸 맏아들 안잉 (岸英)이 죽었다는 소식을 들었을 때도 그저 덤덤하기만 했다. 류샤오치는 이제 더 이상 혁명 동지가 아니라 황제의 자리를 노린 정적 (政敵)일 뿐이라는 생각이 머리에 맴돌았다.

자신의 권위에 도전한 자에게는 가차 없는 숙청 외에 다른 처벌이 있을 수 없다는 것을 본보기로 보여줘야 했다. 어린 학생 '홍위병'(紅衛兵)들에게 이리저리 끌려다니면서 수모를 당하는 류샤오치에게는 일말의 연민의 정조차 느껴지지 않았다.

　이번 기회에 수천만 명이 희생되더라도 주석의 권위에는 절대로 도전할 수 없다는 점을 분명하게 전 인민들에게 보여줘야겠다는 각오가 새로워졌다.

> 마오 주석! 저는 과거에도 (마오 주석에게) 반대하지 않았고 현재도 반대하지 않으며 앞으로도 반대하지 않을 것입니다. 영원히 마오 주석을 반대하지 않겠습니다. 저는 이제 주석직을 포함한 모든 공직에서 벗어나 아내와 자식들과 함께 옌안이나 고향 후난으로 돌아가서 농사나 지으면서 살겠습니다.

　류샤오치는 마오 주석에 대한 영원한 충성을 서약하면서 정치 일선에서 물러나 낙향하겠다는 뜻을 밝히며 선처를 읍소했다.

　마오는 그를 물끄러미 내려다봤다. 한때 자신을 옥좌에서 끌어내리려 한 그가 더 미워졌다. 마오의 얼굴에 가벼운 경련이 일었다.

　자칫 권력을 송두리째 잃어버릴 뻔했던 제9차 전국인민대표회의가 생각났다.

　그때는 절체절명의 위기였다. 1961년 9월 예정대로 전인대가 소집됐더라면 마오쩌둥은 대의원들의 투표에 의해서 축출됐을 가능성이 높았다. 4인방의 한 사람이었던 '장춘차오'(張春橋)는 나중에 회고록을 통해 "옛 당헌대로 제9차 전인대가 그대로 열렸더라면 류샤오치가 주석이 되었을 것"이라고 밝혔다. 그만큼 당시 상황은 위험했다. 당 간부들이 모두 마오의 대약진운동에 등을 돌리고 있었기 때문에 전인대가 열리면 마오는 비판대에

마오쩌둥과 류샤오치가 1962년 10월 1일 톈안먼 광장의 성루 위에서
국경절 행사에 참석하고 있다.
두 주석의 시대다.
마오는 공산당 주석, 류샤오치는 국가 주석이었다.

섰을 것이 뻔했다.

그래서 마오는 전인대를 소집하는 대신 투표권이 행사되지 않는 방식의 대규모 집회를 소집해서 황제의 자리에서 축출될 위험을 피했다. 그것이 그 다음 해인 1962년 1월 루산(盧山)에서 열린 '7천인 대회'였다. 7천인 대회는 중앙당과 지방당의 간부들 7천여 명이 소집된, 그때까지 열린 중국공산당 역사상 최대 규모의 집회였다.

마오쩌둥은 이 회의를 통해 대약진운동에 대한 비판을 누그러뜨리고 자신의 권력기반을 공고히 하려고 획책했지만 회의 마지막 날 류샤오치가 기습적으로 공격했던 사실을 잊을 수가 없었다. 당시 국가 주석이던 류샤오치의 마무리 연설을 통해 7천인 대회를 끝내려던 마오쩌둥은 류 주석이 미리 배포된 연설원고와는 완전히 다른 즉석연설로 자신을 정면으로 공격하리라고는 꿈에도 생각하지 못했다. 마치 작심이라도 한 듯 류 주석은 마오쩌둥 비판에 나섰다.

> 인민들은 식량, 의복 또는 기타 필수품들을 충분히 가지고 있지 못하며, 농업생산량은 1959년, 1960년, 1961년에 비해 증가하기는커녕 오히려 감소했는데 그것이 조금도 아니고 엄청나게 감소했다. … 약속했던 '대약진'이 없었을 뿐만 아니라 엄청나게 후퇴하고 말았다. …

마오쩌둥의 '대약진운동'에 대한 직격탄이었다. 2주간 계속된 회의 내내 어느 누구도 대약진운동은 물론이고 마오 주석에 대한 불만을 단 한마디도 꺼내지 못하던 상황이었다. 류샤오치

마오쩌둥(중간)과 주더, 저우언라이의 대형 사진을 들고
샤오산의 마오쩌둥 광장에 나타난 붉은 여행객.
그들에게 이들은 신중국 건국의 영웅이다.

의 대약진운동 비판은 마오쩌둥을 향한 것이었다.

류 주석은 자신이 방문한 지역에서는 "심각한 자연재해가 없었다"며, 마오 주석이 둘러대는 대기근의 원인이 '자연재해'에 의한 것이 아니라 무리한 대약진운동 추진이라는 인재에 의한 마오의 정책실패 때문이라는 점을 대놓고 지적했다. 마오쩌둥으로서는 믿었던 류샤오치로부터 '허'(虛)를 찔린 것이자 뒤통수를 얻어맞은 격이었다.

류 주석은 "실수가 손가락 하나라면 업적은 손가락 아홉 개"라고 둘러댄 마오쩌둥의 표현도 문제 삼았다. 마오 주석이 직접 나서서 류 주석의 주장은 많은 부분에서 사실과 다르다고 반박했지만 류 주석의 공격은 이어졌다. 그때까지 단 한 번도 마오 주석에게 대들지 않고 신중한 태도를 유지했던 류샤오치가 180도 달라진 것이다.

류 주석은 회의에 참석한 당 간부들에게 마오 주석이 제기한 새로운 대약진운동 추진에 대해 의문을 가져볼 것을 요구했다.

마무리에 들어갔던 회의 분위기는 류 주석의 연설로 달아올랐다. 류 주석의 연설에 대한 반응은 폭발적이었다. 그대로 7천인 대회를 끝냈다가는 마오쩌둥의 권력 기반이 송두리째 흔들릴 수도 있는 상황이었다. 마오는 회의를 일주일여 연장시키는 방법으로 위기를 모면했다.

며칠 후 속개된 회의에서 마오쩌둥은 육군원수 린바오(林彪)를 내세웠다. 군을 장악하고 있는 린바오의 마오쩌둥 옹호 연설은 참석자들을 긴장시켰고 엄청난 공포감을 불러일으켰다.

류샤오치가 일시적으로 마오쩌둥을 압도했지만 류의 공격은 결과적으로 마오쩌둥의 강한 반격, 문화대혁명을 불러왔다고도 볼 수 있다.

마오는 이 회의 직후부터 류샤오치를 추종하는 세력들에 대한 전면전을 준비하기 시작했다. 그러나 류샤오치는 마오쩌둥이 어떤 식으로 반격할 것인지 그다지 염두에 두지 않았던 것 같다. 오판의 결과는 참혹했다.

마오쩌둥은 7천인 대회 당시 자신을 비난하던 류샤오치의 모습을 떠올렸다. 그때 궁지에 몰려 느꼈던 당혹감과 수모가 선처를 호소하는 류샤오치에 대한 동정심을 송두리째 없애버렸다.

하늘에 두 개의 태양, 중국에 두 명의 주석이 있을 수는 없었다.

평정심을 되찾은 마오쩌둥은 돌아나서는 류샤오치에게 "건강을 잘 돌보고 철학책을 읽으라"는 따뜻한 당부를 잊지 않았다. 그리고는 평소와 달리 문 앞까지 나와서 배웅했다.

이것이 마오쩌둥과 류샤오치의 마지막 장면이었다. 류샤오치는 건강을 잘 돌보라는 마오의 언급을 자신을 용서했다는 뜻으로 받아들였지만 실제는 그렇지 않았다. 이미 마오는 '사령부를 포격하라'는 대자보를 통해 류샤오치에 대한 공공연한 공격을 선동한 바 있다. 주석직을 올려다본 류샤오치를 용서하기에는 너무 멀리까지 온 것이다.

　　일부 지도자 동지는 반동적 자본계급(부르주아지)의 입장에서 문
　　화대혁명 운동을 깔아뭉개고, 무산계급(프롤레타리아트)의 사기

류샤오치를 타도하자는 구호의 문화대혁명 당시의 선동포스터.
주자파로 매도된 류샤오치는 '개'로 묘사되듯이
마오의 권위를 위협한 1차 타도대상이었다.

를 꺾고 의기양양해 있다. 이 얼마나 악랄한 짓인가.

'일부 지도자 동지'라고 표현했지만 사령부에 대한 공격은 명백하게 '국가 주석' 류샤오치를 겨냥한 문구였다.

당시 마오쩌둥과 류샤오치는 생사를 건 전쟁을 치렀다. 마오 주석이 이겼고, 패배한 류샤오치는 숙청당했다. 조연배우였던 마오 주석의 부인 장칭(江靑)은 문화대혁명의 행동대장역을 맡아 류샤오치와 왕광메이(王光美) 부부에 대한 숙청작업을 진두지휘했다.

류샤오치는 결국 뼈만 앙상하게 남은 모습으로 치료도 받지 못한 채 허난(河南)성 카이펑(開封)의 지하 감옥에서 아무도 지켜보지 않은 가운데 쓸쓸하게 생을 마감했다.

마오쩌둥은 1966년 8월 류샤오치를 실각시켰다. 류샤오치가 8월 5일 중국을 방문한 잠비아 사절단을 접견한 것이 주석으로서의 마지막 공식일정이었다. 마오는 저우언라이에게 전화를 걸어 류샤오치가 별도의 허가 없이는 외국인들을 만나지 말고 공개석상에도 나타나지 말 것을 지시했다. 사실상 연금이었다.

베이징에 구금되었던 류샤오치는 1969년 10월 중·소 간 무력충돌이 발생하자 주요 감호대상자라는 이유로 긴급하게 카이펑의 비밀감호시설인 진청(金成)은행 대형금고로 이송됐다. 이미 고문과 수감생활로 중병이 든 류샤오치는 이곳에 이송된 뒤 치료도 받지 못한 채 방치되면서 건강이 악화됐다. 혼수상태에 빠질 정도로 심각한 상태였는데도 의료진은 거들떠보지 않았다. 그는 카이펑에 온 지 2주일 만에 사망했다. 1969년 11월 12일이었다. 이는 마오쩌둥 등 당 중앙의 묵인하에 벌어진 살인행위와 다름없었다.

주석직을 박탈당한 지 3년여 만에 류샤오치는 처참한 모습으로 사망했다. 그의 주검은 아무도 알 수 없도록 '류웨이황'이라는 노인의 이름으로 화장됐다. 직업란에는 무직이라고 적혀있었다. 불과 몇 년 전까지 중국의 국가 주석까지 지낸 혁명가의 최후치고는 쓸쓸함과 비장감이 도는 믿기지 않는 죽음이었다. 류샤오치의 사망사실은 마오쩌둥의 시대에는 공식적으로 공표되지 않았다. 부인 왕광메이 등 가족들에게도 통보되지 않았다.

한때 마오 주석의 후계자로 주석의 자리에 올랐지만 대약진운동 등의 실패로 민심이 이반되는 등 권력기반이 약화된 마오쩌둥의 견제로 류샤오치는 목숨이 다하는 날까지 마오를 위협하는 '요주의' 인물로 찍혀 삼엄한 감시 속에 쓸쓸하게 세상을 떠난 것이다.

창사역에서 류샤오치의 고향 '화밍로우'까지는 거의 1시간이 걸렸다. 아침부터 내리던 빗줄기가 화밍로우 입구에 들어서면서 더 거세졌다. 저 멀리 거대한 동상이 보였다.

마오쩌둥이 사망한 후 4인방 천하가 끝나자 류샤오치는 국가전복혐의와 반당분자라는 혐의를 벗고 복권됐다. 문화대혁명이라는 서슬 퍼런 광기에 동참했던 인사들이 서둘러 그의 명예회복에 나선 것이다.

투어버스에서 내린 참배객 중 일부는 류샤오치 동상을 향해 공손하게 절을 하는 모습이 보였다. 류샤오치는 중국 인민들로

1949년 류샤오치와 왕광메이는

신중국 건국 직전 당시 수도였던 '시바이포'에서 결혼했다.

부터 '인민을 사랑했던 국가 주석'으로 존경받고 있는 것이 사실이다.

이 류샤오치 동상은 1988년 중국의 저명한 조각가들이 중화전국 총공회(중국 상공회의소)로부터 기부를 받아 구리로 만든 것으로 높이가 7.1m에 달한다. 이 7.1m는 류샤오치의 중국공산당에 대한 공헌을 기리는 의미와 71세에 세상을 떠난 그의 일생을 기리는 두 가지 의미가 담겨있다고 한다. 특히 중국공산당 창당 기념일이 7월 1일이라는 것도 7.1m라는 높이와 관련이 있다.

화밍로우는 마오 주석에 이어 제2대 중화인민공화국 주석을 지낸 류샤오치의 고향이다. 이곳에 있던 류샤오치의 고거는 문화대혁명 때 홍위병들에 의해 완전히 파괴됐다. 홍위병들의 첫 번째 목표가 '주자파의 수괴'인 류샤오치였던 만큼 그의 옛집이 온전할 리가 없었다.

화밍로우의 그의 옛집은 최근에 복원된 것이다. 이곳에는 류샤오치 동지 기념관과 박물관도 함께 건립됐다. 이 옛집은 류샤오치가 공식적으로 복권된 직후인 1980년에 원래의 모습대로 복원돼서 개방되고 있다. 1988년에는 3,200㎡ 면적의 '류샤오치 동지 기념관'이 지어졌다. 이 기념관 정면 벽에는 류샤오치 주석의 대형 부조가 붙어있는데 부조 아래에 '류샤오치는 인민과 함께한다'(劉少奇, 和人民在一起)는 글귀가 붙어있다. 또 그 아래쪽에는 "류샤오치는 일생동안 인민대중과 함께했고 중국인민공화국 건설에 불후의 업적을 남겼다"는 덩샤오핑의 찬사도 적혀 있었다.

류샤오치가 마지막 순간 마오 주석에게 용서를 구할 때 고백한 것처럼 그는 정말로 마오 주석을 뛰어넘어 새로운 황제가 되

화밍로우의 류샤오치 동상 앞에서
관광객들이 참배를 마치고 사진을 찍고 있다.

려 한 것은 아닐까. 기념사진을 찍느라 분주한 홍색관광객 사이에서 류샤오치 동상을 물끄러미 바라보다가 마오쩌둥과 류샤오치 두 사람의 마지막 권력갈등이 궁금해지기 시작했다.

마오쩌둥과 류샤오치는 수십 년 동안 중국혁명의 피를 나눈 혁명동지이자 후난성 출신이라는 인연까지 갖고 있는 특수한 관계였다. 특히 마오의 고향 후난성 샹탄현 샤오산과 류샤오치의 고향 닝샹현 화밍로우까지는 불과 30여 ㎞밖에 떨어져 있지 않았다.

주석까지 맡길 정도로 신뢰하던 혁명동지이자 고향후배인 류샤오치를 실각시키고 목숨까지 앗아가 버릴 정도로 미워했던 이유는 무엇이었을까. 황제의 자리를 빼앗길 수도 있다는 불안함과 강박증 때문은 아니었을까.

마오쩌둥은 늘 불안했다. 세계 공산주의의 맹주 '스탈린'으로부터 독립한 독자적인 사회주의 중국을 건설하고 원자폭탄을 만들고 우주선을 쏘아 올리는 초강대국을 꿈꿨다. 그러나 원자폭탄과 우주선만으로는 소련과 미국에 맞먹는 초강대국으로 발돋움할 수가 없었다. 종주국 소련이나 미국에 이르지 못하는 이류국가일 뿐이었다. 또한 '원자폭탄 프로젝트'를 조기에 성공시키기 위해 대약진운동을 추진했지만 그것이 수천만 명에 이르는 농민들을 굶어죽게 만들면서 그의 집권기반을 뒤흔드는 부메랑처럼 작용했다.

배우 출신인 장칭과의 결혼문제 외에는 단 한 차례도 마오쩌둥에게 반기(反旗)를 든 적이 없던 저우언라이가 류샤오치와 힘을 합쳐 중공업 정책의 실패를 지적하면서 '군사대국화 프로젝트'에 제동을 거는 일이 벌어졌다.

지금껏 자신의 면전에서 한마디도 하지 못하던 주변 인사들이 집단적으로 태업을 하고 공식회의에서 대약진운동을 공공연하게 비판한 것은 그만큼 그의 권위와 정치적 위상이 흔들리고 있다는 것을 의미했다. 더 이상 그대로 있을 수는 없었다.

대약진운동의 실패가 드러나기 시작한 1959년, 마오는 '대숙청'을 준비했다. 루산회의를 소집하기 직전인 6월 말, 마오는 신중국 건국 후 처음으로 고향 샤오산을 찾았다. 그야말로 금의환향이었지만 실제는 그렇지 않았다.

후난은 오늘날의 중화인민공화국, '신중국' 건국의 산실(産室)이다.

마오쩌둥 주석을 비롯, 류샤오치, 펑더화이 등 걸출한 공산주의 지도자들은 물론이고 중국혁명 초기의 혁명전사들인 허룽(賀龍), 런비스(任弼時), 황커청(黃克誠), 쑹런치옹(宋任窮), 샤오징광(蕭勁光) 등이 모두 후난성 출신이었다. 뿐만 아니라 마오쩌둥 사후 화궈펑에 이어 총서기직에 오른 후야오방도 후난 사람이었다.

후난 출신 혁명가들이 없었다면 중국은 지금과는 전혀 다른 모습이 되어있었을지도 모른다. 특히 중국에서 손꼽는 '신중국 10대 원수(元帥)' 중에서 3명이 후난 출신일 정도로 후난 사람은 군부를 장악하고 있었다. 또한 10명의 대장(大將) 중에서 6명, 57명의 상장(上將) 중에서 19명, 100명의 중장(中將) 중에서 45명이 후난 사람일 정도로 중국의 군부는 후난 출신 혁명전사(革命戰士)들이 핵심 중의 핵심이라고 해도 과언이 아니다.

마오쩌둥이 신중국 건국의 아버지로 추앙받고 있지만 마오쩌 둥을 중심으로 한 후난 출신 공산주의자들의 '붉은 후난방'(紅色 湖南幇)이 없었다면 중국혁명은 불가능했을지도 모른다. 후난을 '중국의 붉은 별'(中國的 紅星)이라고 부르는 이유가 여기에 있다.

'화밍로우' 관광을 마친 버스는 30여 분 만에 마오쩌둥의 고향 마을 샤오산 초입에 이르렀다. 마을 입구에서부터 보이는 각종 식당과 호텔, 상점의 간판은 온통 '마오 씨'(毛氏)로 도배하다시 피 했다. '마오쟈 식당', '마오아저씨네 식당'(毛叔叔飯店), 마오 계승자 식당, 마오용 식당 등…. 하긴 샤오산은 마오쩌둥의 조 상들이 수백 년 동안 살고 있는 집성촌인 데다 샤오산에서는 마 오쩌둥이 최고의 상품이기 때문일 것이다.

후난성 북쪽을 가로지르는 둥팅호(洞庭湖)에서 샹장(湘江)을 따라 100여 ㎞ 가면 샹탄현 소재지가 나온다. 그곳에서 38㎞ 정 도 더 가면 병풍 같은 산으로 둘러싸인 작은 마을이 나오는데 그 곳이 바로 샤오산이다. 샤오산은 후난성의 성도 창사에서 약 90 여 ㎞ 떨어져 있어 자동차를 타면 1시간 30여 분 정도가 걸린다.

샤오산에 들어서면 넓은 마오쩌둥 기념광장이 가장 먼저 눈에 들어온다. 광장 왼쪽으로는 마오쩌둥 주석 기념관과 박물관이 줄지어 있고, 광장 안쪽 뒤편으로는 거대한 마오 주석의 동상이 서 있다. 마오쩌둥에 대한 중국인들의 존경과 숭배 때문인지 광 장은 꽤 엄숙한 분위기가 조성돼 있다. 마치 마오쩌둥 주석의 묘 역처럼 단장되었고 광장 곳곳에는 정복을 입은 군인들이 지키고 있다. 마오 주석 동상 앞에는 매일 아침 수십여 개의 화환이 새

샤오산의 상점과 식당들은 모두 마오를 전면에 내세우고 있다.
이곳이 마오 씨의 집성촌인 데다 마오쩌둥이 최고의 상품이기 때문이다.

롭게 헌화된다.

마치 수십 년 동안 벼르고 벼른 끝에 참배하고 싶은 성지(聖地)나 신전(神殿)에 온 듯, 조금 전까지만 해도 류샤오치 동상 앞에서 떠들썩하게 수다를 떨던 중국인들이 언제 그랬느냐는 듯 두 손을 가지런히 모으고 경건하게 참배하는 모습이 낯설었다. 오전 일정에 먼저 방문한 화밍로우에서 본 참배객들의 모습과는 달랐다.

내가 탄 1일 투어 버스의 홍커들과 샤오산에서 만난 중국인들의 표정은 별반 다를 바 없었다. 몇십 위안(元)짜리 기념품을 사는 데도 쭈뼛거리던 그들이지만 마오쩌둥 주석의 동상을 참배할 때는 500위안(한화 약 8만 5천여만 원)∼2천 위안(35만 원)이나 하는 대형화환에 지갑을 열었다. 나와 함께 버스에 탔던 홍커 중에서도 화환을 사서 헌화하는 사람들이 있었다.

주석의 자리는 늘 불안정했다. 특히 1959년 류샤오치에게 국가 주석을 물려주고 난 뒤에는 마오쩌둥을 퇴임한 혁명원로로 취급하려는 분위기도 노골적으로 감지되기 시작했다.

분노가 치밀어 올랐다. 외국원수들을 접견하고 아침 일찍 일어나 출근하듯이 공식적 업무를 하는 것이 귀찮아서 주석직을 물려준 것인데 류샤오치 주변 인사들은 자기들이 권력을 잡은 듯이 마오쩌둥에게 완전히 2선으로 물러날 것을 조용하고 은밀하게 압박했다. 도저히 더 이상 묵과할 수 없는 일들이 진행되고 있었다.

그의 지시를 정확하게 파악하여 전달하겠다는 의도였다고는 해도 마오쩌둥 전용열차에는 물론이고 집무실까지 도청장치를 설치했다가 문제가 된 사건도 벌어졌다. 주석실 중앙판공청이 직접 지시한 중대사안이었지만 류샤오치와 덩샤오핑 등 그들 중 책임 있는 누구 한 사람 직접 마오에게 설명하러 오거나 사과하지도 않았다. 예전 같으면 꿈도 꾸지 못할 일들이 연일 벌어지고 있었다. 사실상의 '레임덕' 현상이었다.

류샤오치를 후계자로 내정하고 주석직에서 물러난 것은 그들의 충성심을 시험해본 것에 불과한 것이었다. 마오쩌둥이 생각하기에 정치적이지 않고 '멍청한' 류샤오치는 마오 주석이 모든 권력을 다 내놓고 완전히 물러나는 것으로 착각한 것이다. 당 대회에 보고할 보고서를 마오쩌둥에게 미리 보내지 않고 회의를 진행한 일도 있었다.

더 이상 묵과할 경우 예전과 같은 황제로 대접받기는커녕 힘한번 쓰지 못한 채 무대 뒤로 사라져야 할 판이었다.

마오가 가장 신뢰하던 최측근이자 후계자 류샤오치를 하루아침에 숙청하리라고는 누구도 상상하지 못했다. 그러나 마오는 차근차근 류샤오치를 파멸시킬 준비를 했다. 사실 마오는 류샤오치를 후계자라고 공표했지만 속마음은 고작 자신의 대리인 역할로 생각했다.

마오의 주치의였던 리즈수이는 《마오쩌둥의 사생활》을 통해 "마오는 자신의 통치를 최고로 생각했다. 류샤오치를 당의 행정업무를 관장하는 보좌관 같은, 자신의 명령을 집행하는 사람으로 생각했다"고 지적한 것처럼 마오와 류샤오치 사이에는 주석직에 대한 인식 차이가 컸다.

7천인 대회에 참석한 마오쩌둥 주석과 류샤오치.
권력 갈등에도 불구하고 마오와 류샤오치는 웃고 있다.
덩샤오핑과 저우언라이의 모습도 보인다.

반면 류샤오치는 마오쩌둥이 물려준 국가 주석에 취임하자 자신을 마오 주석과 동등하거나 비슷한 반열에 올랐다고 생각했다. 국가 주석으로서 국정 전반을 장악한 이후에는 실제로 자신의 권력기반을 강화하고 자신만의 이미지 구축에도 적극 나섰다.

마오쩌둥으로서는 막후실력자가 아니라 자칫 류샤오치에게 밀려나 실권 없는 혁명원로가 될 것이 뻔했다. 류샤오치를 먼저 거세하지 않는다면 고사(枯死) 당할 수밖에 없는 생존의 문제에 봉착했던 것이다.

마오쩌둥 광장을 둘러본 홍커들은 잠시 후 엄청나게 긴 행렬의 꼬리에 줄을 섰다. 마오쩌둥의 고거를 참배하려는 사람들이 만들어낸 장관이다. 1시간여 줄을 서자 저 멀리에서 마오쩌둥의 옛집이 보이기 시작했다. '진시황'이 떠올랐다. 영생을 꿈꿨던 진시황의 꿈이 영원하지 않았던 것처럼 현대의 황제를 꿈꾼 마오쩌둥도 권좌에 오른 후 30년을 버티지 못했다.

유방을 잔인하다고 할 수는 없어. 그가 살던 시대를 고려하고, 그 시대의 다른 황제들과 비교를 해본다면 말이야. 그가 혁명동지들을 죽이지 않았다면 왕위가 불안정했을 테고 그러면 황제로 오래 군림할 수 없었을 거야.

20대 초반의 마오쩌둥이 후난성을 여행하면서 털어놓았던 심경이다.

마오쩌둥 역시 진시황과 한고조 유방처럼 황제의 자리에 오른

마오쩌둥에게 참배하려는 라오바이싱.
한때 황제이자 독재자였던 마오쩌둥은 오늘을 사는 중국인들에게
부를 가져다준 재물신으로 추앙받고 있다.

후 끊임없이 불면증에 시달렸다. 밤에는 잠을 이루지 못했고 그러다 보니 기상시간이 일정치 않았다. 아예 밤에는 깨어있고 낮에 잤다. 몇날 며칠을 잠을 자지 않을 때도 있었고 잠들지 않은 시간에는 밤낮을 가리지 않고 측근들을 불렀다. 아무도 믿지 못했다.

문화대혁명을 일으키면서 장칭에게 많은 것을 맡겼지만 실제로는 일정한 역할을 줬을 뿐이다.

마오쩌둥은 측근들끼리 연합하는 것을 두려워해서 그들 간의 갈등을 조장하기도 했다. 그들이 끊임없이 충성심을 의심받으면서 불안해하는 것을 지켜보며 즐거워했다. 불균형과 모순, 투쟁과 갈등이 사회발전과 인간을 발전시키는 원동력이라는 것이 그의 생각이었다. 그의 총애를 받았던 류샤오치와 영원한 혁명동지 저우언라이도 마오쩌둥으로부터 절대적 신뢰를 얻지 못한 채 늘 감시받고 견제 당했다.

한고조 유방이 그랬던 것처럼 마오쩌둥이 측근들을 견제하고 감시하고 숙청한 것도 따지고 보면 황제의 자리를 지키기 위한 어쩔 수 없는 고육지책이었을 것이다.

저우언라이는 살아남기 위해 마오쩌둥의 집사 역할을 마다하지 않았다. 류샤오치는 그렇게 하지 않았다. 스스로 마오를 대신할 황제의 자리를 꿈꾸지는 않았을지라도 마오쩌둥의 개인숭배를 통한 독재적 통치방식을 폐기하고 새로운 집단지도체제를 구상한 것이다. 그러다가 마오쩌둥이 반격하자 스스로도 방어하지 못한 채 쓸쓸하게 역사의 뒤안으로 퇴장했다.

'마오쩌둥이 소년시기에 직접 농사를 지었던 밭'이라는 표지판이 설치돼 있다.
마오는 샤오산을 떠나기 전까지 이곳에서 직접 농사일을 했다.

참배행렬은 수백여 m에 이르렀다. 마오 주석 고거의 앞마당에 들어섰다. 고거는 마오 주석이 살았던 그때와 똑같이 깔끔하게 단장돼서 관리되고 있다. 앞마당 앞에는 꽤 큰 연못이 있다. 이 연못 주변의 논들에서 마오쩌둥이 창사로 떠나기 전까지 하루 종일 땀을 흘려야 했다.

고거를 둘러보던 참배객들은 한편으로는 경건하고 엄숙한 분위기를 즐기면서도 다른 한편으로는 조금 들떠있는 듯했다. 마오쩌둥 주석이 생전에 살았던 집이어서 '마오주의자'들에게 이집은 '혁명성지순례'(紅色旅遊) 홍색여행의 절정인 셈이다. 고거는 당시의 '중농'(中農)답게 꽤 규모가 컸다. 마오쩌둥뿐만 아니라 동생 쩌민 등 형제들의 방이 각각 따로 있을 정도로 집은 'ㄷ'자 형으로 널찍했다.

마오쩌둥이 기거한 방에 들어서면서 다시 그의 생각을 쫓아 눈을 감았다.

샹탄현 샤오산은 마오쩌둥에게 최후의 안식처와도 같은 곳이다. 내전을 승리로 이끌고 중국혁명을 성공시키기 전 한때 '수정주의자'로 몰려 실각의 위기에 처했을 때 창사로 떠난 뒤에 처음으로 고향으로 돌아왔다. 그때 8개월여 샤오산에 머물면서 재기를 모색했었다. 그리고 중화인민공화국 수립 후 마오쩌둥은 단두 차례만 샤오산을 찾았다. 류샤오치에게 공화국 국가 주석을 물려주고 난 후 권력기반을 잃을 수도 있는 정치적 위기에 봉착했을 때인 1959년과 문화대혁명을 일으키기 직전인 1965년이다.

'샤오치 동지'라며 친근한 동생처럼 부르던 류샤오치가 국가 주석에 취임한 뒤에는 '류 주석'으로 불리면서 마오쩌둥 주석만 존재하던 시대와 비교가 될 정도로 다른 정치적 분위기가 조성 됐다. '주석'의 지위는 중국인민들에게 봉건시대의 황제와 같은 위상으로 받아들여졌다. 자연스럽게 류사오치 주석도 마오 주석 과 같은 급으로 동일시되기 시작했다. 오히려 대중 앞에 모습을 드러내지 않는 마오는 은퇴를 앞둔 원로의 모습으로 비쳐졌다.

류사오치가 명실상부하게 신중국의 일상을 관리하기 시작하 면서 마오는 급속하게 인민들의 관심에서 멀어져 갔다. 중국에 서 두 명의 주석이 존재하는 유례없는 상황이 전개되고 있었다. 중국인민들은 '중국공산당' 주석 마오쩌둥보다 매일 TV화면에 활동상황이 중계되는 '국가 주석' 류사오치의 모습을 더 자주 보 았다. 류사오치는 떠오르는 태양이었고 마오쩌둥은 이미 지고 있는 석양과 다를 바 없었다.

마오는 결단을 내리지 않을 수 없었다. 그가 불면증에 시달리 는 불안의 근원은 바로 흔들리는 권력이었다. 절대로 흔들리지 않을 것으로 믿었던 자신의 권력기반이 밑바닥에서부터 무너지 고 있다는 것을 확인한 마오의 불안은 점점 커졌다.

'하늘 아래 두 명의 황제가 동시에 존재할 수는 없다.'

7월의 루산회의 소집을 앞둔 마오쩌둥은 갑자기 샤오산으로 향한다. 그 직전 후베이성(湖北省) 우한과 광저우 등에 있는 비 밀별장을 전전하던 마오쩌둥은 혁명성지 '징강산'에 들렀다가 1959년 6월 중순 마침내 후난성 창사를 거쳐 샤오산에 간다.

창사에서 샹탄현까지는 52km. 지금은 1시간이면 갈 수 있는

1937년 옌안 시절 44살의 마오쩌둥.
신중국 황제가 된 마오의 모습과는 확연하게 달랐다.

멀지 않은 거리지만 당시에는 비포장의 울퉁불퉁한 도로였다. 먼지투성이 도로를 두 시간여 달려 샹탄에 도착한 마오 주석을 맞이한 것은 마오쩌둥 서거 후 마오의 후계자격으로 총서기직에 오른 화궈펑 당시 샹탄현의 당서기였다.

마오쩌둥 주석이 고향 샤오산을 찾은 것은 32년 전인 1927년 이후 처음이다. 그는 여기서 고향사람들과 친척들을 만났고 부모 묘를 찾아 참배했다. 도착한 다음 날 이른 새벽, 마오는 옛집 바로 뒤에 있는 무덤으로 향했다. 무덤은 풀이 우거져 있었다. 경호원으로부터 야생화 한 다발을 건네받은 마오는 꽃을 무덤 앞에 경건하게 바치고 3번 절을 했다. 마오의 부모는 황제가 된 마오쩌둥을 살아생전에 보지 못했지만 뒤늦게 주석이 된 아들로부터 절을 받았다.

마오는 이어 마오 씨(毛家)의 조상 신주를 모신 사원으로 향했다. 그러나 마오의 어머니가 마오를 위해 늘 와서 기도를 올렸다는 사원은 흔적도 없이 사라졌다. 사원의 벽돌은 대약진운동을 위해 만들어진 용광로 건설자재로 쓰였고 각종 자재는 땔감으로 징발된 것이다. 마오는 그제야 대약진운동으로 얼마나 농촌마을이 피폐되었는지 알았지만 대약진운동에 대해서는 더 이상 언급하지 않았다.

옛집으로 돌아온 마오는 아버지와 어머니를 회상했다.

"아버지는 무서운 분이셨지. 항상 우리를 때렸어. 언젠가 아버지가 나를 때리려 하자 이 연못까지 도망친 적이 있었어. 그러자 아버지는 여기까지 쫓아와서는 불효자식이라고 욕하셨지. 그때 나는 '인자하지 않은 아버지는 불효자를 갖기 마련'이라고 대꾸했지. 하하하 ···."

마오는 아버지에게 고분고분하지 않았고 불화를 겪다가 집을 떠나 창사로 갔다. 그러나 신중국 황제가 된 자신도 자신을 때리던 기억 속의 아버지처럼 중국인민들에게는 '인자하지 않은' 아버지가 돼 버렸다는 사실을 깨닫지 못했을 것이다.

마오쩌둥과 류샤오치 간의 갈등의 흔적을 더듬어봤지만 마오가 국가 주석을 류샤오치에게 넘겨준 진짜 이유는 여전히 불투명했다.

류샤오치가 국가 주석으로 취임한 것은 1959년 4월의 인민대표회의였다. 마오쩌둥은 여전히 중국 공산당 주석으로서 최고지도자의 지위를 유지했다. 그러나 외부적으로는 중국 역사상 '두 명의 주석'이 통치하는 시대가 열렸다. 현실은 마오쩌둥의 의도와는 달리 공식행사에서 국가 주석직을 수행하기 시작한 류샤오치에게 힘이 쏠리기 시작했다. 류샤오치는 마오의 어정쩡한 반대에도 불구하고 1965년 국가 주석에 재선됐다. 그리고 1년 후, 그는 비극적으로 숙청당했다.

마오쩌둥이 국가 주석을 사임하겠다는 뜻을 처음으로 측근들에게 밝힌 것은 1956년 여름이었다. 마오의 주치의 리즈수이는 "마오의 주석 사임은 류샤오치나 덩샤오핑 등 최측근인사들의 충성심을 시험하기 위한 정치적 술수였다"고 말한다. 주석 사임 의사를 흘리고 이를 들은 측근들이 어떻게 행동하는가를 파악, 향후 자신의 권력기반을 뒤흔들 수도 있는 여러 가지 가능성에 대

문화대혁명은 황제의 지위를 지키려는 마오쩌둥으로서

취할 수밖에 없었던 조치였다.

한 만반의 대책을 세우기 위한 꼼수였다는 것이다.

그런데 류샤오치와 덩샤오핑은 마오쩌둥의 주석 사임 의도를 오판했다. 그들은 마오쩌둥에게 빨리 중국공산당 주석에서도 물러날 것을 압박하는 모양새를 취하는 동시에 당 차원의 후속조치를 전개했다.

마오는 못 이기는 체 한 발 물러서는 모양새를 취했다.

1958년 11월 28일 우한에서 열린 중국공산당 8기 6중 대회를 통해 "나는 더 이상 국가 주석을 하지 않겠다. 나는 무대 뒤로 물러나고 다른 사람이 해주기를 바란다"고 공식 선언했다.

그는 자신의 의도를 철저하게 감추고 당 고위간부들을 속였다. 마오는 그러면서도 자신의 후임자로 류샤오치를 지명하지도 않았다. 이날 덩샤오핑이 류샤오치를 국가 주석으로 추천했지만 마오는 아무 말도 하지 않음으로써 류샤오치에 대한 거부의사를 간접적으로 표시했다.

대약진운동의 참혹한 실패가 예상보다 빨리 마오쩌둥의 국가 주석직 퇴진을 앞당겼다.

마오쩌둥은 1958년 12월 9일 열린 중국 공산당 제8기 중앙위 총회에서 '공화국 주석을 그만두는 것에 대하여'라는 강화(講話)를 내놓았다.

이번에는 정식결의를 하지 않으면 안 된다. 동지들의 찬성을 얻기를 희망한다. 3일 이내에 각 성내에서 전화회의를 하고 지구, 현, 인민공사에 통보하고 3일 후에 공보를 발표, 하부에서 뜻밖이라는 생각을 하지 않도록 해야 한다. 세상의 일은 불가사의한 것이 있다. 위로 올라가는 것은 할 수 있지만 아래로 내려가는 것은 고달

픈 것이다. 일부 인사들은 찬성할지 모르지만 일부 사람들은 찬성하지 않을 것이라는 생각을 마음속에 두기를 바란다. 대중은 이해하지 못해, 모두가 하늘을 찌를 듯이 억척같이 버티고 있는데 너는 출진을 앞두고 퇴각하는 것이냐고 말할 것이다. 그렇지 않다. 나는 퇴각하는 것이 아니다. 미국을 추월하는 데 성공한 다음 마르크스를 만나러 가고 싶다는 것을 확실하게 말하지 않으면 안 된다.

이처럼 주석직을 사임하면서도 물러나는 것이 아니라는 뜻을 마오는 분명하게 밝혔다. "이대로 퇴각하는 것이 아니라고 강변하면서 미국을 추월하는 데 성공한 다음에 마르크스를 만나러 가고 싶다"고 한 것이다. 이는 국가 주석 자리는 넘겨주지만, 죽을 때(죽은 마르크스를 만나러가기 전)까지 황제의 자리를 내놓지는 않겠다는 권력의지를 밝힌 것과 다름없다.

다음 날 중국공산당 제8기 중앙위 제6차 총회는 마오쩌둥의 국가 주석 사퇴에 관한 결의를 의결했다.

몇 년 전부터 마오쩌둥 동지는 여러 차례 중앙에 대해 계속 중화인민공화국의 주석 직무를 담당하지 않겠다고 제안해왔다. 중앙위 전체회의는 마오 동지의 제안에 동의하고 제2기 전국인민대표회의 제1차 회의에서 마오쩌둥 동지를 다시 중화인민공화국의 주석 후보자로 내세우지 않기로 결정했다. 마오쩌둥 동지는 국가 주석의 직무를 담당하지 않게 된 이후에도 여전히 전국의 각 민족, 인민의 영수이다. …

이와 더불어 "장래 어떠한 특수한 사정이 생겨 마오쩌둥 동지가 다시 이러한 직무를 담당해야 할 필요성이 생길 때는 인민의

문화대혁명이 발발하자 전중국은 마오 주석에 대한 충성맹세에 돌입했다.

인민해방군의 마오쩌둥에 대한 열병 모습.

의견과 당의 결정에 근거하여 다시 국가 주석의 직무를 담당하게끔 마오 동지를 내세울 수 있다"는 부대의견도 달았다.

류샤오치의 주석 취임이 모든 비극의 출발점이었다. 자신을 신중국 황제와 동일시하는 마오 주석의 권력기반을 흔든 새로운 국가 주석의 등장은 마오쩌둥의 권력본능을 작동시키는 촉매제 역할로 작용한 것이다.

권력이란 그런 것이다. 피를 함께 흘릴 수는 있지만 빵을 함께 나눌 수 없다고도 한, 피를 흘리는 혁명은 함께하지만, 혁명의 열기가 식기 전이라도 권력을 함께 나눌 수는 없었던 것이다. 그것이 황제의 권위를 뛰어넘는 신중국 주석이 갖고 있던 '마오 본능'이었다.

> 바람이 나에게 불어닥치고 물살이 나를 덮치더라도 나는 개의치 않으며
> 나는 앞마당을 산책할 때보다도 더 여유 있는 자세로 그것들과 맞설 것이노라.
> 不管風吹浪打
> 勝似閒庭信步

베이징의 최대번화가인 왕푸링 사진관에 걸려있는

마오쩌둥(중간)과 류샤오치(오른쪽), 저우언라이(왼쪽)의 초상화.

3. 마오의 비밀별장

류샤오치를 목표로 한 마오 주석에게
문화대혁명은 반격의 시작이었다.

마오는 샤오산에 가서도 고향마을에는 들르지 않았고 곧바로 디슈이동 별장으로 향했다. 별장에 틀어박혀 있던 11일간 그는 '문화대혁명'이라는 거대한 숙청의 시나리오를 완성했다.

당시 마오는 심각한 정치적 위기상황에 처해 있었다.

1965년 1월 3일 국가 주석에 재임명된 류샤오치 주석의 권력 기반이 점차 확대되고 그의 위상이 이전과는 비교할 수 없을 정도로 강화됐다. 그와 반대로 마오 주석의 정치적 미래는 낙관할 수 없을 정도로 불투명해 보였다. 사실상 실각할 수도 있는 불안 정한 상태였다.

국내 정세뿐만이 아니었다. 당시 공산주의 진영의 종주국인 소련에서는 쿠데타를 통해 '흐루시초프'가 실각하고 '브레주네프'

디슈이동은 마오쩌둥 생전에는 전혀 일반인에게 알려지지 않았다.

디슈이동 입구 모습.

시대가 개막됐다. 소련 공산당 지도부는 관계가 껄끄러운 중국에서 마오쩌둥을 대신할 수 있는 새로운 중국 공산당 지도부의 등장을 요구하는 분위기가 강하게 조성되기 시작했다. 마오 주석도 그것을 감지했다.

6년 전 주석직에 취임할 때는 마오 주석의 불편한 심기를 의식, 조용하게 취임식을 치렀던 것과는 달리 류샤오치는 이번에는 관영언론의 대대적인 조명과 찬사를 받았다. 베이징 시내에서는 마오와 류샤오치 주석의 초상화를 나란히 내건 차량이 퍼레이드를 펼쳤고, 〈인민일보〉를 비롯한 관영매체들은 일제히 "마오쩌둥 주석과 류샤오치 의장(주석)은 우리가 가장 사랑하는 지도자들이다"라는 제목의 헤드라인을 뽑았다. 마오와 류샤오치의 정치적 위상이 거의 비슷해진 것이다.

'유일한' 주석으로서의 마오의 위상이 흔들리기 시작한 것이다. 마오로서는 류샤오치의 정치적 부상에 대해 적잖은 위협을 느끼지 않을 수 없었다.

마오 주석은 류샤오치의 취임식이 벌어지는 동안 베이징에 머물지 않았다. 대신에 자신의 건재함을 알리는 '상징적' 여행을 통해 경고장을 던지고자 했다. 중국혁명 과정에서 마오 주석이 처음으로 지도자로 자리 잡은 데다 '홍색근거지'인 소비에트를 처음으로 건설했던 '징강산'으로 갔다. 그가 '징강산'을 찾은 것은 신중국 이후, 대장정 이후 처음이었다. 마오쩌둥의 '징강산' 여행은 누가 보더라도 류샤오치 주석에 대한 강력한 경고의 메시지였다.

그러나 류샤오치 주석은 마오쩌둥의 경고를 눈여겨보지 않았

‘마오 주석은 붉은 태양이시다.’

문화대혁명 당시 선전 포스터.

다. 마오쩌둥의 불편한 정치적 행보에도 아랑곳하지 않고 자신의 정치적 위상 강화에 몰두했다.

마오쩌둥이 징강산에 머물고 있을 때 〈인민일보〉는 두 주석이 나란히 수영하는 사진과 기사를 1면 머리기사로 보도했다.

> 마오 주석과 류샤오치 주석은 … 어깨를 나란히 하면서 헤엄쳐 나갔다. …

이 기사는 새로운 뉴스가 아니었다. 중국공산당의 대표적인 관영매체가 1년 전에 있었던 두 사람의 수영사진을 뒤늦게 기사화한 것은 누가 보더라도 전형적인 '류샤오치 띄우기'의 일환이었다. '마오쩌둥의 시대는 가고 이제 류샤오치 시대가 시작됐다'는 마오쩌둥에 대한 선전포고와 다름없었다.

징강산에 머물던 마오쩌둥은 이를 갈았다. 그리고 곧바로 샤오산 '디슈이동' 별장으로 짐을 옮겼다. 류샤오치 진영으로 넘어간 측근인사들의 이중적인 행보도 속속 마오쩌둥에게 보고됐다.

디슈이동 별장에 머물던 마오쩌둥은 매시간 베이징의 주요 동향을 보고받았다. 상하이에 내려가 있던 장칭과도 긴밀하게 연락했다. 본격적인 문혁 발발의 시기를 저울질하는 일만 남았다. 그는 디슈이동에서 '문혁' 발발을 최종적으로 결심한 것 같다.

마오쩌둥은 1959년 32년 만에 샤오산을 방문했을 때와는 달리 이번에는 고향사람들을 만나지 않았다. 샤오산에서는 마오 주석이 온 사실조차도 알지 못했다. 당시 2박 3일간 머물렀던 '샤오산 빈관'(韶山賓館)은 마오쩌둥을 위해 늘 정돈된 상태로 비어있었

류샤오치가 1959년 국가 주석직에 취임한 후

처음 열린 국경절 행사에 훙치를 타고 입장하면서 환영받고 있다.

지만 그는 그곳에 가지 않았다. 이 샤오산 빈관은 샤오산 유일의 영빈관으로 아직도 예전 모습 그대로 관리되고 있다. 마오 주석이 머물렀던 고원(故園) 1호 객실은 지금도 마오 주석이 머물렀던 당시 모습 그대로 보존되어 관광객들에게 공개되고 있다.

디슈이동 별장은 1959년 6월 마오 주석이 샤오산에 왔을 때 '은퇴 후 고향에 내려와서 지내고 싶다'고 하자 후난성 정부가 1960년부터 마오 주석의 비밀별장으로 건설한 것이다. 마오쩌둥은 1959년 샤오산을 방문했을 때 디슈이동 별장 초입의 샤오산 저수지에서 수영을 했다. 그때 수행에 나선 저우샤오저우(周小舟) 후난성 당서기에게 "샤오저우, 이 산속 계곡에 수리한 도토리집 몇 칸이 있는데 나중에 은퇴하면 자주 가볼까 하는데. 중남국(中南局) 회의 정도는 할 수 있겠어"라고 말했다. 저우 서기는 마오 주석이 샤오산을 떠난 직후 별장 건설계획을 비밀리에 마련, 별장 건설에 나섰다. 마오 주석이 디슈이동 별장을 이용한 것은 딱 한 번뿐이었다.

디슈이동에는 1~3호까지의 3개의 별장이 있는데 마오 주석은 1호 별장에 머물렀다. 당시 소련은 물론 미국과도 관계가 좋지 않은 탓에 별장에는 지진에 대비한 방진(防震) 시설은 물론 원자탄 공격도 견딜 수 있는 100m에 이르는 방공호까지 함께 건설했다. 이 방공호의 양쪽 끝은 수 톤에 이르는 두꺼운 이중 철문으로 되어있다. 맨손으로는 여닫을 수 없고 자동개폐장치로 작동되도록 했다. 방공호 안에는 군사지휘실과 휴게실까지 갖추었다.

또한 디슈이동 별장은 기와지붕을 얹은 단층짜리 건물이지만

디슈이동 별장 1호의 마오쩌둥 주석의 침실.
마오는 늘 침대에서 일을 처리하거나 책을 읽었기 때문에
넓은 침대를 선호했다고 한다.

마오 주석이 거주하던 베이징의 중난하이(中南海)와 거의 흡사한 구조로 설계됐다.

마오 주석은 디슈이동 별장을 떠난 직후인 7월 8일 우한에서 머물다가 쓴 한 서신에서 이 별장에 대해 구체적으로 언급하지는 않고 '서쪽에 있는 한 산속 동굴'이라는 표현을 쓰기도 했다. 마오 주석이 살아있는 동안 디슈이동 별장의 존재를 아는 사람은 극소수였다. 그만큼 보안 관리가 철저했다.

디슈이동 별장의 존재가 일반에 알려진 것은 1986년 후난성 정부가 후난성 당위원회의 비준을 거쳐 이 별장을 개방하기로 결정한 뒤였다. 그 후 장쩌민 전 주석은 물론 후진타오 전 주석 등 당과 정부의 주요 지도자들이 잇따라 다녀가면서 디슈이동 별장은 유명세를 타기 시작했다. 개방된 지 20여 년 만에 디슈이동을 참관한 관광객 숫자가 무려 1,500만 명에 이르렀다.

'물방울이 떨어지는 동굴'이라는 뜻의 '디슈이동'은 마오 주석의 고향집이 있는 샤오산으로부터 4㎞ 남짓 떨어진, 울창한 숲으로 둘러싸인 계곡 속에 있었다. 그곳은 외부세계와는 완전히 차단된 비밀스런 장소였다. 이곳에 머무르면서 마오쩌둥은 기밀사항국의 통신원들이 전해주는 당의 보고서류를 꼼꼼하게 챙겼다.

당시 디슈이동 별장에는 에어컨 같은 냉방장치가 없었기 때문에 한여름 대낮의 무더위를 피하기 위해 마오쩌둥은 경호원들과 함께 샤오산 저수지에 가서 수영하거나 탁구를 치면서 무료한 시간을 보냈다. 이곳에서 그는 상하이에 가 있던 장칭과 수시로 연락하면서 문혁 구상을 치밀하게 짰다.

6월 18일부터 11일 동안 그는 꼼짝하지 않고 디슈이동에 머물

문화대혁명 당시 톈안먼 광장에 모인 어린 홍위병들이

마오쩌둥 어록을 높이 쳐들고 있다.

디슈이동에서 11일 머무르면서 마오는 문화대혁명의 최종 시나리오를 완성했다.

렀다. 그러다가 하루 전날 수행원들에게 짐을 싸라고 지시했다. 28일 디슈이동을 출발한 마오쩌둥 일행은 곧바로 베이징으로 가지 않고 후베이성 우한으로 향했다.

마오쩌둥은 우한에서 또 한 번의 공개적인 '수영 쇼'를 펼쳤다. 수행 경호원들이 물살이 세고 강폭이 넓어서 위험하다고 말렸지만 당시 '일흔두 살'의 고령에도 불구하고 마오 주석은 수만 명의 우한 사람들이 지켜보는 가운데 양쯔강을 유유히 헤엄쳤다. 징강산에 이어 샤오산 디슈이동을 거쳐 양쯔강에서 공개적으로 수영한 것은 '류샤오치'를 중심으로 한 당 지도부에 대한 공개적인 분노의 표시이자 '문혁'을 통한 공격 개시의 신호탄이었다.

마오 주석은 우한에서 베이징의 상황을 지켜보다가 7월 18일에야 베이징으로 돌아갔다.

> 내 생각에는 이번 일로 천 명 정도는 희생될 것 같아. 지금은 모든 것이 뒤바뀌고 있지. 그렇지만 나는 천하대란(天下大亂)을 좋아하지.

마오쩌둥이 베이징에 돌아오면서 유례없는 10년간의 '문화대혁명 시대'가 본격적으로 개막됐다.

철문으로 막아놓은 디슈이동 별장입구에서 1호 별장까지는 1.5㎞ 정도의 완만한 오르막 산길이어서 걸어서 갈 수 있다. 그러나 많은 사람들이 20위안짜리 전기 관람차를 탔다. 물론 디슈이동의 입장료는 별도다. 1인당 50위안이다.

홍위병 사열에 나선 마오쩌둥.

류샤오치는 이날 집회를 마지막으로 더 이상 톈안먼에 오르지 못했다.

왼쪽으로는 디슈이동에서부터 발원한 계곡물이 흘러내리고 있었다. 100여 m쯤 올라가자 댐을 쌓아서 조성된 저수지가 보였다. 50여 년 전 마오쩌둥이 수행원들과 함께 더위를 식히려고 수영하던 모습이 떠올랐다. 한참을 더 올라가자 숲속에 숨어있는 비밀별장의 모습이 살짝 드러났다.

디슈이동에 마오 주석의 비밀별장이 있다는 사실은 극도의 보안에 부쳐져서 마오 주석 생존 당시에는 아는 사람이 거의 없었다. 마오쩌둥 주석이 1966년 이곳에 와서 11일간 머물렀던 사실도 당시에 샤오산에 사는 주민들은 전혀 알지 못했다.

디슈이동은 3면이 산으로 둘러싸여 있고 한쪽은 좁은 협곡으로 된 길이 나 있는 천혜의 요새와도 같은 곳이었다. 계곡의 길이는 약 3㎞에 이르고 별장이 있는 곳의 폭은 약 500m 정도였다.

예전부터 이 계곡 속에는 동굴이 하나 있었고 산 위쪽 바위로부터 물이 똑똑 떨어지는 샘이 하나 있었다. '디슈이동'이라는 이름이 붙은 것은 그 때문인데 세간에서는 '댜오슈이동'(吊水洞, 물을 긷는 동굴이라는 뜻)이라고 부르기도 했다고 한다. 이곳은 사계절 녹음이 우거진 데다 계곡물이 풍부하고 새소리와 꽃향기가 짙다. 한여름에는 이곳의 기온이 바깥보다 3~5도 정도 낮아서 피서와 휴양지로서 적합한 곳이다. 실제로 입구에서부터 디슈이동 별장까지 걸어오는 동안 한기가 느껴질 정도로 계곡은 선선했다.

세 곳의 별장 건물 가운데 마오 주석이 머물렀던 1호 별장만 일반인에 공개되고 있다. 이 1호 별장은 디슈이동의 주 건물인데 이 좁은 계곡 속에 어떻게 이런 별장을 지었을까 싶을 정도로 크고 웅장했다. 단층건물이었지만 별장은 마오 주석의 집무실과

디슈이동 1호 청사의 영사기.

마오는 침실과 연결된 영화감상실도 마련해두고 수시로 영화를 봤다.

회의실, 응접실, 침실, 휴게실, 영화감상실 등이 배치돼 있었다. 각 방마다 마오 주석이 사용했던 그때 모습 그대로 전시되면서 사실상 마오 주석을 기념하는 전시실 역할을 하고 있었다.

집무실 내에는 아주 커다란 나무탁자가 놓여있었고 탁자 위에는 당시 마오 주석이 사용한 붓과 벼루도 놓여있었다.

그의 침실 역시 정갈하면서 소박했다. 특히 마오 주석의 침대는 아주 넓고 길었는데 침대 끝에는 책장도 함께 있었다. 마오 쩌둥은 늘 침대에서 독서를 하는 습관이 있었는데 디슈이동에서도 마오의 이 같은 습관 때문에 침대에 책장을 같이 배치한 것 같았다.

집무실에 붙어있는 회의실은 집무실 면적의 두 배 이상으로 넓었다. 마오 주석은 이 회의실에서 실제로 여러 차례 수행원들과 함께 회의를 열었다. 아마도 당시 베이징의 정치상황을 보고받고 문혁에 대한 그의 구상을 설명하는 자리였을 것이다.

회의실 옆으로는 식당이 이어져 있었고 그 옆의 휴게실 한가운데에는 탁구대가 놓여있었다. 마오 주석은 한낮에는 주로 수영하면서 시간을 보냈고 가끔 수행원들과 탁구를 치기도 했다.

각 방으로 이어지는 벽에는 당시 마오 주석의 사진과 디슈이동을 개방한 이후 이곳을 방문한 주요 인사들의 사진들이 전시돼 있었다.

마오쩌둥은 어디를 가든 늘 댄스파티를 개최했다.
그에게 이 자리는 여자를 고르는 기회였다.

4. 일장춘유(一場春遊)

후난성의 대표적인 자연관광지가 '장자제'(張家界) 라면, 중국 사람들이 후난성에서 가장 가고 싶어 하는 곳은 놀랍게도 샤오산이다.

개혁개방 이후 경제적 여유를 갖게 된 서민들까지 관광에 나서면서 붐이 일기 시작한 '홍색여행'의 백미는 바로 마오 주석의 고향마을 샤오산을 찾아 나서는 것이다. 라오바이싱은 샤오산에 있는 마오 주석 고거를 찾아 마오 주석을 추모하고, 마오 광장에 있는 거대한 마오 주석의 동상을 참배하면서 새로운 부(富)를 비는 것으로 중국식 사회주의 시장경제의 무한경쟁에 내몰린 불안을 달랜다.

'마오의 시대'에는 수천만 명이 굶주려서 죽었고, 수천만 명이 '문화대혁명'이라는 미명하에 숙청되는 인류역사상 유례없는 비극을 겪었다. 그런데 아이러니하게도 마오쩌둥이 사라진 '오늘'을 사는 중국인들은 '마오쩌둥이 없었다면' 오늘날과 같은 'G2 중국'은 없었을 것이라며 그를 그리워하고 있다.

홍색여행에 나서 후난성을 찾은 중국인들이 얼마 전부터는 샤오산과 더불어 류샤오치의 옛집이 있는 '화밍로우'도 함께 방문하기 시작했다. 마오 주석과 류샤오치를 모두 참배하는 '샤오산 - 화밍로우 1일 투어' 여행상품이 큰 인기를 끌고 있는 것이다.

비록 마오쩌둥 주석이 문화대혁명 과정에서 고향 후배이자 자신의 정치적 후계자로 삼기도 했던 국가 주석 류샤오치를 숙청, 비극적인 죽음으로 내몬 것이 사실이지만 후난 출신 '두 혁명가'는 중국인들에게 '신중국' 건국의 영웅으로 기억되고 있다.

1922년 '신민학회'를 결성하면서부터 의기투합한 고향 선후배이자 혁명동지였던 마오쩌둥과 류샤오치. 그들은 마오쩌둥이 죽은 지 35년이 지나서야 '1일 버스투어'라는 패키지 여행일정을 통해 화해의 악수를 나누게 된 것인지도 모른다.

이 '1일 버스투어'는 후난성의 성도(省會) 창사의 창사역(長沙站)에서 시작된다. 창사역에 있는 여행사에서 1일 투어를 등록한 후, 역 앞 주차장에서 아침 일찍 버스에 올랐다.

'버스'에 타면서 '붉은 여행객'이 된 나도 중국인들의 마음속에 분명하게 각인된 마오 주석과 류샤오치 주석의 모습을 어렴풋하게나마 가늠할 수 있게 되었다. 이날 일정의 여행가이드는 버스가 출발하자 마오 주석에 대한 찬사를 장황하게 늘어놓기 시작했다. 그녀의 모습은 문혁 당시 '붉은' 마오쩌둥 어록을 한 손에 든 채 행진하던 '홍위병'을 연상시켰다.

"위대한 마오쩌둥 주석께서는…" 혹은 "마오 주석께서는"으로 시작되는 '마오 찬가'는 화밍로우에 다다라서야 그쳤다. 가이드

샤오산과 화밍로우 1일 여행을 소개하는 여행전단이다.

마오쩌둥의 동상은 전면에 내놓은 반면

류샤오치 대신 그의 고거가 있는 화밍로우 입구 사진을 게재했다.

는 류샤오치 주석과 옛집에 대해서는 간략하게 소개하고 잘 둘러보라고 말했다. 마오 주석은 류샤오치 주석이 절대로 따라잡을 수 없는 신과 같은 존재였다.

이 '샤오산 - 화밍로우 1일 투어' 상품은 중국 전역 어디에서나 예약할 수 있다. 또한 이 여행상품은 후난 사람이 아니라 대부분 외지인들이 선택하기에 창사역에 자리 잡은 어느 여행사 지점에서도 쉽게 예약할 수 있었다. 1일 투어는 점심식사 포함 여부에 따라 60~100위안(한화 1만 원~1만 7천 원)으로 비교적 저렴했다.

버스에서 내린 홍색여행객들은 '화밍로우' 경내에 있는 류샤오치의 옛집과 류샤오치 기념관 및 류샤오치 박물관을 기념사진을 찍듯이 차례로 둘러봤다. 버스는 다시 마오 주석의 고향 샤오산을 향해 달리기 시작했다. 화밍로우에서 샤오산의 마오 주석 기념관까지의 거리는 약 33㎞. 큰 산 하나만 넘으면 바로 마오 주석의 고향에 닿을 정도로 가까운 거리였다.

중국공산당 창당 초기에 만난 마오쩌둥과 류샤오치가 혁명동지로서 서로를 신뢰할 수 있었던 바탕은 무엇보다 이웃마을의 고향 선후배라는 관계였을 것이다. 황제가 되겠다는 권력욕이 강했던 마오 주석과 달리 류샤오치는 지하활동과 조직전문가로서 평생을 보내면서 마오쩌둥을 보좌했다. 류샤오치가 그림자처럼 마오 주석을 보좌한 저우언라이와 더불어 평생을 2인자로서의 역할에 만족한 것은 중국혁명을 이끈 '후난방'의 핵심이라는 자부심이 한몫했을지도 모른다.

류샤오치와 마오쩌둥 주석의 옛집 등 혁명유적을 둘러본 홍색

마오 주석의 초상화가 내걸린 톈안먼은 '마오제국'의 상징이다.

여행객들은 한 걸음 더 나아가 샤오산과 같은 샹탄현에 있는 펑더화이 전 국방부장의 옛집까지 찾아 나서기도 한다. 후난성에서는 마오 주석과 류샤오치, 펑더화이, 중국혁명을 이끈 후난출신 세 혁명동지들의 유적지를 혁명전통 교육의 '황금삼각'(黃金三角)이라고 부른다. 펑더화이의 옛집은 샤오산에서 남쪽으로 40여 km 떨어진 우스쩐에 있다. 이 세 사람의 고향을 선으로 이으면 '삼각형' 모양이 되기 때문이다.

화밍로우의 류샤오치 옛집은, 중농(中農)의 마오 주석의 고거보다 넓고 컸다. 부농이었기 때문이다. 집안에는 예전 류샤오치와 그의 가족들이 쓰던 것과 같은 농기구와 가구들을 배치해 놓았다. 물론 당시의 그것은 아니다. 주석 자리를 박탈당하고 숙청당한 후 류샤오치의 옛집도 그와 비슷한 처지로 떨어졌다. 문혁 와중에 홍위병들에 의해 파괴된 것이다.

그러나 지금의 류샤오치 고거에서는 마오 주석에 의해 숙청당한 당시의 흔적은 찾을 수 없었다. 옛집 방마다 걸려있는 류샤오치의 생전의 사진들은 그가 누구보다 인민들을 위해 열심히 일한 지도자였다는 점을 보여주고 있다. 류샤오치가 국가 주석에 취임한 직후, 마오 주석이 밀어붙인 대약진운동의 참혹한 결과와 연이은 자연재해로 인한 대기근 사태로 무려 3천여만 명이 굶어죽었다.

류 주석은 1961년 봄 고향을 방문해서 대약진운동의 폐해와 대기근의 피해를 살폈다. 사진들은 그때 그가 고향에 와서 기근에 허덕이던 고향마을 사람과 농민들을 만나 함께 아파하고 위로하던 모습들이었다. 그는 '중국은 사람이 많다. 수천만 명 정

류샤오치의 고향 화밍로우에 있는, 류샤오치 고향마을의 입구.
1일 투어에 나선 여행객들이 기념사진을 찍고 있다.

도 죽어도 아무 상관없다'는 마오 주석과 달리 노동자 농민 등 인민들의 고통에 누구보다 마음 아파했던 진정한 지도자였다.

류샤오치가 고향을 찾은 것은 이때가 마지막이었다. 1968년 허난성의 한 지하감옥에서 비명횡사하기 전까지 그는 다시는 고향땅을 밟지 못했다.

류샤오치 고거를 나온 '홍커'는 기념관을 찾았다. 화밍로우 경내에 있는 '류샤오치 동지 기념관'은 그가 1920년대 안위안 탄광 파업을 주도한 일부터 상하이와 동북지방에서 지하운동을 한 기록에 이르기까지 그의 혁명활동을 기념하는 유물들과 기록물로 가득했다.

30여 분을 달리자 버스 차창으로 샤오산이 들어왔다. 샤오산과 화밍로우는 바로 이웃마을이었다. 장제스 국민당 정부와의 내전과 항일투쟁이라는 두 개의 전선을 치르면서 적과 동지의 구분이 모호했던 시기에 고향마을에서 함께 자란 다섯 살 아래였던 류샤오치에게 마오가 남다른 관심과 애정, 신뢰를 준 것은 당연한 것이었다.

그러나 홍색여행객들이 마오 주석과 류샤오치 동지를 함께 참배하고 함께 기억해준다고 해서 형제보다 더 가까웠던 2인자를 숙청하고 그의 부인 왕광메이(王光美)에게는 '미국의 스파이'라는 혐의를 뒤집어 씌워 사형선고까지 내린 마오 주석과 장칭 부부가 류샤오치 왕광메이 부부와 화해했다고 볼 수는 없다. 역사는 아직도 진행형이다.

류샤오치는 죽은 지 12년 만인 1980년 2월에야 반당분자라는 불명예가 벗겨지고 당원으로서의 권리가 회복되는 등 공식 복권

한솥밥을 먹는 농민들이 마오쩌둥 어록을 높이 들면서
'류샤오치 타도'를 외치고 있다.
문화대혁명은 류샤오치 타도가 목적이었다.
"'대반도' 류샤오치를 타도하자!"는 구호가 보인다.

(復權) 됐다.

"류샤오치 동지는 위대한 마르크스-레닌주의자였고, 공산주의를 위해 평생을 분투한 무산계급 혁명가였습니다. 과거 류샤오치 동지를 중상모략, 모함, 위조한 자료와 모든 사실에 맞지 않는 주장은 완전히 무너졌습니다. …"

CCTV로 중계되는 가운데 중국 공산당은 류샤오치의 복권을 공식적으로 천명했다.

마오쩌둥 생전에는 전혀 발표되지도, 확인되지도 않은 류샤오치의 사망사실도 마오 주석이 사망한 지 2년이나 지난 1978년에야 부인 왕광메이에게 통보됐다.

마오 주석의 동지였다가 그의 자리를 위협할 것으로 간주된 정적들은 대부분 마오 주석 통치시기에 숙청을 당하거나 죽임을 당했다. 사망 직전까지 마오의 '집사' 역할을 충실히 수행한 저우언라이도 방광암에 걸렸음에도 마오의 지시로 항암치료와 수술을 제때에 받지 못했다. 저우언라이는 마오 주석이 사망한 1976년 9월보다 8개월 먼저 세상을 떠났다.

마오 주석은 정적들의 죽음이 중국인민들에게 알려질 경우, 대중의 동정여론을 촉발시킬 것을 두려워했다. 그래서 철저하게 비밀에 부치고 발표하지 않았다. 그러나 저우언라이의 경우는 예외였다. 그때는 이미 마오쩌둥 스스로 병석에 누워 건강이 극도로 악화된 상태였기 때문에 저우언라이의 사망사실을 통제할 수 없었을 것이다.

실제로 저우언라이의 사망소식을 접한 베이징 시민들은 공개적이고 집단적인 애도를 표했다. 전례가 없었던 일이었다. 저우

화밍로우에 있는 류샤오치 고거 참배에 나선 붉은 여행객.
샤오산의 마오쩌둥 고거를 찾는 홍커들에 비해 눈에 띄게 숫자가 적었다.

언라이는 '인민의 이익을 위해 열심히 일한 총리'라는 서민지도자 이미지로 각인되었고, 말년에는 마오 주석으로부터 견제와 박해를 받았다는 것이 알려지게 된 것이다. 그의 장례식날 베이징 시내는 1백만 명에 이르는 사람들이 나서 시내가 마비되다시피 했다.

그로부터 불과 석 달 후, 중국인들이 조상의 음덕을 기리는 명절인 '청명절'(淸明節)에 수십만의 베이징 시민들이 화환과 조시(弔詩)를 들고 톈안먼(天安門) 광장으로 모여들었다. 그들은 저우언라이를 추모하면서 마오 주석의 정책을 비난했고, 걷잡을 수 없게 된 시위는 공안당국이 나서 유혈사태로 마무리됐다. 이것이 마오 주석 체제 때 발생한 1차 톈안먼 사태였다.

우리가 기억하는 '톈안먼 사태'는 1989년에 일어났던 민주화를 요구한 학생시위와 이를 무력으로 진압한 사건이다. 민주화 정책을 추진하다가 덩샤오핑에 의해 실각한 '후야오방'이 그해 4월 15일 사망하자 그를 추모하는 시민과 학생들이 5월 13일부터 톈안먼에 모여 후야오방 총서기의 명예회복과 민주화를 요구하는 시위를 벌인 것을 군을 동원, 진압하면서 유혈사태가 빚어졌다. 공교롭게도 후야오방 총서기 역시 '후난방'이다.

이처럼 주석 재임 당시 인민들에게 인기를 끌었던 류샤오치가 문화대혁명 발발 후 실각한 지 얼마 지나지 않아 사망했다는 사실이 알려졌다면 저우언라이 총리나 후야오방 총서기 사망 때보다 더 강한 중국인민들의 분노와 시위사태를 촉발시켜 마오 주석 체제의 위기를 불렀을 것이다.

문혁 당시 홍위병들에게 구타당해 중병을 얻었고 긴 수감생활

마오쩌둥이 없다면 신중국도 없다.

마오쩌둥의 고향 후난이 없었다면 신중국도 없다.

후난 사람에게 마오쩌둥은 신 이상의 존재다.

끝에 1974년 11월 29일 사망한 펑더화이 사망사실도 마오 주석이 살아있던 시기에는 공개되지 않았다. 펑더화이의 사망 역시 마오쩌둥이 사망한 후에 알려졌고 펑더화이는 곧바로 복권됐다.

마오쩌둥이 사망한 9월 9일보다 두 달여 앞선 7월 6일, 마오의 오랜 혁명동지 주더 장군도 세상을 떠났다. 그가 그토록 미워했던 정적들이 이처럼 잇따라 죽었지만 병석에 누워 죽음을 눈앞에 두고 있던 마오 주석으로서는 그것을 기뻐할 겨를조차 없었다.

중국 공산당은 1980년 5월 17일 베이징의 인민대회당에서 '류샤오치 추도대회'를 열어 류샤오치의 모든 직위와 명예를 회복시켰다. 이날 대회에 참석한 덩샤오핑은 직접 추도사를 낭독했고, 미망인 왕광메이의 손을 잡고 "좋은 일입니다. 이겼습니다. 더 이상 울지 마십시오"라며 위로했다. 이날 중국의 공공기관은 류샤오치 주석을 추도하는 의미로 '오성홍기'를 반기로 게양했고 노래와 춤 등 일체의 오락활동을 금지시켰다.

류샤오치의 유골은 "마르크스와 엥겔스처럼 화장해서 바다에 유골을 뿌려주시오. 오대양을 떠돌면서 전 세계에 공산주의가 실현되는 것을 보고 싶소"라는 생전의 유언에 따라 추도대회가 치러진 지 이틀 후, 왕광메이와 유족들에 의해 칭다오(青島) 앞바다에 뿌려졌다.

마오 가(家)와 류샤오치 가(家)의 화해는 2004년 여름, 류샤오치의 부인 왕광메이에 의해 공식적으로 성사됐다. 그 이전에도 두 집안의 후손들이 중국 공산당 창건일 등 당과 정부의 공식, 비공식 행사를 통해 만나거나 교류를 해왔다. 그러나 두 집안 후

류샤오치 기념관을 둘러보는 중국인들.

류샤오치와 마오쩌둥의 흔적을 동시에 더듬으면서

중국인들은 두 주석의 갈등보다는 협력만 기억하고 있는 것 같았다.

손들이 한꺼번에 만난 적은 한 번도 없었다. 모임은 두 집안 후손들 중에서 가장 연장자였던 왕광메이가 아들 류위안(劉源)을 통해 두 집안의 직계 후손들을 베이징의 한 고급 음식점에 불러 함께 식사를 하자고 제안하여 이뤄졌다.

이날 저녁식사를 계기로 마오 가(毛家)와 류샤오치 가(劉家)는 공식적으로 화해한 셈이다. 이날 모임에는 마오 가에서 마오쩌둥의 딸 리민(李敏)과 리나(李訥), 왕징칭(王景淸, 마오와 장칭의 딸, 리나의 두 번째 남편), 왕샤오즈(王效芝, 리나의 아들), 쿵둥메이(孔東梅) 등이, 류 가에서는 왕광메이와 아들 류위안, 류팅팅(劉亭亭) 등이 참석했다. 두 집안의 공식적인 화해가 이뤄진 지 2년 후 왕광메이는 남편 류샤오치 곁으로 돌아갔다.

마오 주석과 장칭 부부의 유일한 혈육인 리나는 문혁 당시, 류샤오치 부부가 홍위병들로부터 구타당하고 제트기 고문을 당하는 등의 현장을 장칭과 함께 지켜본 적도 있다.

이날 두 집안의 화해 모임에 대해서는 마오쩌둥의 외손녀인 쿵둥메이가 그해 10월 〈베이징청년보〉(北京靑年報)에 기고한 글에 잘 표현돼 있다.

2004년 초여름. 어느 주말 저녁, 나와 모친인 리민은 아주 의미 있는 모임에 참가했다. 류샤오치의 부인 왕광메이 여사가 소집한 마오쩌둥과 류샤오치 두 집안의 후손들이 베이징에서 만나 저녁식사를 함께하면서 환담을 나누고 우정을 나누는 자리였다.

만찬모임은 저녁 7시였는데 우리는 먼저 도착했다. 베이징의 '징두신위엔빌딩'(北京京都信苑大廈) 26층의 아주 조용한 음식점이었다. 이날 저녁모임의 연락을 맡은 류위안(류샤오치의 아들)

'붉은 여행'과 더불어 마오의 시대를 재현한 식당들도 인기를 끌고 있다.
사진은 식당 '홍색경전'에서 마오 시대의 노래를 따라 부르며
그 시대를 기억하는 사람들.

숙부는 미리 도착해서 우리를 기다리고 있었다. 그는 어머니(리민)와 나를 영접해서 연회실로 안내했고, 어머니를 친근하게 '누님'이라고 부르면서 자리에 앉아서 쉴 때까지 안부를 물었다. 잠시 후 이모인 리나 부부가 도착하자 류위안 숙부는 황급하게 나가서 안부를 물었다. 류위안 숙부는 리나 이모보다 12살이나 어렸다. 그는 지금까지 마오쩌둥의 두 딸을 자신의 두 누님처럼 대했다. 최근 몇 년 동안, 두 집안 간 왕래는 더욱 밀접했다.

1948년 나의 외할아버지인 마오쩌둥과 류샤오치 할아버지는 중국공산당 중앙을 이끌고 시바이포에 머물던 시기에 당시 경호를 담당했던 이모부 왕징칭은 그들을 위해 늘 보초를 섰다. 그때 우리는 류 씨 집안사람들과도 오랫동안 잘 지냈다. 왕광메이 할머니는 이곳에서 류샤오치 할아버지와 백년가약을 맺었다. 오래지 않아 그녀는 중국공산당 중앙의 '5대 서기'를 따라 베이징으로 입성했고 오늘날에 이르기까지 무려 55년의 세월이 지났다.

1963년 내 어머니 리민은 중난하이에서 이사를 나왔다. 그때 리나 이모는 외할아버지 곁에 남아있었다. 마오와 류, 두 집안은 수십 년 동안 이웃으로 살았다. 1967년까지 그랬던 것처럼, 십여 년이 지나 다시 만났을 때 리나 이모는 과거처럼 기뻐서 동생의 머리를 쓰다듬으면서 '윈윈아, 윈윈아'(小源源, 小源源!)라고 불렀다. 그때 류위안 숙부는 갑자기 깨달았다. 눈앞에 서 있는 사람은 바로 여전히 소박하고 말이 없으며 학식 깊은 누나라는 것을. 어릴 때 친근하게 불렀던 '리나 누나!'라는 호칭이 바로 튀어 나왔다. 큰 바람과 큰 파도(온갖 사건)가 다 지난 후, 인생의 온갖 단맛과 쓴맛을 맛본 이모와 숙부의 두 눈은 붉게 물들었다.

1980년대 초부터 류위안 숙부는 허난에서 근무할 때 부향장(副鄕長)이나 부성장(副省長)에 있든 간에 여러 차례 리나 이모를 만나러 가곤 했다. 그때마다 그는 현지의 특산품과 전통 공예품을 선물로 가지고 갔다. 리나 이모는 외할아버지(마오쩌둥)가 주신 정교하고 아름다운 옥련봉(玉蓮蓬)을 선물로 보답했고 류위안은 이

2004年6月，王光美及子女刘源、刘亭亭等和毛泽东的女儿李敏、李讷及亲属孔东梅等在北京京都信苑饭店聚会。

오른쪽부터 류위안, 쿵둥메이, 류팅팅, 자오할머니(趙姥姥), 리민, 왕광메이, 리나, 왕징칭, 왕샤오즈.

를 지금껏 가장 진귀한 보물로 간직하고 있다.

몇 년 전, 리나 이모가 '싼샤'(三峽)를 보러 갔을 때 류위안이 이곳에서 무장경찰 수력발전부대를 맡고 있다는 소식을 들었다. 그녀는 류위안에게 자신이 이곳에 왔다는 말을 전했다. 그랬더니 다음 날 류위안 숙부는 차량통행이 시작된 지 얼마 되지 않은 시링창강대교(西陵長江大橋) 변에서 일찌감치 그녀를 맞이하러 나왔다. 이렇게 일찍 맞이하러 나와서 만난 두 사람은 기뻐서 어찌할 줄 몰랐고 서로 악수하고 포옹하면서 형제지간의 우정을 그대로 재현했다. 리나 이모는 "예전에 나는 류위안을 가장 좋아했어. 생기기도 아주 잘생겼고 무엇보다 재미있었지. 그런데 지금은 장군이라니!"〔류위안은 그때 무장경찰 소장(小將)이었다.〕

류위안 숙부는 "누나야말로 정말로 예뻐요! 옛날이나 지금이나 여전히 예쁘시군요!"라고 화답했다. 서로 한바탕 웃고 난 후 류위안 숙부가 다시 말했다. "앞으로 우리는 세계 제일의 댐을 만들 것입니다. 마오 백부의 두 시구를 그 댐 위에 새겨놓을 것입니다. '高峽出平湖, 当惊世界殊!'"(이 시구는 마오쩌둥이 1956년 양쯔강(장강)을 수영해서 횡단한 후 쓴 〈유영〉이라는 시의 한 구절로 장강 삼협에 평평한 저수지가 만들어지면, 세상이 놀랄 것이라는 뜻이다.)

리나 이모는 빙긋이 웃으면서 댐이 완성된 후의 장관을 상상하면서 공사 중인 댐을 지긋이 바라보았다.

한 떼의 황망한 발걸음들이 두 사람의 회상을 가볍게 깨뜨렸다. 리나 이모의 아들이자 나의 사촌동생인 왕샤오즈가 황급하게 뛰어들어오면서 "차가 엄청 막혔어요!"라고 말했다. 우리 어린 오누이를 보고는 류위안 숙부가 농담을 했다. "어쩐지 너희들 모습이 보이지 않아 이상하다 생각했어." 그는 나와 샤오즈를 아주 편안하게 대했다.

갑자기 류위안 숙부가 화제를 바꿔서 나의 어머니(리민)에게 말했다.

"둥메이는 내가 큰 누나(마오의 큰 딸 '리민') 결혼식에 참석한

마오 집안과 류샤오치 집안 간의 화해의 한 장면이다.
어린 시절을 중난하이에서 같이 보낸 마오쩌둥의 막내딸 리나가
산샤댐 건설현장의 부대 지휘관인 류샤오치의 장남 류위안을 찾았다.

것을 믿지 않던데! 큰 누나는 기억하시지요? 우리가 공연까지 했잖아요!"

"근데 사진에는 왜 숙부가 없죠?"

나는 끝까지 우겼다. 그러자 어머니는 그때의 행복한 시간을 기억하면서 미소를 지으며 천천히 말했다.

"그때 줄을 서서 사진을 찍었는데 류위안은 키가 작아서 찍히지 않았던 거야!"(그때 류위안은 겨우 8살이었다) 그 자리에 있는 모든 사람들이 활짝 웃었다.

류위안 숙부는 다시 얘기했다. 1959년 어머니와 아버지 공링화(孔令華)가 중난하이의 국향서옥(菊香書屋)에서 결혼식을 올렸는데 당시 마오쩌둥은 참석한 손님들을 위해 3개의 주연석을 마련했다. 당시 근검절약을 강조하던 그로서는 아주 드문 일이었다. 바로 그해에 외할아버지는 국가 주석을 사임하고 류샤오치 할아버지가 중화인민공화국의 주석을 승계하도록 했다. 이때부터 중국정계에서 마오(毛)와 류(劉) 두 명의 주석이 탄생하게 된 것이다.

어머니와 류 주석 집안과는 오래 전부터 왕래가 있었다. 류샤오치 할아버지의 장남인 류윈빈(劉允斌)과 장녀 류아이친(劉愛琴)은 모두 리민 이모와 소련국제유치원 동창이었다. 1949년 어머니와 류샤오치, 왕광메이 부부는 함께 마오안잉 외숙의 결혼식에 참석했다. 어머니가 결혼할 때에도 외할아버지(마오쩌둥)는 손님들을 초대해서는 영화 〈보련등〉(宝蓮灯)을 함께 봤다. 어머니는 그 영화를 '시로우'(西樓)의 영화감상실에서 본 기억이 있다고 말했다.

그녀는 그때 부근에 살던 류 주석 일가를 만났는데, 얼마 지나지 않아 중난하이의 춘우재(春藕齋)에서 열린 무도회에서 외할아버지를 모시고 쉬고 있던 어머니는 다시 한 번 류샤오치와 왕광메이 부부를 만났다고 했다. 마오쩌둥은 아주 기쁜 표정으로 이들 부부에게 신혼의 딸을 소개했다. 왕광메이 할머니는 어머니 곁에 앉아서 그녀의 손을 잡고 얘기를 나눴다. 몇 살인지, 어디에서 학교를 다니는지 등을 물었다. … 류위안 숙부는 그가 참가한 무도회가

2010년 류샤오치의 장남 류위안 상장(대장, 왼쪽)이
마오쩌둥의 손자인 마오신위(毛新宇) 군사과학원 전략연구부 부부장(오른쪽)에게
장군 계급장을 달아주고 있다.
당시 류위안은 군사과학원 정치위원이었다.

바로 춘우재에서 열린 무도회였다고 말했다.

만찬장이 웃음소리로 넘쳐날 때 83세의 왕광메이 할머니가 팅팅 아주머니의 부축을 받아 나타났다. 어머니(리민)와 이모(리나)는 급히 일어나서 그녀를 맞이하러 나가 '노인'의 양손을 부축했다.

만년의 왕광메이 할머니는 손님을 만나는 일이 드물었다. 특히 호텔까지 가서 접대하는 일은 거의 없었다. 이번에 마오쩌둥의 딸인 리민과 리나 두 집안 후손들을 초청해서 식사를 함께한 것은 파격적이었다. 왕광메이 할머니는 아들 류위안에게 '두 집안사람들이 한 번 모였으면 좋겠다'는 뜻을 밝히고 연락을 하라고 요청했다.

"일전에 그들 자매가 나를 보러 온 적이 있다. 내가 나이가 들어서 움직이기가 어렵지만 그들과 자녀들이 보고 싶구나. 한번 식사 자리를 마련해보도록 해라."

그리고는 "위안아. 빨리 준비하거라"라며 "이것은 두 집안의 모임이기 때문에 비서나 다른 사람들을 귀찮게는 하지 말라"고 특별히 당부하기도 했다.

왕광메이 할머니와 함께 온 사람은 팔순이 넘은 할머니였다. 그녀는 다름 아닌 류 씨 집안의 오래된 보모로 전설적인 '조 할머니'였다. 문화대혁명이 시작된 후인 1967년 왕광메이가 수감되고, 1969년 류샤오치 할아버지가 세상을 떠나는 등 류 씨 집안이 어려움에 처했지만 다행히도 조 할머니가 이 집안에서 가장 나이 어린 딸 '소소'(小小)를 데려갔다. 그래서 조 할머니 집은 류샤오치 자녀들이 만나는 장소가 됐다. 그녀는 류샤오치의 아들딸들이 기억하기도 싫은 그 세월을 견딜 수 있도록 도와줬다. 그녀는 정말로 존경받을 만한 노인이다.

1976년 마오쩌둥 할아버지가 돌아가신 후 리나 이모는 중병을 앓았고 생활도 아주 어려워졌다. 1979년 감옥에서 석방된 왕광메이 할머니는 조 할머니와 함께 리나 부부를 찾아와서 집안일을 챙길 수 있도록 도왔다. 얼마 후 이모는 왕징칭과 결혼했고 그 소식을 들은 왕광메이 할머니는 아주 기뻐했다.

류샤오치 할아버지가 비바람을 맞으면서 배를 탄 것과 같이 세상 사람들이 왕광메이 할머니가 고생한 것에 대해 존경한다면, 외할아버지(마오쩌둥)의 후손들을 사심 없이 돕는 왕광메이 할머니의 넓은 가슴은 우리들로 하여금 숙연한 마음이 들게 한다.

왕광메이 할머니는 수영을 좋아하는데 수영하는 모습이 아름답다. 그녀는 종종 당시 7~8세이던 사촌동생 샤오즈를 데리고 수영하러 갔다. 왕광메이 할머니는 지금까지도 매주 수영으로 건강을 돌보고 있어서 여전히 건강한 편이다. 그러나 최근 몇 년 동안 그녀는 거의 외출하지 않았다. 그래서 어머니와 이모가 자주 그녀를 뵈러 갔다.

이때 양가 집안사람들이 모두 모였다. 다들 몸이 건강한지 안부를 묻고 깊은 정을 나눴다. 이것은 특별한 두 가정과 그 가족 구성원들의 운명이 어떻게 국가의 운명과 성쇠를 좌우할 수 있는지를 잘 보여주는 것으로, 중국사회의 발전을 상징하는 것이기도 하다. 그래서 이번 모임은 정말로 소중한 것이었다.

마오쩌둥과 류샤오치는 모두 후난에서 태어났다. 두 사람의 고향은 산 하나를 사이에 두었고, 그들은 1922년 처음으로 만나게 되면서 협력했다. 생사고락을 함께하면서 위기와 가장 위험했던 상황을 넘겼고 가장 찬란했던 전성기도 함께 맞았다. 그들의 품행은 인민의 신뢰를 얻었다. 사람들은 두 사람을 따랐고 의기투합한 그들은 국가를 승리의 길로 이끌었으며 지금까지 우뚝 섰다. 만년에 그들은 서로 다른 처지에서 역사적 비극에 처하게 됐고, 각자의 가정도 적잖은 불행을 겪었다.

그러나 두 영웅이 말한 것은 틀리지 않았다. 마오 주석은 "인민이 진정한 영웅이다"라고 말했고, 류샤오치 주석은 "다행히 역사는 인민이 쓰는 것이다"라고 말했다.

인민은 그들을 계승했고 그들을 뛰어넘었다. 한 걸음씩 번영을 향해 나아가면서 부강과 자존, 자강의 길로 가면서 오늘날까지도 인민들은 그들을 그리워하고 존경하고 있다.

다들 자리에 앉자 두 집안사람들은 앞다퉈 가면서 왕광메이 할머니의 건강과 장수를 기원했다. 조 할머니에게도 술을 권하면서 감사인사를 했다. 어머니와 이모는 여러 차례 왕광메이 할머니의 건강과 생활에 대해 상세하게 물었다. 이에 왕 할머니는 미소를 지으면서 "너희 둘은 몸이 약하고 나이도 적지 않지만 그래도 나보다는 더 젊지 않으냐. 건강에 더 주의해야 한다"고 걱정했다. 왕 할머니는 술잔을 높이 들고 마오쩌둥의 두 자매를 향해 "너희들도 건강에 주의해라"고 건배했고 나와 샤오즈를 향해서는 "아이들이 아주 뛰어난 것을 축하한다"고 덕담했다.

"사람은 쉽게 늙지만 하늘은 잘 늙지 않는다."

어머니와 이모도 모두 환갑의 나이가 되었다. 팅팅(亭亭) 아주머니와 류위안 숙부도 50이 넘었다. 그때 중난하이에서 놀던 어린아이들이 모두 중년 이상이 된 것이다.

"하늘에 정(情)이 있다면 하늘도 늙을 것이다"

세월이 흘렀고 공명영욕도 다 지난 일이다. 시간이 흘렀고 세상이 달라졌다. 이제는 정만 남았다. 류위안 숙부가 나에게 말했다. 그는 소식(蘇軾)의 명문장을 끄집어냈다.

"回首向來蕭瑟處, 也无風雨也无晴."[이 시구는 소식의 〈정풍파〉(定風波)의 마지막 구절로 '해가 저물어 고개를 돌려 비바람 치는 그곳을 바라보니 집으로 돌아가야겠네. 비바람도 그치고 날도 어스레해졌네'란 뜻으로 세월이 흘렀고 예전의 원한도 다 풀렸으니 두 집안의 화해가 이뤄질 때라는 말을 간접적으로 표현한 것이다.]

대화가 이어지면서 열기는 뜨거웠다. 당면한 세상사에 대한 이야기가 주로 화제에 올랐다. 가장 재미있는 사람은 팅팅 아주머니였다. 아시아, 유럽, 미주는 물론이고 정치와 예술 경매, 사업, 생활, 가정 등 얘기하지 못할 주제가 없었다. 중간에 류위안 숙부가 일어나서 샤오즈를 왕광메이 할머니에게 데려갔다.

"보세요, 자라면서 점점 더 팔각모를 쓴 마오 백부(마오쩌둥)의 사진과 닮아가는 것 같지 않나요?"

샤오산에서 열린 마오쩌둥 탄생 120주년 기념행사에 참석한
마오의 손자 마오신위 가족들.

샤오즈는 황망하게 손을 내저었다.

"무슨 말이에요, 닮지 않았어요!"

팅팅 아주머니가 곧바로 말을 받았다.

"닮지 않은 것이 아니라 감히 닮고 싶다고 말할 수 없는 것 아닌가요?"

그러자 모두들 박장대소를 하면서 샤오즈의 얼굴을 쳐다봤다. 모두가 기억 속의 (마오쩌둥의) 모습과 대조하는 듯했다. 리나 이모의 눈에는 안도하는 눈빛이 흘렀다.

류위안과 샤오즈는 한잔씩 주거니 받거니 했다. 화제는 선진무기의 성능과 타이완 문제로 옮겨갔다. 30분도 채 되지 않아 그들은 거나해져서 얼굴이 붉어졌다. 나는 종종 그들이 술을 마시면서 하는 말 중에서 실수하거나 한 말을 가지고 농담을 하곤 했다. 그러면 모두가 즐거워했다.

이날 두 집안 사람들이 기꺼이 함께 모여 즐겁게 취한 것이다.

영웅들(마오쩌둥과 류샤오치)은 사업을 위해 일생을 바쳤다. 가족과 후손들에게 어떠한 물질적인 재산을 남겨주지 않았고, 심지어 모든 가정이 응당 가져야 할 따뜻한 가족 간의 온정의 기억도 극히 제한적이었다. 역사는 역사다. 바꿀 수가 없고 없앨 수는 더더욱 없다.

당사자의 회고는 깊은 개인적인 색채를 피할 수 없는 측면이 있다. 방관자의 기억은 수시로 쉽게 변할 수 있다.

"而今邁步從頭越"다.

눈앞에서 이 모든 것을 거뜬하게 넘어갈 수 있었다. 〔이 구절은 마오쩌둥이 대장정 당시 장제스군과의 첫 전투인 루산관에서 승리한 후 지은 자작시 〈憶秦娥・婁山關〉(억진아・루산관)의 한 대목이다. "雄關漫道眞如鐵, 而今邁步從頭越"(웅장한 관문이 정녕 철옹성이라도 지금 우리는 거뜬히 넘어가고 있노라.)〕

3대에 걸친 사람들의 연회는 두 시간여 동안 계속됐다. 비디오 카메라로 충만했던 광경을 모두 담았다. 어머니와 이모는 머리를 맞대고 이야기했고 시종일관 만면에 웃음을 짓고 있었다. 은발의 왕광메이 할머니는 별다른 말없이 그저 자상하고 초연한 모습으로 아이들을 바라봤다. 그녀의 얼굴에서는 붉은 기운이 돌았고 행복하고 아름다웠다.

이 양 집안의 후손들은 일찌감치 영웅들의 공동의 투쟁과 영욕의 기억으로 되돌아갔다. 혹은 서로 이해하고 동정하는 것이 두 집안의 모임을 이처럼 유쾌하고 친밀하게 만들었는지도 모르겠다. 갑자기 오늘 우리가 겪은 영광과 수난은 천년 동안 통일과 내란이 끊이지 않았던 민족이 완전히 앞으로 나아가는 것을 막는 장애를 초탈하여 손을 잡고 아름다운 미래로 향할 수 있도록 해줄 것이라는 생각이 들었다.

어떤 사람들은 이런 말을 했다. 바다보다 광활한 것은 하늘이고 하늘보다 광활한 것은 사람의 마음이라고.

두 사람의 위대한 인간이 가족과 후손, 인민들에게 남긴 것은 정신적인 부(富)다.

그것은 외할아버지(마오쩌둥)의 시구처럼 "산꽃이 온 산에 가득 피게 되면 그녀는 그 한가운데서 웃고 있으리라."(待到山花爛漫時, 她在叢中笑)

지금 이미 산꽃이 활짝 필 때가 됐다.

'마오쩌둥과 류샤오치 양 집안 후손들의 만찬'

孔東梅(쿵둥메이)

―〈중국청년보〉 2004년 10월 10일

'1일 투어 버스'는 마오쩌둥의 고거와 기념관을 거쳐 비밀별장이 있던 디슈이둥까지 섭렵했다. 홍색여행객들도 마오쩌둥의 유적 앞에서 기념사진을 찍기에 여념이 없었다.

마오쩌둥과 류샤오치의 고거 탐방을 통해 중국혁명과 신중국 건국과정이 새롭게 들어왔다. 투어가이드 역시 창사로 돌아가는

화밍로우의 류샤오치 고거는

인근의 마오쩌둥 고거와 마찬가지로 새롭게 단장돼서

붉은 여행객들을 맞이하고 있다.

고거 내부에는 류샤오치의 고향방문 사진이 곳곳에 걸려있다.

버스에서 마이크를 잡고 다시 '마오 찬가'에 열중했다. 그러다가 말미에 후난성의 특색 있는 먹거리를 꼭 사줄 것을 강조했다. 공산주의사회의 현실화를 꿈꿨던 이상주의자 마오쩌둥을 기억하는 샤오산 - 화밍로우 1일 투어의 말미는 마오쩌둥의 시대와는 전혀 다른 현재의 중국이 처한 현실을 그대로 반영하는 듯했다. 배고픈 시대를 탈피한 중국은 이제 약육강식의 자본주의의 시대를 향해 경쟁하듯 달려가고 있는 것 같았다.

5. 혁명도시 창사

후난성의 성도인 창사는 혁명기운이 감도는 '불온한' 혁명도
시다.

창사는 신중국 건국의 아버지 마오쩌둥 주석이 이곳의 '후난
제 1사범대학'을 다니면서 혁명가로서의 꿈을 키웠던 곳이다. 뿐
만 아니라 마오쩌둥과 더불어 중국혁명을 이끈 류샤오치 주석과
펑더화이 국방부장, 허룽, 리리싼 등 수많은 저명한 공산주의자
들을 배출한 중국공산당 지도부의 심장과도 같은 존재다.

창사 시가지를 가로질러 흐르는 '샹장' 한가운데에 있는 쥐즈저
우(橘子洲)라는 모래톱 섬에는 거대한 마오쩌둥 두상이 세워져 있
다. 이 마오쩌둥의 두상은 2007년 높이 32m, 길이 83m에 이르는
거대한 규모로 청년시절의 마오쩌둥 모습을 토대로 만들어졌다.

마오 주석 두상 아래에는 그가 쓴 〈심원춘 창사〉(沁園春 長沙)
가 새겨져 있다.

창사 시내를 가로지르고 있는 샹장과 쥐즈저우의 풍경.

추운 가을 홀로 북으로 흐르는 샹장의 쥐즈저우에 서서 바라보니
온 산 붉어 숲 켜켜이 물들고
푸른 강물 위
배들 앞다퉈 나아간다.
매는 높은 창공을 날고
물고기는 깊은 물 속 가르고
만물은 늦가을을 다투듯 자유롭구나.
광활한 우주여, 아득한 대지에 묻노니
누가 천하의 흥망을 주관하는가.

벗과 헤엄치며 놀던 지난 날 떠올려 보면
험난했던 그 세월 함께 공부했던 소년들의 풍모는
선비의 의지와 기개가 넘쳤지.
세상을 비판하며 학문의 기치를 높이 올렸으나
그때의 세상에는 썩은 잡배들만 들끓었으니…
기억하는가
일찍이 우리 강물 한가운데로 나아갈 때에
파도가 우리 배를 막아서던 것을.

獨立寒秋, 湘江北去, 橘子洲頭.
看万山紅遍, 層林盡染; 漫江碧透, 百舸爭流.
鷹擊長空, 魚翔淺底, 万類霜天競自由.
悵寥廓, 問蒼茫大地, 誰主沉浮?
携來百侶曾游, 憶往昔崢嶸歲月稠.
恰同學少年, 風華正茂; 書生意气, 揮斥方遒.
指点江山, 激揚文字, 糞土当年万戶侯.
曾記否, 到中流擊水, 浪遏飛舟?

이 시에는 혁명과정 중에 겪은 마오쩌둥의 좌절과 실의— 그러나 포기하지 않고 반대세력과의 투쟁을 다짐하는 결연한 의지가 담겨 있다.

이 시를 쓴 1925년 12월 마오쩌둥은 32살의 열혈청년 공산주의자였다. 당시는 일본제국주의에 대항한 항일연대라는 명분으로 중국공산당과 장제스의 국민당 간의 제1차 국공합작이 성사됐을 때였다. 마오는 1924년 국민당 제1기 중앙집행위원에 선출된 데 이어 공산당 중앙위원과 선정부장 대리, 정치주보 사장 등을 맡았다. 1925년 국민당 제4차 전국대표대회에 참석했지만 국민당 중앙위원에는 선출되지 못하고 선전부장 대리로 임명돼 곧 광저우로 파견될 예정이었다. 창사에 머물던 그는 잠시 쥐즈저우에 유람을 갔다가 샹장의 늦가을 풍경을 보고 당시의 국공합작 등 혁명상황과 자신의 처지를 시로 표현한 것이다. 국민당과 공산당의 선전부장직책을 번갈아 맡아 자신의 미래를 두고 남모르게 고민했을 것이다.

거대한 마오의 두상이 도시의 상징물로 자리 잡으면서 창사는 완벽하게 중국 혁명을 상징하는 도시로 재탄생했다.

창사는 근대에 들어서기 전까지는 유배지로 이름 높은 강남의 한적하고 궁벽한 도시에 불과했다. '긴 모래톱'이라는 뜻의 '창사'라는 지명은 이 샹강의 중간에 자연스럽게 조성된 모래톱 섬 '쥐즈저우' 때문이었다. '기러기떼 노니는 긴 모래톱'이라는 의미가 창사라는 지명이 된 것이다.

창사의 지명은 하늘의 별로부터 유래된 것이기도 하다. 상주

(商周) 시대 이래로 형성된 28개의 별자리(宿) 중 하나가 천수(軫宿)인데, 고대 천문학에서의 별자리 위치에 따르면 천수는 징저우(荊州) 상공에 위치해 있다. 창사는 바로 이 징저우에 속했다.

이 천수자리 옆에 붙어있는 작은 별이 '창사별'로 불렸다고 한다. 창사별이 대응하는 지상이 바로 창사였다. 창사는 '싱사'(星沙, 별이 빛나는 모래톱)으로도 불렸고, 많은 사람들이 창사를 '별의 도시', 즉 '싱청'(星城)으로도 부르고 있다.

후난에 갈 때는 무조건 창사를 거쳐야 했다. 베이징에서든 상하이에서든 혹은 한국에서든 창사까지는 주로 항공편을 이용했고, 가끔 기차를 탄 적도 있다. 붉은 여행의 중심, 샤오산은 창사에서 지척 간에 있었다. 창사는 후난성은 물론 베이징에서 광저우로 이어지는 징광선(京廣線)의 중심이기도 하다.

이상하게도 후난에 갈 때마다 창사에서는 비가 내렸다. EBS 〈세계테마기행〉 촬영을 위해 보름여 동안 후난성을 여행할 때는 창사에서는 물론이고 2~3일에 한 번씩 비가 내렸다. 마오쩌둥 주석의 고향인 샤오산에서도 비가 내렸고, 위에양에서도, 굴원이 빠져 죽은 미뤄장에서도 비가 주룩주룩 내렸다. 마오쩌둥이 여행한 '마오로드'를 답사하기 위해 창사를 거쳐 상탄, 위에양 등을 찾아 나섰을 때도 이틀 동안 그치지 않고 비가 내렸다. 그래선가 내 기억 속 창사는 비가 내리는 습기 찬 도시로 굳어져 있다.

창사라는 지명은 주(周)나라 때 지어진 〈일주서〉(逸周書)에 처음 나오는데, 춘추전국시대에는 초(楚)나라 땅에 속했다. 한나라 때는 창사왕국이 설치되기도 했지만 수나라와 당나라를 거쳐 청나라에 이르기까지 창사는 탄저우(潭州), 즉 후난의 중심지로서의 지위를 한 번도 잃지 않았다. 그러나 후난은 근대에 이르기까지 역사의 주 무대가 된 적이 없었기 때문에 그다지 주목받지 못했다.

그러나 창사를 비롯한 후난이 중국 역사의 주역으로 등장한 것은 근대에 들어서였다. 태평천국의 난이 벌어지자 후난 출신 변혁가인 쩡궈판(曾國藩)이 창설한 상군(湘軍, 후난 군대)은 중국 역사상 가장 강력한 군대로서 태평천국의 난을 평정하는 주역이었다.

이후 마오쩌둥을 비롯한 홍색혁명가들이 창사를 비롯한 후난성 각 지방에서 마르크스 사상 전파에 나섰다. 이 혁명의 시기에 추수봉기를 비롯한 수많은 사건들이 후난성에서 벌어졌다.

그중에서도 원시대화재(文夕大火)는 창사 역사상 가장 불행한 사건 중의 하나로 꼽히고 있다. 중일전쟁의 주요 전장으로서 한때 일본에 점령당하기도 했던 창사는 당시 국민당 정부군의 판단에 따라 초토화 작전을 전개했다. 장제스는 일본군이 진격해 오자 창사가 함락될 것을 우려해서 창사시를 불바다로 만들라고 지시했다. 일본군의 창사함락을 막겠다며 지른 불은 도시 전체를 불태우면서 이틀 밤낮 이어졌다. 대화재는 창사에 남아있던 수많은 문화재를 불태웠고 창사를 폐허로 만들었다.

일본군은 바로 창사를 공격하지 않았다. 장제스 국민당 정부군의 전략적 판단 실수였다. 창사는 결국 자국군에 의한 초토화 작전의 엄청난 희생양이 됐다. 창사는 이후 중일전쟁의 주요 전장이 되면서 결국 일본군에 점령당했다.

그러나 지금 창사의 모습은 전란의 흔적을 찾아볼 수 없을 정도의 발전된 모습으로 탈바꿈됐다. 창사 시가지는 개혁개방의 중심지인 상하이나 광저우같이 경제성장의 혜택을 듬뿍 받아 개발 붐을 타고 중국 여느 대도시와 다름없는 화려한 면모를 과시하고 있다.

한편 창사는 마오쩌둥의 체취가 곳곳에 남아있어 여전히 신중국의 심장과도 같은 분위기를 잔뜩 풍기고 있다. 마오쩌둥이 고향 샤오산을 떠나 창사로 온 것이 신해혁명 직전인 1911년이었다. 그때부터 마오는 상업중학교와 후난 제 1사범학교 등을 다니면서 마르크스 사상을 습득했고 자신의 사상적 토대를 정립했다. 1913년 후난 제 1사범학교에 입학한 마오쩌둥은 겨우 열아홉 살이었다. 마오는 로마네스크 양식의 아치와 기둥이 있는 넓은 현관을 갖춘 유럽풍 건물의 이 학교에서 사상의 자유를 누렸다. 그는 이곳에서 '공산주의'를 처음으로 접하고 습득했다.

후난 제 1사범학교는 창사의 톈신구(天心區) 슈위엔로(書院路)에 있다. 강 건너편에는 '세계에서 가장 오래된 학부'인 천년사원 '웨루서원'(岳麓書院)이 있다. 웨루의 정신을 본받은 덕인지 후난 제 1사범은 후난 인재의 산실로 거듭 났다. 이 제 1사범학교의 전신 역시 남송 때의 저명한 학자인 장식(張拭)이 창건한 성남서원(城南書院)이다. 웨루서원에 미치지는 못하지만 1천여 년의 역사를 갖고 있다. 1903년 이 사원이 후난성 사범학당이 되었다가 1912년 후난 공립 제 1사범대학으로 명칭이 바뀌었고, 1914년 후난성립 제 1사범학교가 됐다.

신중국 주석이 된 마오쩌둥은 뒤에 자신의 모교에 대해 "제 1사범학교는 아주 좋은 학교"(一師是个好學校)라고 칭찬하면서 "천

후난 제1사범학교의 전경.

정면의 '제1사범'이라는 휘호는 마오쩌둥이 직접 쓴 것이다.

년학부, 백년사범"이라는 영예로운 명칭을 하사했고 '제1사범'이라는 휘호를 직접 썼다. 그리고는 "인민의 선생이 되어야 하고, 먼저 인민의 학생이 되어야 한다"(要做人民的先生, 先做人民的學生)는 말을 덧붙였다. 그래서 후난 제1사범은 지금 홍색여행객들이 반드시 참관해야 하는 혁명기념지의 한 곳이 됐다.

후난 제1사범은 1백여 년의 역사를 통해 마오쩌둥 주석은 물론 허수형(何叔衡), 차이허썬(蔡和森), 리웨이한(李維漢), 장궈치(張國基), 천톈화(陳天華) 등 중국 현대사를 이끈 저명한 인물들과 쉬터리(徐特立), 양창지(楊昌濟), 리다(李達), 저우구청(周谷成) 등의 교육자를 배출한 인재의 산실이었다.

마오쩌둥은 1913년 후난 제1사범에 입학해서 졸업한 후에도 학교를 떠나지 않고 혁명활동을 하는 등 7년 동안을 이곳에서 보냈다. 그래서 중국사람들에게 후난 제1사범은 마오쩌둥이 '중국과 세계를 개조하겠다는 위대한 사상을 세운 곳'으로 각인돼 있다.

나는 이 사범학교에 5년 동안 다니면서 그 이후에 나온 갖가지 광고와 유혹을 용케 떨쳐버렸다. 그리고 마침내는 졸업증서까지 받았다. 재학하는 동안 많은 사건을 겪었고 무엇보다 이 기간에 나의 정치사상이 형성되기 시작했다. 사회활동의 첫 경험도 이곳이었다.

후난 제1사범에서 내 생애에 가장 영향을 끼친 양창지 선생님도 만났다. 후에 그는 내 생애와 밀접한 관계를 맺기도 했다. 바로 양선생님의 딸 양카이후이와 결혼하게 된 것이다.

마오쩌둥의 고백이다.

창사를 비롯한 후난성 어디를 가나 후난 사람들의 집에는
마오쩌둥의 초상화나 그를 신격화하는 그림들이 한두 장씩은 걸려있다.
마오쩌둥은 후난 사람의 심장이다.

마오는 1918년 '신민학회' 창설에 앞장섰다. 이 신민학회는 5
·4운동 당시 가장 먼저 결성된 학생 중심의 혁명운동 결사체였
다. 이 신민학회는 5·4운동 때 후난지역의 중심단체로 활동했
고, 주요 구성원들은 그 후 중국공산당 창당의 핵심으로 참여하
는 등 중국공산당과도 밀접하게 연결된다.

〈대학〉(大學)의 신민편에 나오는 대학지도재신민이라는 글귀
에서 따 온 '신민'학회는 당시 지식청년들이 구사상으로부터 국
민을 깨어나게 해서 새로운 사상을 개방하겠다는 뜻에서 창립됐
다. 신민학회의 가장 큰 역할은 중국공산당 창당의 바탕이 되었
을 뿐만 아니라 중국혁명의 길을 모색하는 데 있어 지식청년들
에게 개방적 이론을 만들어내서 새로운 조직을 준비하는 데 공
헌했다고 평가되고 있다.

신민학회의 핵심멤버로 1920년 프랑스로 유학 갔던 차이허썬
은 마오쩌둥에게 보낸 서신을 통해 "중국혁명의 발전이 필요하
다"고 주장했다. 중국혁명을 위한 중국공산당을 창당해야 한다
는 생각 등이 마침내 코민테른의 지도하에 중국공산당 창당으로
이어졌다. 1921년 중국 공산당이 창당됐을 때 신민학회의 주요
구성원 74명 중에서 31명이 공산당에 참여했다.

그러나 한편 창사는 마오쩌둥의 청년시절의 사상적 근거지였
지만 그에게 좋은 기억만 남겨준 도시는 아니었다. 1918년 신민
학회를 결성할 때 그는 지도자로 선출되지 못할 정도로 정치적
지도력을 인정받지 못했다. 또 그해 제 1사범학교를 졸업했지만
마오쩌둥은 후난에서는 제대로 된 일자리를 구하지도 못했다.
그래서 마오쩌둥은 베이징으로 가서 베이징대 도서관 사서 자리

마오쩌둥은 후난 사람의 자부심이다.

집은 물론이고 상점과 빌딩까지 온통 마오쩌둥의 초상화와 제단을 모시고 있다.

를 겨우 얻었지만 한 달에 8위안을 받았다. 6개월 만에 짐을 싸서 상하이를 거쳐 다시 창사로 돌아온 마오쩌둥은 한 소학교의 시간제 교사로 취직하는 데 성공했다.

그 사이(1919~20) 어머니와 아버지가 잇따라 세상을 떠났지만 그는 고향으로 돌아가지 않았다. 1919년 10월 어머니가 별세하고 이어 3개월 후에는 아버지마저 장티푸스로 숨을 거뒀다는 소식을 전해 들었지만 장례식에 참석하지 않았다. 그 무렵 그는 이미 철저한 공산주의자가 되어 있었다.

중국공산당의 초기 역사를 장식하는 '추수봉기'의 주 무대도 창사였다.

1927년 8월 1일 국민당 정부군에 있던 공산당원 2만여 명이 장시성 난창(南昌)에서 소요사태를 일으켰다. 이들의 봉기는 모스크바의 코민테른의 지시에 따른 것이었고 주동자는 '저우언라이'였다.

이때 마오쩌둥은 자신의 휘하에 아무런 병력이 없었다. 그는 모스크바에 후난성 남부에서 농민봉기를 일으켜서 '최소한 5개 현'을 아우르는 혁명근거지를 만들겠다고 제의하고 이 반란군 부대가 해안 쪽으로 가는 길에 자신의 봉기를 도우러 와달라고 요청한 모양이었다. 그러나 이 요청에 회신이 오기도 전에 반란군 부대의 대오가 무너졌다. 1/3 이상이 도중에 탈주했다. 이들이 마오쩌둥의 요청대로 후난성으로 들어올 가능성은 없었다. 마오는 당초의 농민봉기 요청을 수정해서 창사 공격을 지원해달라고 제의했다.

당시 코민테른은 농민보다는 도시노동자 봉기에 더 주력했기

기념품으로 불티나게 팔리고 있는 마오쩌둥 배지.

때문에 마오의 제안은 채택됐다. 마오는 창사 공격을 위한 전선위원회의 책임자로 임명됐다. 이 반란군 부대와 안위안 탄광파업 때의 광부 등이 연합한 부대가 창사 공격을 위해 접근하다가, 공격하기도 전에 공격을 당해 지리멸렬한 상태에 처했다.

이것이 '추수봉기'의 전말이라고 장융(《마오, 알려지지 않은 이야기》의 저자)은 지적하고 있다. 장융은 추수봉기는 진정한 농민봉기가 아니며 당시 마오쩌둥은 이 봉기가 일어난 시기에 아무것도 하지 않았고 오히려 봉기의 성공을 방해했다고 주장했다. 마오는 추수봉기가 실패한 다음에 모습을 드러냈다는 증언도 있다.

그런데도 오늘의 중국공산당사에는 추수봉기를 마오쩌둥의 혁혁한 투쟁 역사의 한 페이지로 기록하고 대부분의 중국인들은 그렇게 믿고 있다. 추수봉기의 결과, 처음으로 마오쩌둥의 군대가 생겼다. 마오는 패퇴한 부대의 잔류병력 1,500여 명을 처음으로 자신의 휘하에 거느리게 되었고, 이 부대는 '징강산'으로 이동해서 최초의 홍군으로 자리 잡게 됐다.

추수봉기에 대한 진실이 잘못 전해지게 된 것은 에드가 스노의 《중국의 붉은 별》에서 서술했듯 마오가 스스로 밝힌 '추수봉기' 이야기 때문일 것이다. 마오는 에드가 스노를 통해 난창봉기를 홍군 창군의 모태라고 평가했다.

> 1927년 8월 1일 허룽과 예팅이 지휘하는 제20군은 주더와 힘을 합쳐 역사적인 난창봉기를 일으켰고, 이것이 나중에 홍군을 만드는 최초의 모태였다. 8월 7일 당 중앙위원회 임시회의 긴급회의가 소집돼 천두슈가 당 총서기직에서 해임됐다. 나는 1924년 광저우에서 열린 제3차 전국대표대회 이래 당 정치국원으로 있었기 때문에

이러한 결정에 적극적으로 참여했다. 이 회의에 참석한 다른 10명 가운데는 차이허썬, 펑파이, 장궈타오, 취추바이 등이 있었다. 이 회의에서 당은 새로운 노선을 채택했고 당분간 국민당과 협력하겠다는 희망은 일체 포기하기로 했다. 국민당은 이미 속절없는 제국주의의 도구로 전락되어 민주주의 혁명의 책임을 수행할 수 없었기 때문이다. 이제 장기적이고 공개적인 권력투쟁이 시작되었다.

그리고는 자신이 추수봉기를 준비하기 위해 창사로 파견된 책임자라는 점을 강조했다.

창사에서 벌일 내 활동계획은 5가지 목표를 실현시키는 것이었다. 우선 ① 성당(省黨)을 국민당으로부터 완전히 단절시키고, ② 농민 노동자 혁명군을 조직하며, ③ 대지주는 물론 중소지주의 재산을 몰수하고, ④ 국민당과 별개인 공산당의 권력기반을 후난에 구축하며, ⑤ 소비에트를 조직하는 것이었다.

당시 코민테른은 다섯 번째 목표에 반대했기 때문에 이 목표를 슬로건으로 표면화시킨 것은 얼마가 지난 후였다.

우리는 이미 9월에 광범한 봉기를 조직하는 데 성공했고, 최초의 '노농군'(勞農軍) 부대도 만들었다. 노농군은 농민과 한양(漢陽) 지역 광부, 국민당 반란군 등 세 부류의 사람들로 구성되었다. 이 초기 혁명군사력에 노농 제1군 제1사단이란 명칭이 붙여졌다. 1사단의 1연대는 한양지역 광부들로 편성되었고, 2연대는 후난성의 핑장 류양 리링과 다른 2개 현의 농민 보위대로 편성됐다. 3연대는 왕징웨이에 반란을 일으킨 우한 수비대의 일부로 조직했다. 이 군대는 후난성 당위원회의 승인을 받아 조직되었지만 당 중앙위원회는 후난성 당위원회와 우리 군대의 전반적 계획을 반대했다.

마오쩌둥이 주도했다는 추수봉기 삽화.

그러나 추수봉기는 조작된 것이라는 주장도 제기되고 있다.

그는 이어서 말하기를 "제 1사단이 창설되면서 나는 당전선위원회 주석이 되었고, 제 1군사령관은 우한수비대 지휘관 중의 한 사람이었던 위사두가 맡았다. 이 소규모 군대는 농민봉기를 일으키면서 후난성을 따라 남쪽으로 이동했다. 이 소부대가 징강산에 들어갔을 때 병력 총수는 1천 명에 불과했다. 추수봉기 실패 후 당 중앙위원회는 나와의 관계를 완전히 끊어버렸다. 나는 정치국 위원에서 해임되었고 당전선위원회에서도 쫓겨났다. 후난성 당위원회도 우리를 '소총운동'이라고 빈정대면서 비난을 퍼부었다."

추수봉기라는 이름으로 알려진 당시의 창사공격은 실패로 끝났다. 그것은 농민봉기가 아니었다. 모든 것은 마오쩌둥이 자신 휘하에 군사력을 장악하기 위해 꾸민 전략의 일환이었던 셈이다.

혁명도시 창사에서는 붉은 혁명의 흔적과 더불어 성리학을 집대성한 주희(朱熹)와 양명학의 시조인 왕양명(王陽明)이 강의를 맡았던 천년학부 '웨루서원'을 통해 후난 인재가 1천 년 전부터 이어져왔다는 사실도 확인해보는 것이 좋다.

웨루산에 자리 잡은 웨루서원은 북송시대인 976년 세워진 이래로 1천여 년을 이어오면서 최고의 교육기관으로 자리매김했다. 지금 웨루서원은 후난대학교의 캠퍼스로 활용되고 있지만 지금도 여전히 웨루서원 입구에는 '천년학부'(千年學府)라는 현판이 내걸려있다. 근대에 와서는 태평천국의 난을 진압한 쩡궈판과 쥐종탕(左宗棠)은 물론 마오쩌둥 주석까지 웨루서원이 배출한 후난 인재로 추앙받고 있다.

서원의 중앙건물에는 당시 유명한 주희와 장식 간의 토론인 '주장회강'(朱張會講)을 벌였던 주희의 친필 글씨인 충, 효, 절, 염, 글씨가 벽에 크게 걸려있는 것도 눈에 띄었다.

주희는 장식이 서원을 떠난 지 10여 년이 지난 후 후난 안무사(安撫使)에 임명되어 창사를 관할하게 된다. 그는 웨루서원 확장 계획을 세워 실천에 옮겼다. 주희의 명성과 지원에 힘입어 웨루서원은 천여 명의 문하생들이 몰리는 번영을 구가하면서 천하의 인재를 기르는 도량의 역할을 톡톡히 해냈다.

문화대혁명 당시 공자(孔子)의 사당마저 무참하게 파괴한 홍위병들이 이 웨루서원을 약탈하지 않은 것은 이곳이 청년 마오쩌둥의 흔적이 남아있는 혁명성지의 한 곳이었기 때문이라는 사실은 역사의 아이러니가 아닐 수 없다. 문혁 당시 웨루서원 역시 홍위병들에 의해 붉은 색으로 덧칠될 뻔했지만 후난혁명가들 덕분에 다행히 살아남을 수 있었다.

6. '날아라, 총알'

'권력은 총구에서 나온다'(槍杆子裏面出政權)

마오쩌둥이 1927년 8월 7일 후베이성 한커우(漢口)에서 열린 중국공산당 중앙 긴급회의에서 한 유명한 말이다. 당시 회의는 중국 공산당이 장제스의 국민당과 결별하자 중국공산당을 배후 조종하던 코민테른(모스크바)의 각 지역에서 독자적인 무장봉기를 일으켜 권력을 장악하라는 지시를 하달했다. 이때 마오도 무장봉기론에 동조하면서 '권력은 총구로부터 획득할 수 있다'며 무장투쟁을 통한 혁명역량강화를 주장했다.

중국공산당은 마오의 이 발언을 중시하면서 장제스의 국민당의 무장에 대항한 중국 상황에 적합한 무장투쟁 방식의 독자적인 중국혁명이 이때부터 시작됐다고 강조하고 있다.

마오의 이 발언은 영화 〈부용진〉(芙蓉鎭)의 주연배우였던 장

'권력은 총구에서 나온다'는 마오쩌둥의 말은 문혁 당시에도 크게 유행했다.
문혁 당시 선전포스터다.

원(姜文) 감독이 2010년 내놓은 〈랑즈탄페이〉(讓子彈飛)의 첫 장면과 '오버랩'된다.

영화는 중화민국시대인 1920년대 말이 이끄는 기차를 타고 새로 부임하는 현장(縣長) 일행을 기다리던 한 떼의 마적단 총구로부터 시작된다. 총구로부터 발사된 총알은 말과 기차를 분리시킨다. 그때 한 부하가 "명중했느냐?"고 묻자 마적단 두목인 장마즈(張麻子)는 "총알이 날아가도록 내버려두라"고 대꾸한다.

영화는 돈을 강탈하기 위해 습격한 마차에서 돈은 없고 신임 현장 부부만 살아남자 이들을 볼모로 삼아 가짜현장으로 대신 부임해서 그 마을의 토호세력과 한 판 대결을 불사하는 서부영화와 같은 줄거리다. 마적단 두목인 장마즈로는 장원 감독이 직접 출연했고 '저우룬파'(周論發)는 이 마을 토호세력의 우두머리로 연기했다. 그런데 이 마적단은 단순하게 돈을 강탈하는 것이 아니라 '돈을 가진' 토호세력으로부터 돈을 뺏어서 가난한 사람들에게 나눠주는가 하면 이들을 무장시키고 분노케 해서 결국은 토호세력을 타도하게 만든다.

토비(土匪) 혹은 마적단과 토호세력의 대결구도는 마오쩌둥이 1927년 난창과 추수봉기에 실패한 뒤 소수의 부대를 이끌고 '징강산'에 들어가던 모습을 연상시킨다. 마오는 봉기에 실패하자 당 중앙의 지시를 무시한 채 수백 명의 홍군을 이끌고 후난성과 장시성 경계에 있는 징강산으로 들어갔다. 그곳은 위안원차이(袁文才)와 왕줘(王佐)라는 토비 두목이 장악한 토비집단의 소굴이었다. 마오는 홍군 지휘관들의 반발에도 불구하고 홍군부대를 이끌고 징강산에 들어가는 데 성공했고, 결국은 이들 토비들까지 홍군에 편입시키는 수완을 발휘했다.

당시 상황에 대해 마오는 자서전에서 "추수봉기 계획이 당 중앙위원회의 비준을 얻지 못했고 부대도 엄청난 손실을 입었으며, 게다가 도시의 관점에서는 이 운동이 실패할 것이 자명했기 때문에 당 중앙위원회는 나를 완전히 배척해버렸다. 나는 정치국과 전적위원회에서 축출당했다"라고 고백했다. 막다른 골목에 내몰린 마오는 권력을 잡기 위해 토비가 되는 길을 선택한 셈이다.

> 1927년 겨울부터 1928년 가을까지 제1사단(마오의 부대)은 징강산에 근거지를 두었다. … 1927년 겨울 징강산 근처 도적의 두목이었던 두 사람이 홍군에 들어왔다. 이로써 우리의 역량은 3개 연대 규모로 증가했다. 이 두 사람은 비록 전에는 도적이었지만 부하들을 이끌고 자진하여 국민혁명에 뛰어들었으며, 지금은 더욱 반동세력과 맞서 투쟁할 준비가 되어있었다. 내가 당시 징강산에 있을 때에는 그들은 충실한 공산주의자가 되어 당의 모든 명령을 수행했다. 그러나 후에 징강산에 그들만 남게 되자 다시 예전의 도적 본성이 되살아났고, 결국 농민들에게 살해당하고 말았다.

징강산 시절에 대한 마오쩌둥의 고백에 대해 장융은 《마오, 알려지지 않은 이야기들》을 통해 다소 다른 주장을 펼쳤다.

마오가 한커우 회의에서 "권력은 총구에서 나온다"는 발언을 한 것은 총과 당, 즉 권력을 장악하겠다는 자신의 목표를 드러냈다는 것이다. 그때까지 마오는 자신의 군대와 군사력은 물론 지휘권도 갖지 못했다. 권력을 획득하기 위해서는 총구(군대)를 확보하는 것이 급선무였다. 마오는 난창봉기가 실패한 뒤 남은 병력을 모아 지휘권을 확보했다. 이것이 마오가 가진 첫 번째 군대라는 것이다.

마오는 이 총구들을 자신의 것으로 만들기 위해 마적 떼의 소굴인 징강산을 자신의 근거지로 삼기로 작정했다. 징강산에 들어갔을 때 마오는 마적 두목의 보호를 받기로 했지만 4개월 후인 1928년 2월 그는 산채의 주인이 되었다. 사실상 그도 마적들과 마찬가지로 주변 마을을 상대로 약탈했다. 지주와 토호들을 타도한다는 명분이었지만 마적들의 약탈행위와 다를 바 없었다. 마오쩌둥이 한때 화적두목으로 일대에 악명을 떨친 것은 그 때문이다.

마오의 지위에 변화가 생긴 것은 주더 장군이 이끌던 홍군이 징강산으로 합류하면서였다. 마오는 주더를 사령관으로 하는 주더-마오쩌둥 홍군을 편성했고 이때 마오는 주더의 병사들에게 장군의 위엄을 보이기 위해 권총을 차고 나타나는 일이 잦았다. 권력은 총구에서 나온다는 말을 믿었던 것이다. 마적단 두목이었던 위안원차이와 왕줘는 징강산에 되돌아온 홍군들에게 처형당했다. 홍군은 이들을 이용한 다음에 처형한 것이다.

마오의 홍군은 징강산 시절 마적들로부터 배운 게릴라 전술을 대장정을 통해 유용하게 활용했다. '적이 전진하면 우리는 퇴각하고, 적이 멈추면 우리는 교란시키고, 적이 피하면 공격하고, 적이 퇴각하면 추격한다'는 등의 전술이 그것이다. 또한 명령에 복종하고, 가난한 농부의 재산은 빼앗지 말고, 몰수한 지주의 재산은 즉시 정부에 전달해서 처리한다는 3가지 기율을 엄격하게 시행했고, 이후 8가지를 추가했다.

배우로서 뛰어난 역량을 보여주던 장원이 감독 데뷔작은 1995

년 〈햇빛 찬란한 날들〉(陽光燦爛的日子)이라는 영화였다. 이 영화는 당시 최고의 관객을 동원했고 중국영화로는 순위에 들 정도인 5천만 위안의 수익(약 90억 원)을 벌어들였다. 최고의 배우에서 최고의 감독으로의 변신이 성공한 것이다. 〈부용진〉과 마찬가지로 〈햇빛 찬란한 날들〉도 문혁시대가 배경이다. 1970년대 초, 문혁이 최고조에 다다른 당시 어린 소년들의 눈으로 본 중국을 섬세하게 그려낸 것이다.

그 후 〈귀신이 온다〉, 〈태양은 다시 떠오른다〉 등을 연출하고 배우로서도 맹활약하던 그가 2010년 야심차게 내놓은 영화가 바로 〈랑즈탄페이〉다. 이 영화는 그해 중국 영화사상 최고의 흥행성적을 올렸다.

영화가 성공하자 '총알이 날아가게 내버려두라'란 뜻의 랑즈탄페이를 패러디한 '讓油价飛'(기름값이 오르면 오르도록 내버려둬라), '讓物价飛'(물가가 오르면 내버려둬라), '讓股价飛'(주가가 오르도록 내버려둬라) 등의 구호가 난무했다. 기름값, 방값, 물가 등 모든 것이 오르는데 임금만 오르지 않는 것을 패러디한 '讓勞資飛'(임금이 오르게 내버려둬라)라는 구호를 펼친 시위도 곳곳에서 벌어졌다.

영화는 곳곳에서 마오쩌둥과 중국혁명, 그리고 현재의 중국을 상징하는 장치들로 가득하다. 〈랑즈탄페이〉는 그저 영화의 흐름대로 따라가도 유쾌한 서부영화의 서사를 보는 것처럼 재미있다. 그러나 영화 속에 놓여있는 상징들을 하나하나 해석한다면 중국사회가 새롭게 보인다. 장원 감독의 천재성에 감탄할 수밖에 없다.

영화 〈랑즈탄페이〉는 '랑즈탄페이 현상'이라는 신조어를 낳을 정도로
마오 시대에 대한 패러디를 유행하게 했다.

당연히 장원 감독이 연기한 장마즈라는 마적 두목은 마오쩌둥을 연상시킨다. 그가 영화의 첫 장면에서 총을 쏘고 나서 '랑즈탄페이'라고 말한 것은 모두 '권력은 총구에서 나온다'고 한 마오쩌둥을 떠올리게 했다. 또 장마즈가 영화 속에서 유방과 항우를 비교하거나 유방의 시구를 떠올리는 것 등도 마오가 생전에 유방과 같은 황제를 꿈꿨다는 사실을 시사한 것이다.

　　한마디로 영화 전편은 마르크스-레닌주의를 채택해서 중국혁명을 이끈 후 자본주의 시장경제의 절정으로 치닫는 중국혁명사를 그대로 드러내고 있다. 첫 장면에서 나오는 9마리의 말이 이끄는 기차 내부는 호화스럽기 짝이 없다.

　　말이 이끄는 기차는 '마르크스-레닌주의'(馬列主義)를 상징한다. 즉, 장마즈가 말이 이끄는 기차를 타고 어청(鵝城, 거위성)에 간 것은 마오쩌둥이 마르크스-레닌주의를 이용해서 중국혁명을 일으켰다는 상징인 셈이다. 어청은 바로 중국을 에둘러 표현한 것이며 장마즈는 '공평(公平)'이 필요하다고 소리치면서 백성들은 더 이상 무릎을 꿇을 필요가 없다고 말한다. "더 이상 황제는 없다. 이제 누구도 무릎을 꿇을 필요가 없다. 나도 무릎을 꿇지 않겠다"며 어청의 주민들에게 일어나라고 말한다. 그러나 아직 주민들은 장마즈의 말을 믿지 못한다. 장마즈는 다시 "내가 어청에 온 것은 세 가지 목적이 있다. 첫 번째가 공평이고, 둘째도 공평, 그리고 셋째도 공평이다"라고 강조한다.

　　그러나 주민들은 뼛속 깊이 장마즈 같은 현장이 다시 그들을 무릎 꿇게 할 것이라고 생각한다. 장마즈는 그들에게 토호세력에게서 빼앗은 돈을 나눠주지만 그들은 감히 받지 못한다. 영어를 섞

'총알이 날아가도록 내버려두라'는 '랑즈탄페이'를 패러디하여
'물가가 오르도록 내버려두라', '피와 땀으로 번 돈이 오르도록 내버려두라' 는 등의
구호가 적힌 피켓을 들고 임금인상을 요구하는 농민공 시위가 벌어졌다.

어 쓰는 황스랑(저우룬파)은 주민들의 공포감을 이용해서 다시 돈을 거둬들인다. 장마즈는 돈 대신 총을 나눠주면서 그들을 분노케 한다. '총을 들고 황스랑을 죽이자.' 결국 온 주민들이 총을 들고 어청의 오랜 토호인 황스랑을 타도하는 데 성공했다.

장원 감독은 여기서 혼란스러운 중국의 상황을 있는 그대로 표현했다. 돈과 권력 모두 필요 없다고 말한다. 그러나 무장혁명 뒤의 '新어청'을 어떻게 건설한 것인가. 그의 마적 떼들은 혁명이 성공하자 장마즈와 함께하지 않는다. 그들은 학생들처럼 백팩을 메고 혹은 자전거를 타거나 마차에 타고 상하이의 푸동(浦東)으로 달려간다. 상하이는 자본주의 시장경제를 의미한다. 말이 끄는 마차를 타든, 자전거를 타든 간에 상하이에 가서 시장경제를 공부하는 것이 대세다.

현장의 부인은 마오쩌둥의 두 번째 부인 양카이후이와 네 번째 부인 장칭을 합쳐놓은 것 같다. 현장 부인의 과거는 장칭이 옌안에 가기 전에 상하이에서 배우로서 지냈던 전력과 별 차이가 없었다. 양카이후이가 국민당 정부에 의해 처형당한 것처럼 현장 부인이 국민당을 상징하는 황스랑에 의해 죽임을 당하는 것도 비슷한 설정이라는 지적이다.

영화의 배경이 되는 민국 8년이라는 설정, 현장이 민국 8년 8월 28일자 위임장을 낭독하는 장면은 노벨평화상을 수상한 류샤오보 등 중국의 지식인 303명이 현재의 중화인민공화국이 인민이 아니라 공산당 일당독재 국가라고 지적하면서 언론, 종교, 집회, 결사의 자유 등을 요구한 이른바 〈08헌장〉을 상징하는 등 영화 속에는 수많은 코드가 심어져 있다.

2부

마오쩌둥에게 '붉고 매운 고추'는 권력에 대한 강렬한 욕망뿐만 아니라

혁명의지의 표현이었다.

그는 끼니때마다 고추를 먹었고

매운 고추를 잘 먹는 사람이 혁명적이라고 여겼다.

마오에게 고추는 붉은 욕망의 상징이었다.

붉은 욕망

마오쩌둥은 대장정 때도 늘 '훙샤오로우' 한 접시를 먹었다.

그는 훙샤오로우 한 점을 씹으면서 권력의지를 다졌고

마침내 신중국의 황제가 됐다.

훙샤오로우 역시 마오의 욕망을 채워주는 '마오의 요리'로 등극했다.

7. 붉은 고추의 노래

마오의 식탁에는 항상 붉은 고추 한 접시가 놓여있었다. 마오는 고추가 없는 식탁을 상상할 수 없었다. 대장정 때도 마오의 식탁에는 늘 고추 한 접시가 올라야 했다.

시간을 거슬러 50여 년 전 중난하이의 마오쩌둥의 식당, 쥐샹슈우(菊香書屋)로 들어가 보자.

이곳에서는 매일 두 차례 바닥을 탁탁 치는 듯한 리드미컬한 소리를 들을 수 있었다. 그것은 이 식당의 주인이 식사를 시작한다는 신호와도 같은 소리였다. 마오쩌둥은 식사하면서 끊임없이 두 다리로 바닥을 두드리는 버릇이 있었다. 마오의 전속 요리사들은 이런 행동을 '레이구'(擂鼓)라고 불렀다. 이 쥐샹슈우에서 바닥을 두드리는 소리가 들리면 마오 주석이 식사하는 중이라는 것을 누구나 알고 있었다.

이 식당의 관리원인 우롄덩(吳連登)은 "마오 주석이 식사할 때는 반드시 고추 한 접시를 곁들여야 했다"고 증언한다. 그러나

붉고 매운 고추는 후난 요리의 상징이다.
마오쩌둥은 매일 고추 한 접시를 먹었다.

마오 주석이 고추를 즐겨 먹었지만 고추의 매운맛은 늘 마오 주석을 괴롭혔던 모양이다.

> 고추 한 접시를 다 먹은 후에는 곧바로 치통이 왔고, 간호사가 와서 '주석님, 입안이 얼얼해지면서 곧바로 치통이 온다면 다시는 고추를 드시면 안 됩니다. 고추를 더 드시면 입안이 불타오르는 것처럼 아플지도 모릅니다' 라고 자제할 것을 권했다. 그러면 마오 주석은 '열은 무슨…' 이라고 하면서 '고추는 열을 진정시켜 주는 것이야' 라고 맞대꾸하곤 했다.
>
> — 마오 주석 요리사 청뉘밍 (程汝明)

마오쩌둥은 이처럼 매운 고추를 먹을 수 있다는 즐거움을 표현하기 위해 발을 동동 굴렀던 것이다. 그럴 때마다 마오의 젓가락은 식탁 위에서 접시 사이를 춤추듯이 날쌔게 움직이면서 잘게 썬 고추를 한 움큼씩 입으로 가져갔다.

> 내가 무엇을 먹고 싶다는 것은 내 몸에 부족한 것이 그것이라는 것이다. 내 몸이 그것을 잘 소화하고 섭취가 잘 되고 마음도 편안하다는 것이 그것을 증명해준다. 만일 당신들이 (요리사와 주치의) 내가 먹고 싶어 하지 않는 것을 먹으라고 강요한다면 그것이 아무리 영양가 있더라도 위장에 들어가는 즉시 속이 불편해진다. 먹는 것에 대해서 당신들이 강요하지만 않는다면, 나는 다만 내 몸이 필요로 하는 것을 먹고 싶을 뿐이다.

마오 주석의 고추사랑은 유별났다. 마오 주석이 스스로 고추를 좋아한 것과 별도로 다른 사람들에게 고추사랑을 강조한 것은 고추를 중국혁명의 도구이자 비유법으로 차용한 것이라는 점

후난 사람들은 유난히 고추를 이용한 요리를 즐겨 먹는다.

도 간과할 수 없다. 그에게 매운 '고추'는 고난과 시련을 견디게 해주는 강인한 혁명정신의 상징이었다.

마오 주석은 옌안 시절인 1937년 7월 《중국의 붉은 별》을 쓴 미국인 에드가 스노를 만나 저녁을 함께 먹을 때 특유의 '매운 고추론'을 통해 중국혁명의 성공을 강조한 바 있다.

식탁 위에는 고추를 넣어서 만든 요리뿐만 아니라 매운 고추가 따로 한 접시 놓여있었다. 마오 주석은 이 자리에서 후난 민요인 〈붉은 고추의 노래〉(辣椒歌)를 직접 부르기도 했다.

에드가 스노의 회고를 확인해보자.

마오 주석의 식사는 다른 모든 사람과 똑같았지만 후난 사람인 그는 (중국) 남부사람 특유의 식성대로 고추를 몹시 좋아했다. 심지어 그는 만두에까지 고추를 넣어 요리하도록 했다. 그는 이처럼 고추를 좋아하는 것 외에는 음식에 거의 신경을 쓰지 않는 듯했다.

나는 어느 날 밤 그가 초대한 저녁식사에서 '고추를 좋아하는 사람들이 혁명적'이라는 그의 주장을 들었다. 마오 주석은 우선 혁명가를 많이 배출한 고향 후난성을 예로 들었다. 그 다음에는 스페인과 멕시코, 러시아, 프랑스가 자신의 주장을 뒷받침한다고 내세웠다. 그러다가 누군가 이탈리아 사람들은 고추와 마늘을 좋아하는데도 혁명적이 아니라고 반박하자 '껄껄껄' 웃으면서 '그건 그렇다'며 자신의 주장이 딱 들어맞지 않다는 사실을 인정하기도 했다.

우연하게도 '비적들'〔에드가 스노가 말한 이 '비적들'은 당시의 홍군을 가리킨다〕이 가장 즐기는 노래 중의 하나가 〈붉은 고추의 노래〉라는 후난 지방의 민요였다. 이 민요의 가사는 '고추가, 그저 먹히기를 기다리는 무의미한 채소로서의 존재를 혐오하고, 또 양배추, 시금치, 콩이 흐물흐물하고 우유부단한 일생에 만족하고 있다는 것을 조롱하다가 마침내는 채소들의 봉기를 이끈다'는 내용이었다.

—《중국의 붉은 별》

에드가 스노는 물론이고 마오 주석은 그가 만나는 사람마다 '후난 사람은 매운 고추를 많이 먹은 영향으로 혁명적 기질이 몸속에 배어있다'고 주장했다. 그것은 '고추를 잘 먹지 못하면 혁명가가 될 수 없다'는 논리로 비약해서 그와 만난 외국지도자들을 곤혹스럽게 했다.

중국혁명을 성공적으로 이끌어 신중국을 건설한 위대한 혁명가로서 마오 주석은 후난 사람들의 유별난 고추사랑을 혁명이론의 하나로 정립하는 데 성공한 것이다. 그에게 '매운 고추'는 혁명에 수반되는 시련과 고통의 상징이었다.

신중국 건국 직후 중국을 비밀리에 방문한 소련 공산당 정치국 위원 미코얀(Anastas Mikoyan)과의 만찬에서도 마오 주석은 '매운 고추론'으로 중국혁명의 당위성을 강조했다.

미코얀이 소련공산당 중앙의 지령을 받고 마오 주석을 비밀 방문한 것은 1949년이었다. 그는 베이징이 아니라 허베이성 스좌장시(石家庄市) 핑산현 시바이포에서 마오 주석과 비밀회담을 가졌다. 당시 시바이포에는 중국공산당의 중앙 최고기관과 중국인민 해방군 총본부가 있었다. 장제스와의 전쟁에서는 이겼지만, 아직 베이징으로 공식 입성하기 직전이었다. 마오 주석은 비밀회담을 마친 후 미코얀과 만찬 연회를 가졌는데 이 자리에서 '고추를 먹지 못하면 혁명가가 아니다'는 특유의 주장을 펴면서 고추 먹기 시합을 하자고 제안하는 등 평소의 '고추사랑'을 유

고추는 마오쩌둥에게 붉은 혁명정신을 상징하는 도구였다.
매운 것을 두려워하지 않는 후난 사람의 유별난 고추 사랑과
마오의 붉은 혁명론이 맞아떨어진 것이다.

감없이 발휘했다.

마오 주석이 씩씩하게 매운 고추를 몇 개째 씹어 먹는 동안 미코얀은 마오가 건네준 고추 한 개를 다 먹지도 못한 채 얼굴에 온통 식은땀을 흘리면서 마오 주석을 바라보아야 했다. 그러자 마오 주석은 "중국에서는 매운 고추를 먹지 못하면 철저한 혁명가가 될 수가 없습니다. 제가 보기에 미코얀 동지는 철저한 혁명가가 아닌 것 같군요"라고 놀렸다(在中國, 不會吃辣椒就不是一个徹底的革命者. 看起來米高揚不是一个徹底的革命家).

이에 미코얀이 "중국 고추는 아주 맵군요"라고 대꾸하자, 마오 주석은 "중국은 중국 나름의 특색이 있습니다. 이것을 이해하지 못하면 실패하는 것입니다"라고 강조했다. 중국의 매운 고추를 통해 중국은 중국 특색의 혁명방식이 필요하다는 점을 강조하면서, '붉은 혁명'의 종주국 소련과의 경쟁의식을 공공연하게 설파한 것이다.

매운 고추를 통해 인민들에게 혁명의식을 고취시켰을 뿐만 아니라 마오쩌둥은 평소에 "후난 사람은 매운 고추를 즐겨 먹는데 고추를 함께 먹지 않으면 밥을 먹은 것이 아니다. 후난 사람의 몸에서는 모두 매운맛이 난다"고 말하기도 했다.

그에게 '매운 고추'는 혁명가들에게 주기적으로 고통과 시련을 맛보게 하는 '츠쿠'(吃苦, 힘든 시절을 잊지 말라는 상징)와도 같은 존재였다.

마오쩌둥은 그의 측근이나 노혁명가들이 권력을 잡았다며 사치스러운 생활과 향락에 빠지면 혁명사상을 잃어버리고 유약해졌다고 여기면서 매운 고추를 먹으라고 권했다. 주기적으로 매

후난 사람의 몸에서는 매운 고추냄새가 난다고 할 정도로
후난의 고추 사랑이 유별나다.

운 고추를 통해 대장정과 혁명과정에서의 고통을 맛보지 않고서는 진정한 의미의 중국을 잊어버릴 수도 있다는 것이다.

"자네는 쓴맛을 볼 준비를 해야 돼!"

마오쩌둥이 측근들에게 이렇게 매운 고추를 먹으라고 권하는 것은 경고의 의미였다. 그나마 충성할 수 있는 마지막 기회를 주는 것이었다. 그러나 마오 자신에 대한 충성심이 사라졌다고 여겼을 때 마오는 매운 고추를 권하는 대신 가차 없는 숙청을 택했다.

그의 고추사랑은 병석에 누워 지내던 마지막 시기에 음식을 삼키지 못할 때도 마찬가지였다. 어떤 음식도 섭취할 수 없을 때도 그는 매운 고추를 가져오게 해서 먹었을 뿐만 아니라 고추를 재워서 만든 고추장을 먹기도 했다.

마오쩌둥은 청 제국 마지막 황제였던 '푸이'를 초청, 만찬을 함께 할 때도 매운 고추를 화제에 올렸다.

10여 년간의 복역생활을 마치고 신중국의 '라오바이싱'으로 '개조'된 푸이는 특별사면을 받아 중화인민공화국의 정치협상회의 문사위원회에서 일하게 됐다. 그러자 마오쩌둥은 1962년 1월 31일 푸이와 '정협'인사들을 초청, 저녁자리를 마련했다. 이날 자리에 참석한 사람들은 푸이를 제외하고는 공교롭게도 모두 후난 사람이었다.

청 제국 마지막 황제와 신중국의 최고지도자인 당대의 황제 마오 주석과의 만찬자리였지만 식탁은 지극히 소박했다. 몇 접시의 고추와 쓴 오이(苦瓜), 콩껍질 요리 등 채소 위주로 된 후난 요리가 식탁을 차지한 전부였다. 요리가 다 나오자 마오쩌둥이 먼저 입을 열었다.

마오쩌둥이 평소 즐겨 먹던 요리들로 유명한
창사의 후난 요리 전문식당 '화궁전'.

"후난 사람은 매운 고추를 가장 좋아합니다. 매운 고추가 없으면 아예 밥을 먹지 않습니다. 그래서 후난 사람들의 몸에서는 매운맛이 난다고 합니다."

마오쩌둥은 친절하게도 자신의 젓가락으로 '매운 고추'와 '쓴 오이'를 함께 집어 푸이의 앞접시에 올려놓았다. 푸이는 자연스럽게 그것을 집어서 입으로 가져가 한 입 씹었다.

마오쩌둥은 푸이를 쳐다보면서 빙그레 웃었다.

"맛이 어때요? 쓰고 맵고 시고 달고 짠 다섯 가지 맛을 동시에 느꼈을 텐데…."

"아주 맛있어요. 맛있어…."

푸이는 잔뜩 긴장한 채 대답하기는 했지만 매운 고추의 강한 맛을 견디지 못한 푸이의 코에서는 식은땀이 샘솟듯이 흥건하게 솟아났다.

마오쩌둥은 "보아하니 당신과 같은 북방사람들도 매운맛을 좋아하는 것으로 알고 있는데…"라면서 껄껄거리고 웃었다.

마오 주석은 푸이 옆에 앉아있는 후난 사람들을 가리키면서 말을 이었다.

"그들(후난)의 매운맛이 너무 강해서 아마도 당신의 백성으로 가만히 있지를 못하고 신해혁명(辛亥革命)이 일어나자 당신을 곧바로 황제의 자리에서 끌어내릴 정도였습니다."

푸이도 그제야 마음을 열고 마오쩌둥을 따라 웃었다.

매운 고추를 사랑하는 후난에는 〈붉은 고추의 노래〉라는 아주 오래된 민요가 있다.

멀리서 온 나의 친구여. 이리 와서 내가 부르는 〈붉은 고추의 노래〉를 들어라.

친구여. 친구여! 후난 사람들이 친구를 대접할 때 고추를 즐겨 사용한다고 웃어서는 안 된다.

후난의 특산품인 고추를 우리는 날마다 먹지 않고는 살 수가 없단다. '매운 고추가 어디에 좋으냐?'고 묻는다면 곧바로 몇 가지 좋은 점을 술술 말해줄 수 있다.

몸 안의 습기(濕氣)를 가시게 해주고, 심장이 제대로 뛰도록 조절해주며, 비위(脾胃)를 강하게 해주는 한편, 머리를(頭腦) 새롭게 해주기도 한다. 그리고 기름에 튀겨 낸 고추는 특히 맛이 특별하다. 고추처럼 좋은 요리는 세상에 없다.

遠方的客人你請坐, 听我唱个辣椒歌. 遠方的客人, 你莫見笑, 湖南人待客愛用辣椒. 雖說是鄕下的土産貨, 天天可不能少. 要問辣椒有哪些好? 隨便能說出好几條. 去濕气, 安心跳, 健脾胃, 醒頭腦, 油煎爆炒用火燒, 樣樣味道好. 沒有辣子不算菜呀, 一辣胜佳肴.

이 〈붉은 고추의 노래〉는 마오쩌둥이 특히 좋아하던 노래였다.

매운맛과 혁명의 상관관계는 입증되지 않았다. 그런데도 마오쩌둥은 늘 "고추를 먹지 않으면 혁명을 할 수 없다"(不吃辣椒 不革命)라는 말을 입버릇처럼 했다.

마오쩌둥과 더불어 중국혁명을 이끈 혁명원로 중에서 어림잡아 절반에 이르는 50여 명이 마오쩌둥의 고향인 후난과 쓰촨, 구이저우 등 매운맛을 좋아하는 지역출신이라는 점에서도 마오 주석의 '고추 혁명론'은 중국에서는 설득력 있는 논리로 받아들여지고 있는 것이 사실이다.

마오쩌둥과 중국의 2대 국가주석 류샤오치는 물론이고, 중국공산당 창당멤버였던 리리싼, 펑더화이 국방부장과 후야오방 총서기 등이 후난 출신인 데다 특별히 매운 음식을 좋아한 것으로 알려지지는 않았지만 덩샤오핑의 고향 쓰촨지방 역시 후난에 버금갈 정도로 매운맛을 사랑하는 곳이다.

> 매운 고추를 먹으면 어떠한 역경도 물리칠 수 있고,
> 사랑에 빠지면 어리석어지는 것을 두려워하지 않듯이,
> 목에 칼이 들어와도 눈썹 한 번 꿈쩍하지 않는다.
> (要吃辣椒不怕辣, 要戀情姐不怕傻, 刀子架在脖頸上, 眉毛不跳眼不眨.)

후난 사람들이 즐겨 부르는 또 다른 〈붉은 고추의 노래〉가사다.

그래서 후난 사람들에게 '매운 고추'는 중국의 8대 요리의 하나인 '후난 요리(湘菜)의 영혼'으로 불리고 있다.

매운 고추가 후난요리의 맛을 결정하는 대표적인 조미료가 된 것은 우리가 생각하는 것만큼 오래되지는 않았다.

청나라 도광제(道光帝, 19세기 초반) 때 이미 후난지방에서는 고추가 광범위하게 재배되고 있었지만, 후난지방에 고추가 재배되기 시작한 것은 오히려 다른 지방보다도 늦었다. 후난은 사방이 산과 둥팅호로 둘러싸인 내륙지방이었기 때문에 외부와의 문화적 교류와 새로운 문물 도입이 늘 한 박자 늦었다.

그러나 고추가 후난지방에 광범위하게 재배되고 식용되면서 후난의 미각문화는 물론 후난 사람들의 성향과 역사와 문화, 이 모든 것이 새롭게 '리모델링' 됐다고 할 정도로 엄청난 변화를 가져왔다. 후난과 고추의 접목은 중국의 근현대사를 바꾸는 흥미

고추가 전래되고 나서 후난은 새롭게 변화되기 시작했다.
고추는 후난 사람의 성향과 들어맞았다.

로운 일이 아닐 수 없다.

사실 고추가 후난에 도입될 때까지만 해도 후난은 중국대륙에서 그저 중원에서 멀리 떨어진, 낙후되고 황량하기 그지없는 변방지역일 뿐이었다. 경제는 물론 문화적으로도 '낙후된' 후난성은 다른 지방에 비해 주목받지 못하는 그런 지역의 하나였다.

고추가 중국에 도입된 시기는 정확하지는 않다. 그러나 고추가 중국에 도입되기 전에도 후난 사람들은 이미 산초와 생강, 마늘 등의 매운 조미료를 통해 매운맛을 좋아했다.

굴원(屈原)의 '초사'(楚辭)를 통해 우리는 기원전 300년을 전후한 시점에 이미 산초와 계수나무, 다북쑥, 여뀌 등을 다량으로 이용해서 요리했다는 사실도 확인할 수 있다. 이 시기의 후난 요리는 '초나라 요리'(楚菜)라고 부르는데 고추가 도입되면서 후난 요리와 초나라 요리를 명확하게 구분 짓게 됐다. 고추가 광범위하게 후난 사람들의 입맛을 사로잡으면서 후난 요리는 더 이상 고추가 없었던 '초나라' 시대로 되돌아갈 수가 없게 된 것이다.

고추가 후난에 들어와 광범위하게 재배되면서 중국의 지리판도에서 중원에 별다른 영향력이 없었던 후난은 중국 근대사상 일대 중대한 사건과 조우하게 된다. 바로 태평천국(太平天國)의 난(亂)이었다.

태평천국의 난이 발발하자 리홍장(李鴻章) 등과 함께 쩡궈판쥐종탕 등 후난 사람들이 동정(東征)에 나서게 된다. 이들이 나타난 이후 후난 사람 없이는 군대를 운영할 수 없게 된 후난런(湖南人) 현상이 벌어졌다. 그만큼 고추와 야생의 매운 향신료를 먹는 후난 사람들이 정치는 물론이고 군대와 경제, 문화 등 각 분

야에서 두각을 나타내면서 중국을 장악하게 됐다는 의미다.

특히 마오쩌둥을 비롯한 후난 사람들이 신중국 건국에 주도적으로 나서면서 그 영향력은 더 커졌다. 그로 인해 이들이 즐겨먹던 고추도 중국 전역에서 유행하게 되었다. 고추는 이미 단순한 음식이 아니라 후난 사람을 특징짓는 문화가 되어 있었다.

8. 마오쟈판디엔 – 주석의 만찬

　식당이라기에는 뭔가 이상했다. 입구에는 거대한 마오쩌둥 동상이 서 있고 제단도 차려져 있다. 10여 개의 테이블이 놓인 홀 중앙 벽에도 마찬가지로 마오쩌둥 입상이 자리 잡고 있다. 마치 마오쩌둥을 모신 신전과 같은 묘한 분위기였다. 그런데 사람들은 이 같은 분위기에 아랑곳하지 않고 떠들썩하게 이야기를 나누면서 음식을 먹고 있었다.

　후난성을 대표하는 음식기업 '마오쟈판디엔'(毛家飯店)의 독특한 풍경이다. 단돈 1.7 위안(한화 약 300원)으로 시작한 시골마을의 작은 식당 '마오쟈판디엔'이 홍콩과 마카오를 포함한 중국 전역에 300여 개 넘는 가맹점을 거느린 중국 최대의 식당기업으로 성공한 것은 '재물신'(財物神) 마오쩌둥 주석 덕분이다.

　중국 어느 곳에 체인점이 있든 간에 '마오쟈판디엔'에 들어서면 식당 입구에서는 마오쩌둥 주석의 동상이나 흉상을 만날 수 있다. 식당의 메인 홀에는 어김없이 마오 주석상이 있고, 사방 벽과

복도도 마오 주석의 어록과 사진들로 도배하다시피 되어 있다. 손님들은 마치 '마오의 시대'로 되돌아간 듯한 분위기에서 식사하게 된다.

이 식당에 찾아오는 손님들은 마오 주석이 가장 좋아하던 '훙샤오로우'(紅燒肉)와 '초우또우푸'(臭豆腐), '훠베이위'(火焙魚)를 앞에 두고 배고팠던 마오의 시대를 기억해낸다. 그들은 "마오의 시대가 없었다면 덩샤오핑의 개혁개방도 없었을 것"이라면서 마오쩌둥을 찬양한다.

이 식당에서 마오쩌둥 찬양은 필수다. 하지만 그의 과오에 대한 지적은 금기다.

식당 개업 초기에는 실제로 그런 일들이 자주 일어났다. 마오쩌둥 주석이 즐겨 먹던 훙샤오로우를 앞에 두고 마오 주석의 과오에 대해 이런 저런 의견을 주고받던 여행객들이 마오 주석을 비판했다. 그러자 이를 듣고 있던 이 식당의 창업자인 탕루이런(湯瑞仁) 여사가 그 테이블로 달려가서 '마오쩌둥 주석을 욕하려면 나가라'며 기세등등하게 쫓아냈다는 것이다. 그녀에게 마오 주석은 시골구석 가난한 아낙네를 중국 굴지의 CEO로 변신시켜 준 구세주다.

마오쟈판디엔의 본점은 마오 주석의 고향 샤오산에 있다. 마오 주석의 고거에서 100여m밖에 떨어져 있지 않은 마오쟈판디엔에서는 탕 여사의 모습을 종종 볼 수 있다.

마침 마오쟈판디엔 본점에 들어서다가 입구에 놓인 마오쩌둥 동상 앞에서 손님들과 기념사진을 찍고 있던 탕 여사를 만났다. 백발이 성성한 단발머리의 그녀는 팔순이 넘는 나이와는 걸맞지 않는 카랑카랑한 목소리로 마오 주석과의 추억을 이야기했다.

'마오쟈판디엔'('마오집안 식당')의 성공신화는 마오쩌둥이 남긴 유산이다.

그때 곁에 있던 손님 중 누군가가 "마오 주석이 좋아요? 덩샤오핑이 더 좋아요?"라고 짓궂게 물었다.

마오의 시대에는 '마오쟈판디엔'과 같은 개인식당을 열거나 사업을 한다는 것은 주자파(走資派, 자본주의자)로 몰려서 숙청당했다. 당시로서는 꿈도 꾸지 못하는 일이었다. 개인이 장사를 하거나 가게를 열거나 혹은 돈을 버는 사업에 뛰어들게 된 것은 덩샤오핑이 '백묘흑묘론'을 내세우면서 검은 고양이든 흰 고양이든 간에 쥐만 잘 잡으면 된다며 본격적인 개혁개방에 나선 이후에나 가능했다. 그러니까 그녀에게 결정적인 기회를 준 것은 덩샤오핑인 셈이다.

그러나 탕 여사는 망설이지 않고 대답했다.

"마오 주석이 우리의 처지를 변화시켰어요. 그리고 덩샤오핑은 우리가 부자가 되는 길을 열었습니다. 당신들은 누가 더 좋다고 할 것인가요?"라고 되물었다.

개혁개방으로 인해 마오쟈판디엔이 성공할 수 있는 사회주의 시장경제의 길이 활짝 열리기는 했지만 마오 주석이 신중국을 건국하지 않았다면 탕 여사의 사업도 불가능했다는 뜻이었다. 그녀에게는 두말할 것도 없이 마오 주석이었다.

탕 여사가 음식장사에 뛰어든 것은 개혁개방의 바람이 샤오산에까지 불어온 1984년이었다. '사업의 바다에 뛰어든다'는 뜻의 '샤하이'(下海)라는 두 단어가 탕 여사의 가슴을 뒤흔들었다. 그

마오쟈판디엔에 들어서면 거대한 마오쩌둥 제단과 맞닥뜨리게 된다.
마오 주석 동상 뒤에 걸린 사진은 1959년 고향에 돌아온 마오 주석이
탕 여사(왼쪽 끝 아이를 안고 있는 여인)를 비롯한 마을 사람들과
환담을 나누는 모습이다.

녀는 몇날 며칠 잠을 이루지 못했다고 한다. 샤하이의 바다는 얼마나 깊을까? 저 깊은 바다에 뛰어들고는 싶은데 그녀의 고향 샤오산에는 바다는 없고 강밖에 없다. 무엇을 하는 것이 좋을까? 그녀는 고민을 거듭했다.

마침내 죽(粥)을 팔기로 결심한 그녀는 곧바로 행동에 옮겼다. 설탕 1근을 사는 데 7마오(毛)를 썼고 녹두 1kg을 사는 데 다시 1위안을 썼다. 집에 쌀과 장작이 있어 돈이 더 들지는 않았다. 이 재료들로 그녀는 녹두죽을 만들었다. 그리고는 한 솥 가득 들고나가 '장사'라는 바다로 뛰어들었다. 탕 여사의 집이 바로 마오쩌둥 주석의 고거 건너편이었기 때문에 멀리 갈 필요가 없었다. 마오쩌둥 주석을 참배하러 오는 홍색 여행객들이 찾아오는 길목에 나가서 자리를 잡았다. 처음에는 죽을 사라는 소리를 외칠 용기가 없었다. 낯익은 동네사람이 지나가자 그녀는 창피한 마음이 들어 나무 뒤로 숨기도 했다. 그때까지 이곳 샤오산에서 장사에 나서는 사람은 아무도 없었다.

특히 마오쩌둥 주석의 고향마을 사람들은 개혁개방이 됐다고 해서 길거리에 나서서 장사한다는 것이 알려지면 체면이 손상된다고 생각했다. 장사치를 '자본주의의 개'라고 타도하던 문화대혁명 당시의 구호가 뇌리에 강하게 남아있던 시절이었다.

그때 상하이에서 온 여행객 한 무리가 다가오더니 녹두죽을 보고서는 '맛을 볼 수 있느냐'고 물었다.

"한 그릇에 얼마죠?"

"한 그릇에 얼마인지는 몰라요. 저는 지금까지 장사해본 적이 없어요. 당신들이 먹어보고 돈을 주면 받고 안 주면 그만입니다."

창사의 마오쟈판디엔. 마오쟈판디엔은 더 이상 서민식당이 아니다.
한 끼 식사에 1인당 최소한 100위안 이상의 고급식당이다.
안후이성의 마오쟈판디엔에서는
문혁 당시의 홍위병 복장을 한 종업원이 서비스를 한다.

탕 여사의 풀죽은 대답을 듣던 사람들의 무리에서 한 사람이 '일단 죽 한 그릇을 달라'고 해서 죽을 퍼줬다.

죽맛을 본 여행객은 "와 이 녹두죽 맛있네!"라고 말했고 순식간에 20여 명의 여행객들이 탕 여사를 둘러쌌다.

한 그릇, 두 그릇 죽이 팔려나가면서 1마오, 2마오… 돈이 쌓였다. 채 2시간도 되지 않아 솥단지 가득 찼던 녹두죽이 바닥을 드러냈다. 집에 돌아와서 돈을 셌다. 무려 5위안이었다. 1.7위안의 본전을 제하고도 3위안 이상을 벌었다.

탕 여사는 그제야 장사에, 아니 돈을 버는 데에 재미를 느꼈다. 다음 날부터 그녀는 본격적인 죽 장사에 나섰다.

그러나 오래지 않아 '마오 주석의 고향사람이 장사를 한다. 우리 동네의 체면이 말이 아니다. 성실한 농민은 죽을 팔지 않는다'는 비난조의 소문이 탕 여사의 귀에도 들어왔다. 죽 장사를 계속해야 할 것인지 접어야 할 것인지 몇날 며칠 고민하지 않을 수 없었다.

그러나 "돈을 벌어서 스스로 생활하는 것은 좋은 일이다"라는 상하이 여행객의 말이 그녀에게 용기를 줬다. 그녀는 마을사람들의 냉랭한 시선에도 굴하지 않고 장사를 계속했다. 오랜 시간이 지나지 않아 마을 사람들도 줄줄이 탕 여사의 뒤를 따라 장사에 나서기 시작했다. 탕 여사는 죽 장사에 이어 샤오산을 찾아오는 마오 주석의 참배객들을 상대로 마오 주석 배지 등의 기념품을 만들어 팔았다.

마오 주석을 찾아 나선 참배객들이 점점 늘어나면서 그녀는 3년 동안 무려 3만 위안을 벌었다. 샤오산 농민 중에서 처음으로

마오쟈판디엔의 내부도 마치 마오쩌둥을 모신 사당처럼
한가운데에 마오쩌둥의 반신상이 모셔져 있다.

1만 위안 이상을 번 '성공한' 사업가가 탄생한 것이다 (당시 중국인 들의 평균 1년 수입은 916위안에 불과했다).

이 3만 위안을 자본으로 탕 여사는 1987년 마오 주석의 고거 건너편에 있던 자신의 집에서 식당을 열었다. 그녀는 이 식당에서 마오쩌둥 주석의 고거를 찾아온 혁명동지들과 참배객들을 정성껏 대접했다.

대부분의 요리는 마오 주석이 생전에 즐겨 먹던 '홍샤오로우'와 훠베이위, 샹리라로우(鄉里腊肉), 또우츠라자오(豆豉辣椒) 등 이른바 '주석의 식단'이었다. 그리고 마오 주석이 1959년 샤오산에 귀향했을 때 동네사람들과 함께 환담을 나누는 사진을 식당 전면 벽에 내걸었다. 그 사진 속에서 아이를 안고 있는 여성이 바로 그녀였다.

개혁개방이 성과를 내면서 점점 더 많은 참배객들이 샤오산을 찾아오기 시작했다. 마오쟈판디엔은 테이블도 협소하고 실내도 좁았지만 식당을 찾은 손님들은 불평 한마디 하지 않았다. 식당은 하루가 다르게 찾아오는 손님들로 문전성시를 이루면서 번창했고, 탕 여사는 '마오쟈'(毛家)라는 상표를 특허등록하고 전국적인 체인점사업에 나섰다. 이제 마오쟈판디엔은 300여 개 이상의 가맹점을 거느린 전국적인 외식기업브랜드로서 우뚝 섰다.

마오쟈판디엔의 성공신화는 마오 주석이 가지 않으려던 개혁개방과 자본주의 시장경제의 성과라는 점에서 역사의 아이러니라고 볼 수도 있다.

여전히 베이징이든, 상하이든, 홍콩이든 혹은 샤오산이든 간에 전 중국 어디에 있든 '마오쟈판디엔'의 입구에는 마오쩌둥 주

샤오산의 마오쩌둥 탄생 120주년 기념식에서
마오쟈판디엔의 창업자 탕루이런 여사가 마오 주석 동상에 절을 하고 있다.
마오 주석은 탕 여사를 CEO로 만들어준 재물신이다.

석상(像)이 우뚝 자리 잡고 있다. 실내에는 마오 주석의 어록이 그 시대를 추억하는 중국인들의 식욕을 돋궈주고 있다. 마오쟈 판디엔에서 마오 주석이 즐겨 먹던 식단으로 한 끼에 500위안이 넘는 식사를 하면서도 그들은 마오의 시대를 애써 기억하려고 하지는 않는다.

사실 중국전역에 퍼진 마오쟈판디엔은 서민들이 쉽게 갈 수 있는 그런 동네식당은 아니다. 한 사람당 최소한 몇백 위안은 지출해야 하는 고급식당이다.

식당에 걸린 마오 주석의 사진은 실제 그가 32년 만에 고향에 돌아온 1959년 6월 26일 마을사람들과 환담을 나누는 모습이다. 샤오산은 마오 집안의 집성촌이기 때문에 사진에 나오는 마을사람들은 대부분 마오 씨였다.

탕 여사는 원래 이곳 '샤오산' 사람이 아니다. 14살에 마오 씨 집안으로 시집 온 며느리였다.

"집안이 가난해서 다섯 살 때 엄마를 따라 언니와 함께 구걸을 하다가 개에게 물리기도 하고 어렵게 자랐다. 이곳에 시집와서 마오 주석과 공산당 덕분에 신세가 바뀌었다."

그녀가 시집 온 집이 공교롭게도 마오 주석 고거 건너편에 있는 마오카이칭(毛凱請)이었다. 마오카이칭 집안과 마오 주석 집안은 집 앞 연못을 사이에 두고 살면서 마오 주석이 샤오산을 떠날 때까지 서로 쌀을 나눠 먹고 장작을 나눠 쓰는 등 아주 친하게 지낸 이웃이자 친척이었다. 물론 1930년생인 탕 여사가 이 샤오산으로 시집왔을 때부터 마오 주석이 고향에 돌아올 때까지는 단 한 차례도 만난 적이 없다.

탕 여사는 그러나 그 이전부터 마오 주석이 고향에 적잖은 애정을 보였다고 밝혔다.

마오쩌둥 주석은 1950년 아들 마오안잉을 고향에 보내 마을사람들의 생활형편을 알아보라고 했다고 한다. 그때 마오 주석은 안잉에게 "샤오산 사람들은 모두 너의 일가친척이니까 그들을 함부로 대해서는 안 된다. 그리고 샤오산에 갈 때는 미리 '인티엔쩐'(銀天鎭)에서 말에서 내려 걸어가라"고 지시하기도 했다. 인티엔쩐은 샤오산에서 15㎞나 떨어진 곳인데 안잉은 그곳에서부터 샤오산까지 혼자서 걸어와서는 가까운 친척들을 만나고 돌아갔다.

베이징에 돌아간 안잉이 마오 주석에게 고향사람들의 생활형편이 매우 어렵다고 보고하자 마오 주석은 직접 얼마간의 돈을 마련, 샤오산의 친척집 6가구에 각각 8폭짜리 천과 쌀 한 섬, 그리고 약간의 돈을 보냈다. 탕 여사도 이때 마오 주석이 보낸 돈과 선물을 받았다.

탕 여사가 마오 주석을 직접 만난 것은 마오 주석이 금의환향한 1959년이었다. 고향에 돌아온 마오는 부모의 산소에 성묘한 뒤 마을 이 집 저 집 분주하게 돌아다니면서 수십 년 만에 고향에 돌아온 정을 함께 나눴다. 그러다가 연못 건너편에 있던 탕 여사의 집 마당에 들어선 마오는 등받이 없는 의자에 앉아 담배를 한 대 물고는 탕 여사를 향해 미소를 지었다. 그때 탕 여사는 빨래를 하다가 재빨리 세 살밖에 안 된 아이를 안고 마오를 맞이했다. 마오는 아이에게 이름을 묻고는 인자하게 '할아버지'라고 부르라고 했다.

마오쟈판디엔과 마찬가지로
'마오 시대'를 재현한 '홍색경전'(紅色經典) 같은 식당 역시
마오쩌둥과 문혁의 기억을 상품화한 것으로 과거에 대한 향수를 자극하고 있다.

이에 탕 여사가 "주석님께서는 전 인민의 큰 인물인데 어떻게 그렇게 부르겠습니까?"라며 손을 내저었고, 마오 주석은 "당신은 나를 외간사람처럼 취급하는군요. 조상을 잊어서는 안 됩니다"라며 같은 마오 집안사람이라는 점을 강조했다는 것이다.

그날 마오 주석은 두 시간이나 탕 여사의 집에 머물면서 동네 사람들과 이런 저런 환담을 나눴다. 마오 주석과의 빛바랜 사진 속 추억이 그녀를 후난성 최고의 성공신화가 될 수 있도록 이끈 것이다.

2014년 7월 1일. 탕 여사가 정식으로 중국 공산당에 입당했다는 뉴스가 화제에 올랐다. 아무리 후난성 제 1의 외식기업 회장(懂事長)이라고 해도 84세의 할머니가 공산당에 입당했다는 것은 뉴스거리였다. 그녀는 이 나이에 뒤늦게 공산당에 입당하게 된 소감을 다음과 같이 말했다.

"당을 위해 일할 수 있는 것이 없다고 하더라도 당의 방침과 정책을 선전할 수는 있지 않느냐."

기업을 시작한 지 30년이 다 된 시점에 그것도 80이 넘은 나이에 새삼스럽게 공산당에 입당한 것은 유례가 없는 일이다.

그녀의 입당은 우여곡절을 겪었다. 교육을 제대로 받지 않아 글자를 쓸 줄 몰랐던 탕 여사는 2012년 많은 사람들의 권유를 받아 '공산당 입당 신청서'를 썼다. 물론 신청서는 다른 사람이 대신 썼다. 그러나 곧바로 입당절차가 진행되지 않았다. 샤오산 지부의 당서기 마오위스(毛雨時)가 여러 차례 그녀를 찾아와 마오 사상과 공산당원이 지녀야 할 기본적 요구를 전달했고, 그녀는 당이 요구하는 생활자세를 하나도 빠뜨리지 않고 수용했다고 한다.

후난성의 한 신문과의 인터뷰에서 탕 여사는 "오래전부터 입당하고 싶었다"고 속내를 털어놓았다. "나는 교육을 받지 못한 무식한 농민이었다. 그래서 예전에는 당원이 될 수 없었다. 그러나 현재 나는 가정과 사업에서 아주 잘하고 있다. 또 공부해서 이제 글자를 쓸 줄도 알고 그림도 그린다. 입당만 한다면 나의 중국몽(中國夢)은 모두 이뤄지는 것이다."

후난성 최고의 기업가로서 마오 주석이 즐겨 먹던 홍샤오로우 등 주석의 요리를 표준화해서 전 세계에 판매하는 데도 수완을 보인 그녀는 2009년에는 중국 공상총국으로부터 '마오쟈판디엔'을 중국을 대표하는 상표로 인정받았다. 이제 샤오산에 직접 가지 않더라도 중국 어느 곳에서든 마오쟈판디엔에 가면 '주석의 요리'를 맛볼 수 있다. 마오쩌둥이 사망한 지 40여 년이 지난 시점에 마오시대를 추억하는 마오쟈판디엔의 성공은 중국이 마오의 시대를 넘어서고 있다는 것을 반증한다.

샤오산 마오쟈판디엔 내부의 기념품점에서는 마오쩌둥 동상은 물론 금도금을 한 마오 주석 부적도 판다. 샤오산을 찾아온 홍색여행객들은 이곳 마오쟈판디엔에서 '홍샤오로우'를 맛보고 혁명을 기억한다.

핏빛 어린 붉은 혁명의 맛은 그들의 혀끝 위에 녹아내리는 '홍샤오로우'의 비계처럼 부드럽기 그지없고 달콤하기까지 했다. 중국인들에게 중국혁명은 이제 느낄 수 있고 맛볼 수 있고 기념할 수 있는 그런 축제나 통과의례 같은 것이라는 생각이 들었다.

탕루이런 여사는 매년 12월 26일이면 새벽 일찍부터 마오쩌둥을 위한 생일국수(長壽面)와 생일 케이크를 준비한다. 그날이 마

샤오산 마오쟈판디엔에서 '홍샤오로우'를 맛보는 것이
홍색여행의 코스 중의 하나로 자리잡았다.

오쩌둥 주석의 탄신일이기 때문이다. 100여 개의 테이블에서는 마을사람들과 마오 주석을 추모하기 위해 찾아오는 혁명동지들과 참배객들을 초청해서 홍샤오로우 등 주석의 식단을 내놓는다.

그녀는 마오 주석 탄생 120주년이 된 2013년 12월에는 샤오산의 마오 주석 동상에 직접 가서 홍샤오로우 한 접시를 바치기도 했다.

마오 주석이 없었다면 오늘의 마오쟈판디엔은 없다. 마오 주석의 생신을 기념하는 것은 내가 살아있는 동안 반드시 지켜야 할 원칙이다.

9. 욕망의 고기 한 점, 홍샤오로우

마오쩌둥은 유별나게 '홍샤오로우'를 사랑했다. 최소한 사흘에 한 번은 홍샤오로우를 먹어야 할 정도였다.

주치의가 기름기가 너무 많아 건강에 좋지 않다며 홍샤오로우를 자제하라고 권고했는데도 그는 죽을 때까지 홍샤오로우를 즐겼다. 그래서 홍샤오로우는 마오 주석이 가장 사랑한 후난 음식이자 후난을 대표하는 요리라는 위상을 확보했다.

마오는 중국을 방문한 외국의 지도자들에게도 반드시 홍샤오로우를 먹어볼 것을 직접 권했고, 그 맛이 어떤지를 묻곤 했다. 특히 매운맛의 홍샤오로우를 비롯한 후난 요리로 차려진 만찬을 통해 '매운 것을 먹지 못하는 사람은 혁명가가 아니다'며 특유의 '혁명론'을 늘 주장했다.

돼지고기(猪肉)는 중국사람들, 특히 서민대중이 즐겨 먹는 식재료다. 특히 이 비계와 껍질이 함께 붙어있는 돼지고기 삼겹살 부위로 만든 홍샤오로우는 부자와 귀족의 음식이 아니라 전형적

마오는 사흘에 한 번은 먹어야 할 정도로 훙샤오로우를 유별나게 사랑했다.
그래서 훙샤오로우는 후난을 대표하는 요리가 됐다.

인 서민음식이었다. 마오 주석이 즐겨 먹던 음식은 홍샤오로우를 비롯한 후난 요리였다. 중국인들은 중국 어디에서나 마오 주석이 즐겨 먹었던 '홍샤오로우'를 먹으면서 그를 기억하고 있다.

2011년 4월 4일 청명절 때의 풍경을 한번 기억해보자.

마오쟈판디엔의 창업자 탕루이런 여사를 비롯한 99명의 후난 여성들(湘儿女)들이 베이징을 방문했다. 이들은 톈안먼 광장에 있는 마오쩌둥 기념관에 가서 '홍샤오로우'를 제단에 올렸다. 이 자리에는 마오 주석의 조카 마오샤오칭(毛小靑)과 마오안핑(毛岸平)도 참석했다.

이날 후난을 대표하는 10세에서 80대의 노인에 이르기까지 각계각층의 여성들이 창사를 출발해서 베이징에 간 것은 후난 출신의 마오 주석에게 고마움을 표시하기 위해서였다. 이들은 마오 주석이 생전에 가장 사랑했던 '홍샤오로우'를 후난에서 직접 만들어 그의 기념관 제단 위에 바쳤다. 이처럼 '홍샤오로우'는 후난 요리라는 의미를 넘어 마오 주석을 상징하는 코드로 진화하고 있다.

나 역시 마오쩌둥의 고향 샤오산의 마오쟈판디엔에 가서야 홍샤오로우를 처음으로 맛볼 수 있었다. 후난성 곳곳이나 중국 다른 곳에서도 '마오 씨 홍샤오로우'(毛氏 紅燒肉)라는 요리를 먹을 수는 있었다. 그러나 '홍샤오로우'만은 마오쩌둥이 즐겨 먹던 그 방식 그대로 조리된 것을 먹고 싶었다. 무엇이 마오 주석으로 하여금 홍샤오로우에 그토록 깊은 애정을 갖도록 한 것일까 궁금했기 때문이었다.

얼핏 보기에 홍샤오로우는 당나라 때의 시인 소동파(蘇東坡)

후난 여성 99명이 베이징의 마오쩌둥 기념관을 찾아 직접 만들어 가져간
'훙샤오로우'를 제단에 바쳤다.
훙샤오로우는 마오가 가장 사랑한 후난요리였다.

의 '둥퍼로우'(東坡肉)와 비슷해 보이기도 했지만 그것과는 완전히 다른 맛이었고 조리방법도 완전히 달랐다.

마오 주석이 샤오산에 살던 어릴 때부터 홍샤오로우를 즐겨먹었던 것은 아니었다. 궁벽한 시골마을인 샤오산에는 '홍샤오로우'라는 요리가 없었다. 그가 홍샤오로우를 처음 맛본 것은 1914년 창사에 있는 후난 제1사범학교에 입학한 이후였다. 당시 마오 주석과 같은 반이었던 저우스자오(周士釗)의 기억에 따르면 "제1사범학교는 학비를 면제해줬을 뿐만 아니라 급식까지 무료로 제공했다. 급식 수준이 꽤 괜찮았고 매주 토요일 점심을 '야지'(牙祭)라고 불렀는데 이때 홍샤오로우가 나왔다.

이 '홍샤오로우'는 마오쩌둥의 고향인 상탄 지방의 돼지고기에 간장과 설탕(冰糖), 요리술, 팔각 등의 향료를 넣고 천천히 삶아서 익힌 후 구워냈다. 고기는 비계가 있는 삼겹살이었다. 8명이 한 식탁에 앉았는데 4근의 고기를 제공했다.

이때부터 마오쩌둥은 홍샤오로우를 즐겨 먹기 시작했다. 그가 홍샤오로우를 좋아하게 된 것은 비계가 있는 돼지고기가 두뇌활동에 도움이 되는 것으로 알고 있었기 때문이었다고 한다. 현대 과학도 돼지고기의 비곗살과 껍데기를 재료로 한 홍샤오로우나 둥포러우는 조리과정을 거치면서 지방성분이 질적 변화를 일으켜 맛있고 건강한 요리가 된다는 연구결과를 내놓기도 했다.

사실 '마오의 시대'에 서민대중들이 홍샤오로우를 먹는 일은 드물었다. 그 시대에는 '원바오'도 해결하지 못했다.

'왕은 백성을 하늘로 삼고 백성은 먹는 것을 하늘로 삼는다'(管仲)는 말이 있듯이 중국에서는 먹는 것이 무엇보다 중요한 일이었다. 중국 역사를 차분하게 들여다보면 대기근(大饑饉)이 들어 수많은 사람들이 굶어죽는 일이 끊임없이 되풀이되다시피 했다. 그럴 때마다 반란이 일어나거나 내란이 일어나서 왕조가 바뀌었다.

'신중국' 건국 직전인 중화민국 말년인 1942년에도 허난성에서 대기근이 일어났다. 이는 장제스의 국민당 정부에게 치명적인 결과를 초래했고 마오쩌둥의 홍군에게는 절호의 기회로 작용했다.

마오 주석 역시 원바오를 중요시했다. 그러나 그의 시대에는 모든 인민이 배불리 먹는 '원바오' 시대가 아니었다. 오죽했으면 '흑묘백묘론'(黑猫白猫論)을 앞세운 개혁 개방의 첫 번째 목표가 '원바오'였을까. 누구나 배불리 먹고 따뜻하게 자는 것만큼 중요한 것은 없었던 셈이다.

이제 중국에서 더 이상 '원바오'를 얘기하지 않는다. 굶어 죽는 인민은 없다. 오늘의 중국이 추구하는 것은 '샤오캉' 사회다.

마오가 집권 초기에 시도했던 '대약진운동'은 원바오가 목적이 아니었다. 빠른 시간 안에 미국과 소련 등 강대국을 따라잡겠다는 무모하고 무리한 욕망이 빚은 대참사였다. 대약진운동의 실패와 연이은 대기근은 신중국의 황제, 마오 주석의 권력기반을 뒤흔들었다.

그는 한 발 이상 뒤로 물러나지 않을 수 없었고 국가 주석직도 내놓을 수밖에 없었다. '천하대란'을 두려워하지 않았던 마오 주석도 수천만 명의 인민들이 굶어죽는 사태가 초래할 결과에 대해서는 우려하지 않을 수 없었기 때문이다.

1997년에 발간된 〈신문학 사료〉 제 1집 '옛 기억록' 제 9장은 마오 주석이 외빈과 만찬을 하면서 나눈 대화를 기록한 자료다.

이 기록은 중국을 방문한 해외지도자들이 마오 주석을 예방할 때 배석했던 '저우얼푸'(周而夏)가 작성한 것으로, 그는 늘 마오 주석과 해외인사들의 면담자리에 함께했다.

그는 장편소설을 쓰기도 한 작가로 국무원 대외문화위원회 비서장과 주임 등의 요직을 지내면서 대외문화위의 일상 업무를 주관했다.

1960년대 후반 페루의 철학자 먼더스(Mendes)가 중국을 방문, 마오 주석을 예방하게 되었는데 마오는 그를 중난하이의 접대실에서 맞이했다. 먼더스는 마오의 실천론과 모순론을 미리 읽었다.

원래 예정된 접견시간은 그리 길지 않았는데 철학자(마오)가 철학자(먼더스)를 만나면서 두 사람 간에 말문이 트였다. 두 사람은 끊임없이 헤겔과 포이어바흐와 마르크스의 변증유물주의에 대해 토론을 이어갔다. 먼더스의 예방은 외교적인 그것에서 학술토론으로 변질되었다. 토론이 이어지면서 면담은 예정된 시간을 훌쩍 넘어 오후 5시가 되었다. 마오는 탁자 위에 있는 벨을 흔들어 비서실장을 불렀다.

"음식을 준비해서 손님과 식사할 수 있도록 해주세요"라고 지시했다.

비서실장이 이미 주방에 그렇게 지시해뒀다고 대답하자, "손님을 배고프게 해서는 안 됩니다"라고 마오가 강조했다.

그리고는 "나를 배고프게 해서도 안 됩니다!"라고 덧붙였다.

"손님에게 식사를 대접할 때는 어떤 규칙도 상관하지 마세요."

"알겠습니다."

마오 주석이 '어떤 규칙'을 운운한 것은 주치의가 자제하라는

홍샤오로우는 마오의 고향인

후난성 닝샹지방 돼지고기로 만든 것을 최고로 친다.

'홍샤오로우'를 만찬에 내놓으라는 지시와 다름없었다.

당시 마오 주석의 주치의는 마오가 홍샤오로우를 지나칠 정도로 자주 먹었고, 그 결과 건강에 해로운 지방을 많이 섭취하게 될 것을 우려한 것이다. 그래서 주석의 요리사에게 홍샤오로우를 매일 내놓지 말라고 지침을 내렸던 것이다. 그러자 마오는 외빈접대를 할 때는 주치의의 권고를 무시하고서라도 홍샤오로우를 식탁에 내놓으라는 지시를 우회적으로 한 셈이다.

잠시 후 비서실장이 "만찬이 준비됐다"고 보고하자, 마오 주석은 "배가 소리를 지르고 있습니다. 혁명을 할 정도예요. 자, 이제 저녁 먹을 시간입니다"라며 먼더스와 함께 만찬장으로 들어섰다.

마오 주석이 중앙에 앉고 외빈인 먼더스는 왼쪽에 자리를 잡았다. 저우얼푸는 마오 주석의 왼쪽에 앉았다.

마오 주석은 식탁에 차려진 8개의 요리를 가리키면서 말했다.

"오늘 저녁엔 손님을 초대해서 좋은 음식과 요리가 없지만, 배불리 먹을 수 있다는 것을 보증합니다. 자, 체면 차리지 말고 많이 드십시오."

8가지 요리는 후난라웨이(湖南腊味), 차오샤런(炒蝦仁), 위샹로우쓰(魚香肉絲), 홍샤오스즈토우(紅燒獅子頭), 위토우도푸탕(魚頭豆腐湯), 동구바이차이(冬菇白菜), 그리고 홍샤오로우 등이었다. 특히 홍샤오로우는 마오 주석의 바로 앞에 자리 잡아서 눈길을 끌었고, 홍샤오로우 바로 옆에는 붉은 빛이 반짝 반짝 빛나는 고추 한 접시도 놓여있었다.

마오는 우선 술 한잔을 권한 후에 말린 고기와 새우튀김을 먹어보라고 했다.

"이 말린 고기는 우리 '후난 요리'입니다. 후난 사람의 집에는 대부분 이 라웨이(腊味, 말린 고기)가 항상 있습니다. 제가 방금 말한 '후난 사람 대부분의 집'이란 말은 대부분의 돈이 있는 사람들의 집에는 이 말린 고기가 있다는 뜻입니다. 아주 가난한 집에서는 매일같이 오늘 저녁은 어떻게 보내나, 어떻게 끼니를 때울까 걱정하는데 이 말린 고기가 있을 수가 없지요. 어쨌든 간에 먼저 식사를 하고 나서 요리를 논해도 늦지 않을 것입니다. 자, 드세요."

마오 주석은 자신의 젓가락으로 '붉은 고추'를 집어, 입가로 가져가서 한 입 가득 씹으면서 말했다.

"이 고추는 (말린 고기와 달리) 후난의 부자나 가난한 사람이나 모두 즐겨 먹고 있습니다. 우리 후난 사람들은 고추를 먹지 않으면 아무리 맛있는 요리를 먹어도 맛이 없는 것이나 마찬가지입니다. 남미에서 오신 손님께서도 매운 것을 좋아할 것입니다. 브라질에도 아주 작은 고추가 있는데 그것은 중국 쓰촨의 차오티엔(朝天) 고추와 아주 흡사합니다. 제가 브라질에 갔을 때 이런 작은 고추를 맛본 적이 있는데 아주 조금 먹었는데도 온몸에 땀이 흥건했습니다."

마오 주석은 고추와 혁명에 대한 이야기를 이어갔다.

"보아하니, 당신은 고추를 먹는 것이 아직 익숙하지 않은 것 같습니다. 훈련이 필요합니다. 어릴 적에 처음으로 고추를 먹을 때는 저 역시 처음에는 두려워서 감히 먹지 못했습니다. 그래서 조금씩 조금씩 먹었고 마침내 (고추 먹는 것이) 습관이 되었습니다. 나

마오쩌둥이 즐겼던 훈제(말린) 돼지고기.

중에는 '맵지 않으면 어떡하나' 하는 두려움까지 생겼습니다."

먼더스는 마오 주석의 젓가락이 끊임없이 고추를 집어 드는 것을 지켜보았다.

"주석 선생은 정말로 고추를 잘 드십니다. 저는 각국에서 지도자 동지들을 만났지만 당신이 가장 고추를 잘 드시는 것 같습니다. 전혀 두려워하지 않으시는군요."

"당신 말이 맞습니다. 중국에서 쓰촨 사람들은 고추를 먹을 때, 매운 것을 두려워하지 않습니다. 장시 사람들도 역시 매운 것을 두려워하지 않습니다. 그러나 우리 후난 사람들은 맵지 않을까 봐 걱정합니다(四川人不怕辣. 江西人辣不怕. 湖南人怕不辣)."

"주석께서 '파'(怕) 자의 위치를 바꿔서 세 지역 사람들의 고추에 대한 태도를 충분히 잘 표현했다고 생각합니다."

이번에는 마오 주석이 위샹로우쓰를 권했다.

"이 요리를 한번 드셔보셔요. 약간 맵지만 그리 많이 맵지는 않아요."

손님이 위샹로우쓰를 맛 본 후 칭찬했다.

"신선하면서도 매운맛이군요. 그러나 많이 맵지는 않군요. 페루에서도 어떤 사람들은 고추를 즐겨 먹고, 또 어떤 사람들은 매운 것을 두려워하지 않고 고추를 아주 많이 먹기도 합니다."

"고추(매운 것)에 대한 3가지 태도는 3가지의 서로 다른 기질을 표현한 것입니다. 일반적으로 한대와 열대 사람들은 고추를 즐겨 먹는다고 하는데 저는 여기에 한마디를 더 보태고자 합니다. 무릇 고추(매운 것)를 즐겨 먹는 사람은 기본적으로 모두 '혁명적'이라고 말할 수 있습니다. 우리 공산당원과 홍군에 대해 말하면, 고급간부의 절반 이상이 쓰촨과 후난, 장시 등 3개 성 출신입니다. 그래서 매운 것을 좋아하는 사람들은 대부분 혁명적이라고 할 수 있습니다."

마오 주석은 이렇게 말하면서 웃음을 지었다.

"마르크스와 엥겔스도 역시 매운 것을 즐겨 먹었던가요?"

"그 문제에 대해서는 연구하지 않아서 대답할 수 없습니다. 그러나 듣자 하니 독일인도 고추를 즐겨 먹는다고 합니다. 독일인인 그들 두 사람도 능히 고추를 먹을 수 있고 고추를 좋아하거나 혹은 고추와 비슷한 겨자를 좋아할 것입니다."

마오 주석은 홍샤오로우를 한 점 집어서 권했다.

"자, 이번에는 이 홍샤오로우를 한번 드셔보시오. 이것은 제가 가장 좋아하는 요리입니다."

먼더스는 홍샤오로우를 먹어보고는 찬사를 했다.

"이 요리의 기름기는 느끼하지 않고 달콤한 향기가 아주 깊어서 먹어도 위장까지 내려가지 않고 온몸이 상쾌해지는 것을 보니 아주 훌륭한 요리입니다!"

"이것은 아주 좋은 요리입니다. 백 번을 먹어도 질리지 않습니다. 내 주치의는 지방이 너무 많아 건강에 별로 좋지 않다며 내 말에 동의하지 않습니다. 심지어 매일 먹지 말고 며칠에 한 번씩만 먹도록 권하기도 하지만 홍샤오로우는 내 욕망을 채워줍니다. 혁명가는 제국주의를 두려워하지 않고 어떠한 '지방'(脂肪)도 두려워하지 않습니다! 소화를 잘 하고 대변으로 변화시켜서 배출하면 아무것도 남지 않습니다. 두려워할 것이 아무것도 없습니다."

마오쩌둥이 즐겼던 또 다른 후난 요리는 '초우또우푸'였다.

먼더스는 홍샤오로우에 이어 고추를 먹었다.

"이 고추는 아주 맵지만 맛은 아주 좋군요. 이 안에 무슨 조미료를 넣은 것인가요?"

"아무것도요. 단지 소금을 사용해서 절였을 뿐입니다."

"아주 맛있군요." 먼더스는 젓가락으로 다시 고추를 집었다.

"우리는 이제 하나로 통합됐다고 할 수 있습니다. 철학적 관점에서 접근했다고 할 수 있을 뿐만 아니라 음식습관에서도 같아졌습니다. 페루와 중국은 만 리나 떨어져 있지만 당나라 때 시인 왕발(王勃)의 시처럼 '바다에는 지기가 존재하고 아무리 멀리 떨어져 있어도 매우 친하다'고 한 것과 마찬가지입니다."

만찬이 끝나자 마오는 "오늘 특별히 재미있었으며 유쾌했다"며 입구까지 직접 배웅했다. 자정이 지난 시각이었다.

마오 주석이 즐겨 먹던 홍샤오로우는 이제 후난을 대표하는 요리이자 마오쩌둥을 떠올리는 요리가 됐다.

후난성은 신중국 건국 60주년을 맞이한 2010년 마오 주석이 즐겨 먹던 홍샤오로우의 조리표준을 만들어 발표하기도 했다. 그해 중국영화사상 최대의 제작비가 투자된 대작영화 〈건국대업〉에서도 마오쩌둥이 홍샤오로우를 먹는 장면이 나왔다.

후난성 정부는 홍샤오로우 등 4가지 마오쩌둥 요리의 제조과정과 양념은 물론 재료에 대한 구체적인 지침을 작성했다. 그리고 후난 음식과 마오쩌둥 음식을 표방하는 음식점들이 이 지침을 따를 때에만 진짜 마오쩌둥과 후난 요리라고 할 수 있다고 강조했다.

특히 홍샤오로우의 재료인 돼지고기는 후난성의 닝샹지방에서 생산된 것이어야만 마오쩌둥 홍샤오로우라고 할 수 있다고 밝혔다. 닝샹산 돼지고기는 후난의 대표적인 농수산물 브랜드라고 한다.

지방이 많아서 건강을 해칠 수 있다며 매일 먹어서는 안 된다는 주치의의 권고에 따라 마오 주석이 즐겨 먹던 생전의 '홍샤오로우'는 우여곡절을 겪었다.

중화인민공화국이 출범한 후 베이징에 입성한 마오쩌둥의 첫 번째 전속 요리사가 된 것은 류징펑(劉景峰)이었다. 허베이성 핑산현 난디엔샹(南甸鄉)이 고향인 그는 1947년 홍군에 입대해서 시바이포의 중앙지도자 특별식사 공작을 담당했다. 그리고 1949년 3월 중국공산당 중앙이 시바이포에서 베이징에 입성하자 류징펑도 주석과 그 가족을 따라 베이징으로 갔다. 위첸산(玉泉山, 베이징의 고위당간부 휴양소)을 거쳐 중난하이 전속 요리사로 일하다가 1986년에야 퇴직했다.

내가 맨 처음 마오 주석에게 '홍샤오로우'를 만들었을 때는 자오(趙) 씨 성을 가진 요리사와 공부했다. 베이징에 온 마오 주석은 아주 바빠서 어떤 때는 밥을 집어먹기에 급급할 때도 있었다. 마오 주석은 아주 건강했고 식사량이 아주 많았다. 특히 홍샤오로우를 좋아했다.

나는 당시 자오 주방장이 가르쳐 준 조리법으로 마오 주석에게 '달고 맵고 신맛이 나는' 쓰촨식 홍샤오로우를 만들어 드렸다. 그렇게 1년여의 시간이 지났다. 그런데 마오 주석의 주치의가 말하기를 나이가 많은 사람은 당분을 섭취하는 양을 줄일 필요가 있다며 조리법을 바꿀 것을 요청했다. 이는 곧바로 마오 주석이 즐겨 먹던 쓰촨식 홍샤오로우가 지나치게 당분이 많다는 것을 의미했고, 그는 계속 홍샤오로우를 먹다가는 마오 주석의 건강에도 좋지 않은 영향을 미치지 않을까 걱정했다.

마오 주석이 좋아하는 홍샤오로우를 계속 만들어줘야 한다면 조리법을 바꾸지 않으면 안 되었다. 이때 나는 '베이징식' 홍샤오로우도 맛이 괜찮고 붉은 색깔로 차이가 없다는 것을 알았다. 그래서 나는 홍샤오로우 조리법을 바꾸기로 결심했다.

그러나 한동안 나는 그대로 홍샤오로우를 만들어줄 수밖에 없었다. 새로운 조리법으로 만든 홍샤오로우가 마오 주석의 입맛에 맞지 않을까 봐 두려웠다. 또 주석의 건강에 악영향을 미칠 수도 있다는 생각에 어쩔 줄을 몰라 했다. 이때 주석 비서실의 한 직원이 천천히 조리법을 바꿀 것을 격려한 것이다. 그제야 결심하고 설탕을 줄이고 고기를 삶을 때 간장을 첨가했다. 그랬더니 고기를 삶아낸 후 달콤함이 깃들여졌고 고기껍질도 부드러워졌고 비계는 느끼하지 않고 붉고 투명한 빛을 띠었다.

조심스럽게 새로 만든 홍샤오로우를 가지고 주석에게 갔다. 그 비서실 직원이 조심스럽게 마오 주석에게 새로운 홍샤오로우를 권했다.

"주석 각하. 이것은 류 주방장이 새로운 방법으로 만든 홍샤오로우인데 한번 드셔보시겠습니까?"

마오 주석은 새로운 홍샤오로우를 한 차례 맛본 후 "아주 좋아"라며 머리를 끄덕였다. 대성공이었다. 나는 마침내 안도의 한숨을 내쉬었고 그 이후 기본적으로 베이징식 홍샤오로우를 만들어 매주 한 차례 주석에게 만들어드렸고, 마오 주석은 매번 홍샤오로우 한 접시를 깨끗이 비웠다.

홍샤오로우는 마오쩌둥의 만찬에 빠질 수 없는 요리다.

그래서 홍샤오로우는 마오쩌둥 요리의 대명사로 불리고 있다.

한편, 중난하이 전속 주방장이었던 청뉘밍은 마오 주석이 홍샤오로우를 즐겨 먹으면서도 간장을 싫어했다는 일화를 털어놓았다. 마오쩌둥은 홍샤오로우는 물론 모든 요리에 간장을 넣지 말 것을 지시했다고 한다. 그래서 중난하이의 주방에서는 간장을 쓸 수 없었다는 것이다. 홍샤오로우와 간장은 뗄 수 없는 불가분의 관계에 있다. 마오 주석이 간장을 싫어한다니 주방장으로서는 난감한 일이 아닐 수 없었다.

그런데 류야오팡(劉耀方)이라는 한 요리사가 용감하게도 마오 주석에게 왜 간장을 넣으면 안 되는지 물었다.

"주석님, 왜 간장을 드시지 않습니까?"

마오는 거침없이 간장을 싫어하게 된 이유를 밝혔다. 그도 예전에는 간장을 먹었다. 그러나 어느 날 뚜껑이 열려있는 간장 그릇에 둥둥 떠 있는 구더기를 발견했다. 그는 아주 놀라서 요리할 때 다시는 간장을 넣지 말라고 지시했다는 것이다. 이 같은 중난하이 주방의 비밀은 요리사들 외에는 경호원들도 알지 못했던 비밀이었다.

'홍샤오로우'는 마오쩌둥 요리의 대명사다. 마오쩌둥 주석의 고향인 후난성 샤오산에 가면 누구나 홍샤오로우 한 접시는 꼭 맛보게 된다. 그것이 후난식이든 베이징식이든 간에 말이다.

홍샤오로우는 지극히 서민음식이다. 어디서나 살 수 있는 삼겹살을 사각 모양으로 잘라서 기름에 살짝 튀긴 후 홍고추와 팔각, 마늘 등의 향신료를 듬뿍 넣고 혹은 간장을 더 넣은 후에 졸인다. 약한 불에 오랫동안 국물이 없어질 정도로 졸인 다음, 솥에 넣고 찌면 은은한 붉은 빛이 감도는 '홍샤오로우'가 완성된다.

마오 주석이 사랑한 홍샤오로우를 중국인민, 라오바이싱이 사랑하는 것은 마오의 시대에 대한 동경이 아니라 홍샤오로우를 통해 마오의 욕망을 대신하고자 하는 것인지도 모른다.

원바오를 해결한 라오바이싱.

그러나 원하는 음식을 배불리 먹지는 못한다.

아무리 '홍샤오로우'가 서민들도 먹을 수 있는 요리라 해도

하루 벌어먹기 바쁜 농민공들에게는 여전히 쉽게 접하기 어렵다.

10. 마오 본능

중국의 최고지도자는 늘 만들어진 이미지 속에서 행동한다. 마오쩌둥의 시대에서부터 덩샤오핑의 개혁 개방시대를 거쳐 장쩌민과 후진타오에 이어 현재의 시진핑 주석에 이르기까지 중국의 최고지도자는 한결같이 인민을 사랑하는 지도자의 모습으로 대중 앞에 나타나곤 한다. 독재자였던 마오쩌둥 주석조차도 그의 생전에는 황제보다 더 강한 카리스마보다는 인민의 아픔과 슬픔을 함께하면서 인민을 사랑하는 아버지라는 이미지로 각인돼 왔다. 무대 뒤에서는 서슬 퍼런 권력의 칼을 가차 없이 휘둘렀지만 대중에게 비치는 그는 인자하고 온화한 인민의 아버지였다.

최근 들어 시진핑 주석이 과거의 최고지도자들과는 달리 서민적인 친근한 지도자의 모습을 보이고 있다. 그는 베이징 시내의 허름한 만두가게 '칭펑'(慶丰)을 찾아 21위안짜리 만두세트로 점심을 때우기도 했다. 그리고 리커창 총리는 보아오 포럼 직후 하이난성(海南省) 하이커우(海口)시의 한 편의점에서 코코넛 칩과

시진핑 주석이 베이징 시내의 작은 만두가게에 들러
21위안짜리 만두세트를 직접 사서
점심식사를 하면서 친서민행보를 연출했다.

코코넛 밀크롤을 사는 등 유별나게 친(親)서민행보에 나섰다.

중국 지도자의 서민행보는 후진타오 전 주석 시절의 원자바오 전 총리가 수십 년 이상 된 낡은 외투를 입고 '총리 할아버지'로 불리면서 '서민 총리' 행세를 한 이후로 계속되고 있다. 그러나 원 전 총리의 서민행보는 퇴임 직전 축재(蓄財) 의혹이 일면서 빛이 바랬다.

중국의 국경절 황금연휴 기간(10월 1~7일)에 시진핑 주석이 찾았던 만두가게 칭펑의 만두세트가 1,200만 개나 팔렸다는 뉴스는 블랙코미디에 가깝다. 시 주석이 방문한 베이징의 위에탄(月壇) 공원 옆에 있는 칭펑만두집은 관광코스가 된 지 오래고, 시 주석이 앉아서 만두를 먹은 테이블은 베이징 시민들에게 인기 있는 사진촬영 장소가 됐다.

결국 중국에서는 마오 주석부터 시진핑 주석에 이르기까지 최고지도자는 항상 인민을 생각하고 '원바오'를 걱정하면서 인민의 아픔과 고통과 기쁨을 함께하는 '아버지' 같은 이미지로 기억되고 있다. 문혁의 상처에도 불구하고 베이징의 톈안먼 위에 걸려있는 마오쩌둥의 초상화는 '국부'(國父) 같은 이미지를 조작하기 위해 만들어진 선동장치다.

그러나 집권시절 마오쩌둥은 인민의 아픔과 고통을 함께한 것 같지는 않다. 그는 봉건시대의 황제가 되겠다는 자신의 원대한 야망과 꿈을 실현시키기 위해 공산주의자가 됐다는 주장도 있다. 그는 신중국의 황제가 된 후에는 스스로 그 자리에서 내려오지 않았다. 황제의 임기는 종신이었다. 그에게 민주주의와 인민은 그저 '교언영색'(巧言令色)을 위한 수사(修辭)에 불과했다. 중국을

마오쩌둥 탄생 120주년 행사에 참석한
한 노혁명전사의 빛바랜 군복이 온통 마오쩌둥 배지로 장식돼 있다.

'코민테른'의 지시를 받는 소련의 위성국가 신세에서 벗어난 독자적인 국가체제로 재정비하는 데 성공한 후에는 소련과 미국과 맞먹는 초강대국이 되고자 인공위성과 원자탄 개발에 나섰다.

마오쩌둥이 대약진운동을 독려한 것도 인민들의 삶의 질을 향상시키거나 공산주의의 이상을 앞당기기 위한 것이 아니었다. 그 과정에서 빚어지는 수많은 인민의 희생을 마오쩌둥은 당연시했다. "천하대란이 있어야 천하대치에 이를 수 있다"며 문화대혁명을 발발, 자신의 정치적 반대파에 대한 숙청수단으로 활용하는 잔인함을 숨기지도 않았다.

권력에 대한 그의 본능은 후난 제 1사범에 다니던 청년시절부터 일관되게 '천하대란'의 필요성을 주장한 데서부터 잘 알 수 있다.

> 이 나라는 파괴되어야 한다. 그런 다음에 재건되어야 한다. 이것은 지방과 나라, 그리고 인류에까지 적용된다. 우주의 파괴도 마찬가지다. 나 같은 사람들은 우주의 파괴를 바란다. 낡은 우주가 파괴되면 새로운 우주가 형성될 것이기 때문이다. 그것이 더 낫다.

톈안먼 위에 걸려있는 마오쩌둥의 초상화는 한편으로는 인자한 이미지를 가지면서도 다른 한편으로는 그 초상화의 크기에 우선 압도당하는 듯한 느낌을 갖는다.

그렇다면 마오는 정말로 중국 인민의 아버지 같은 존재였던가. 아니면 권력에 목말라하던 황제의 화신이었을까.

그의 혁명동지 류샤오치 주석과 펑더화이 장군은 마오의 고향 샤오산과 지근거리에 있는 이웃마을 출신이었다. 혁명동지로 만났지만 같은 고향출신이라는 인연은 이들을 다른 혁명동지와 다르게 가깝게 이어준 원동력이었을 것이다.

그러나 마오는 대약진운동을 추진하는 과정에서 수천만 명이 대기근으로 굶어죽는 비극에는 눈을 감았다. 그러자 이를 눈으로 확인한 혁명동지 펑더화이가 간곡하게 인민의 고통을 전하는 편지를 보내자 '항명'으로 받아들이고 공개적으로 숙청했다. 한때 자신의 후계자로 지명, 국가 주석을 물려준 류샤오치도 마찬가지다.

마오쩌둥은 혁명가이기 이전에 권력을 추구하던 '야심가'였다.

고향 샤오산을 떠난 것은 농부였던 아버지와 같은 평범한 삶에서 벗어나기 위해서였다. 후난성 성도 창사에서 비로소 마오쩌둥은 넓은 세상에 눈을 떴다. 신해혁명과 더불어 우한 봉기가 일어나자 그는 자진해서 혁명군에 참여하려고 군대에 들어가기도 했다. 천하대란은 권력을 잡을 수 있는 새로운 기회였다. 그것이 마오쩌둥의 본능이었다. 혁명이 조기에 마무리되면서 기회가 주어주지 않자 마오는 다시 학교에 들어가 사회과학을 공부했다.

그의 '본능'은 이때 본격적으로 형성되기 시작했다. '천하대란'이 조성한 혼란한 시대는 그의 본능을 자극했다. 황제의 꿈을 가진 누구나 항우(項羽)도, 유방도 될 수 있는 그런 시대였다. 청제국이 무너지면서 황제도 함께 사라졌지만 누구나 황제의 꿈을 꿀 수 있는 천하대란의 시대였다. 마오쩌둥의 꿈은 구체화되고 있었다.

후난 제1사범학교에 다니던 마오는 여름방학이 되자 '샤오위'(蕭瑜)라는 친구와 창사를 출발, 창사 주변의 5개 현을 걸어서 여행했다. 이 도보 여행은 그가 당시 후난과 중국 사회 및 농민의 상황에 대해 본격적으로 고민하는 계기로 작용한 것 같다.

> 나는 후난성을 횡단하는 도보여행에 나서 5개 현을 돌아다녔다.
> 이때 샤오위라는 학생과 함께 여행했다. 우리는 돈 한 푼 없이 걸
> 어서 여행했다. 농민들이 먹을 것과 잠자리를 마련해주었다. 우리
> 는 어디를 가나 친절한 대답과 환영을 받았다. 내가 함께 여행한
> 샤오위라는 친구는 나중에 난징의 국민당 정부의 관리가 되었는데
> 나중에 고궁박물관이 소장한 가장 귀중한 보물 몇 점을 팔아서 그
> 돈을 챙긴 뒤 1934년에 종적을 감추었다.
> ―《중국의 붉은 별》

마오쩌둥이 에드가 스노에게 밝힌 샤오위에 대한 '악평'은 당
시 상황을 반영한 것 같다. 마오쩌둥과 함께 도보여행에 나선 샤
오위는 공산주의자가 아니었다.

샤오위는 《마오의 무전여행》을 통해 당시 마오쩌둥과 함께
한 후난 제 1사범학교에서의 생활과 도보여행에 대해 구체적으
로 밝혔다. 두 사람은 돈 한 푼 없이 '무전여행'에 나서 농민들에
게 밥을 얻어먹거나 소도시에서는 글귀를 써주고 사례를 받아서
여행을 이어갔다.

> 사자의 힘이 깃든 산은 겹겹의 구름에 싸여있고
> 다리는 깊은 비취빛 강물 위에 떠 있는 배를 가둔다.

마오는 '샹장'을 바라보는 강둑에서 짧은 시(詩) 한 수를 지었
는데 이 시구 속에서는 강한 권력욕이 드러나 있다. 스스로를 '사
자의 힘이 깃든 산'으로 표현한 것이다.

1949년 10월 1일 마오쩌둥이 톈안먼 광장에서
중화인민공화국 수립을 선포하고 있다.

안화(安化)로 가는 도중에 잠시 머문 찻집에서는 한고조 유방의 이름을 딴 '유방사원'에 깊은 관심을 가졌다.

"유방은 역사상 최초로 황제가 된 평민이었어. 난 그가 위대한 영웅대접을 받아야 한다고 생각해. 그는 군대를 모아서 진나라의 독재자를 물러나게 했어. 한나라를 세운 사람이라고. 어떻게 그런 사람을 악인이라고 할 수 있지?"

이에 샤오위가 유방은 황제가 되기에는 '너무 이기적이고 자기중심적인 사람이었다'고 평가하자, 마오는 그를 옹호했다.

"적어도 유방은 진의 폭군을 내쫓은 성공한 혁명가였어. 비록 그가 독재자였다고 할지라도, 2천 년 전에는 민주라는 개념조차 없었어. 백성도 그런 형태의 정부는 들어본 적도 없었을 것이고. 그 시대에 그가 민주주의 체제를 떠올릴 수는 없었을 거야."

샤오위가 유방은 그를 도와 황제로 만들어준 공신들을 잔인하게 죽였다고 거듭 비판하자, 마오가 대꾸했다.

"하지만 그가 그들을 죽이지 않았다면 왕위가 불안정했을 테고. 그러면 황제로 오래 군림할 수 없었을 거야."

이 대목을 곱씹어보면 마오쩌둥이 그의 오랜 혁명동지였던 류샤오치 주석과 펑더화이 국방부장을 비롯한 자신의 후계자와 최측근 인사들을 잔인하게 숙청했던 이유를 어느 정도 짐작할 수 있을 것 같았다.

권력기반이 흔들리면서 불안정해지자 류샤오치와 덩샤오핑 등은 마오를 비판했고, 류샤오치는 어느새 마오와 다른 길에 서 있었다. 마오쩌둥으로서는 그런 상황을 도저히 용납할 수 없었다. 더 이상 그들의 세력이 확대되는 것을 좌시할 수 없었다. 그

중국은 여전히 마오쩌둥이 지배하는 나라다.

중국은 G2의 경제대국이 됐지만

인민들은 여전히 '마오쩌둥의 시대'를 그리워하며 살고 있다.

들의 비판을 수용하는 듯했지만 반격을 준비하고 있었다.

마오와 샤오위 간의 논쟁은 이어졌다.

> 나(마오쩌둥)는 국민은 '양 떼'라고 생각한다. 그리고 정부가 목동 역할을 하는 것이 당연해. 목동이 없다면 누가 양 떼를 이끌어준단 말인가. 정치권력이 돈의 권력보다 나아. 자본가들이 가지고 있는 돈의 권력이란 노동자들의 피와 땀으로 이루어진 것이야. 교양 없고 교육을 받지 못해서 파렴치하고 골수까지 악한 사람이라 해도 돈이 많으면 사회에서 존경받는 사람이 될 수 있지. 드러내놓고 사악한 행동을 하더라도 돈만 많다면 사람들은 그의 비위를 맞추면서 머리를 조아린다고. 그가 얼마나 훌륭한 사람인지 떠들어 대면서 말이야. 자네 말 그대로 돈이 정의인 세상이지. 돈이 비열한 정신을 낳은 근원이야.

마오쩌둥은 이 즈음에 '악의 화신'이든 '비열한 정신의 소유자'로 비난을 받는지 여부에 개의치 않고 권력을 잡고 싶다는 '황제의 꿈'을 분명하게 실현시키겠다는 의지를 다졌다.

실제로 마오쩌둥은 중국혁명과정에서 권력본능을 유감없이 발휘했다. 그는 권력을 잡기 위해 자신의 앞길을 가로막을 수도 있는 정적을 가차 없이 숙청하거나 암살하는 비열한 짓도 서슴지 않았다. 그는 대중을 설득하기보다는 숙청을 통해 대중의 공포를 조성하는 데 능했다.

마오쩌둥이 공산주의자를 자처하면서 처음으로 공산당 지부를 구성, 스스로 지부장이 된 후난성 지부의 공산당원은 자신과 중국공산당 제1차 대표자대회 때 함께 간 허수헝 등 단 3명에 불과했고, 나머지는 아내였던 양카이후이와 그의 동생 마오쩌민 등 가족이 전부였을 정도다.

30대 초반의 마오쩌둥은 그때까지만 해도 지도자로서의 권위도 영향력도 확보하지 못한 채 황제의 꿈만 간절했던 상태였다. 그의 본능은 창사 현감을 지낸 지식인 출신으로 당시로서는 후난성 최고의 마르크스주의자였던 허민판의 제거를 통해 작동하기 시작했다.

> 마오쩌둥 지도하에서는 당 위원회라는 것은 사실상 없는 것이나 다름없었고 회의도 열리지 않았다. 오로지 마오의 지시만 있었을 뿐이다. 그러나 마오는 당의 요구대로 상하이(공산당 중앙)에는 규칙적으로 보고했다.
> ― 〈마오, 알려지지 않은 이야기들〉

이때는 류샤오치가 마오쩌둥과 함께 조직활동을 할 때였다. 류샤오치는 당시의 상황에 대해 다음과 같이 털어놓은 적이 있다.

> 질문할 때 외에는 내가 말할 기회는 전혀 없었다. 회의는 늘 마오쩌둥 위원장의 지시로 끝났다. 마오쩌둥 주석의 마지막 말은 대충 이런 것이었다. "후난성은 이미 지도자를 갖고 있고 나름의 분명한 방식, 상하이의 중앙과는 다른 방식을 갖고 있다."

마오는 중국혁명에 뛰어든 초기부터 누구의 지시를 받는 것을 싫어했고 늘 독자적으로 행동하곤 했다. 그는 자신의 권위에 도전할 뜻이 없는 사람들하고만 교제했고 그의 우정은 대체로 일방적이었다. 한마디로 비정상적이었다.

마오쩌둥이 권력의지와 동물적인 권력본능을 본격적으로 표

주석 취임 후 후난성 시찰에 나선 시진핑 주석이 라오바이싱의 집을 찾았다.
주석은 중국인에게 봉건시대의 황제 이상의 존재다.

출한 시기는 그가 '징강산'을 통해 자신의 군대를 확보한 후 더 큰 근거지가 된 장시성 딩저우에 머물고 있을 때였다. 그는 이곳에서 자신의 지도력을 확립하기 위해 'AB분자'(反볼셰비키)를 색출한다는 명분으로 잠재적인 반대세력들을 무자비하게 숙청하고 처형했다. 국공내전이 본격화된 시점에 홍군 진영 내에서의 체포와 구금, 고문이 일상화되면서 마오의 반대세력들이 학살되다시피 했다.

마오쩌둥의 지도력 확보를 위한 숙청작업에 대해 중국공산당은 아직까지 입을 다물고 있다. 마오쩌둥의 당시 목표는 '당의 1인자', '당의 황제'가 되는 것이었다. 홍군은 장제스 국민당 정부군과의 전투가 아니라 마오쩌둥이 자행한 당내 투쟁과정에서 더 많은 희생자를 냈다.

당시 홍군의 최고 사령탑이었던 주더와 펑더화이도 마오쩌둥의 지시에 의해 무자비하게 자행된 숙청과 학살의 전모를 어느 정도는 알고 있었다. 어느 날 밤 술을 잔뜩 마셔서 취기가 오른 주더는 오랜 친구에게 다음과 같이 말했다.

"많은 옛 동지들이 숙청당해서 살해되었소. 이 살해의 뒤에 누가 있는지 당신은 알고 있을 거요."

마오쩌둥이라고 직접 지목하지는 않았지만 주더는 숙청의 배후가 마오라는 것을 넌지시 암시한 것이다. 주더와 펑더화이는 대놓고 마오쩌둥에 반대하지 못했다. 모스크바(코민테른)가 마오를 중국공산당 지도자로 인정하고 있었기 때문에 다른 방법이 없었다. 마오쩌둥은 주더의 부관 5명 중 2명을 처형하면서 언제든지 주더 사령관마저도 숙청할 수도 있다는 메시지를 던지면서 협박했다.

당시 홍군을 사실상 지휘했던 주더와 펑더화이가 마오의 이 같은 전횡에 대항하지 못한 것은 또 다른 이유 때문이라는 분석도 있다.

마오쩌둥이 강력한 지도력을 확립하려던 1930년 12월 즈음은 국민당내 경쟁자들과의 경쟁에서 승리한 장제스가 공산당에 대한 섬멸작전에 본격적으로 나서던 시점과 일치한다. 주더와 펑더화이는 외부 적의 공세가 임박한 시점에서 홍군 내부의 분열을 더 걱정한 것이다. 홍군이 분열되면 안 된다고 생각했던 것이다. 그러나 마오쩌둥은 장제스가 1931년 대대적인 홍군 섬멸작전에 나섰을 때도 반대파에 대한 숙청을 멈추지 않았다.

펑더화이 장군의 마오쩌둥에 대한 투쟁은 그때부터 30년 동안 계속됐다. 펑더화이가 그럴 수밖에 없었던 것은 그가 '천상 군인' 인 데다 정치권력에 대한 욕심이 없었기 때문이었다. 그가 마오쩌둥의 고향 후난 출신이라는 점도 한몫했을 것이다. 우직하고 고집스러운 후난 사람들의 기질이 펑더화이를 그렇게 만든 것이다.

펑더화이는 마오쩌둥보다 3살(1898년생. 마오쩌둥은 1895년생) 어린 데다 마오쩌둥과 같은 후난성 샹탄현이 고향이다. 그의 고향마을은 샤오산보다도 창사에 더 가까웠다. 마을 앞으로는 샹장이 흐르는 비옥한 농촌마을이었다.

그는 10세 때 집을 나와서 소를 몰았고 13세가 되었을 때는 광부로 일했다. 15세 때는 둥팅호의 제방을 쌓는 인부로 일하는 등 떠돌아다녔다. 그러다가 한 지방군벌의 군대에 들어가서 18세에 소대장이 됐고, 얼마 뒤에는 후난군관학교에서 교관을 지냈다.

이어 28세 즈음에는 국민당군의 지방부사령관에 올랐고 공산주의에 빠졌다. 1927년 공산당원들에 대한 대대적인 숙청작업이 시작되자 자신의 휘하에 있던 부대를 이끌고 징강산으로 합류했다.

사실 펑더화이 장군의 이름은 6 · 25 전쟁 때 중 · 조 연합군 (인민해방군과 북한군) 을 지휘한 총사령관으로서 참전, 우리에게 익숙한 이름이다. 전쟁이 끝난 뒤인 1953년 국방부장 (장관) 으로 임명됐지만 이것이 그의 마지막 직책이었다.

대약진운동이 한창이던 1959년 후난성을 시찰한 펑더화이는 많은 농민들이 굶어죽는 것을 확인하고는 대약진운동의 폐해를 조목조목 적어서 마오쩌둥에게 직접 보고했다. 누구도 마오쩌둥에게 대약진운동의 진실을 말하지 않고 있을 때 펑더화이는 목숨을 걸고 진실을 말했다. 마오쩌둥은 더 이상 펑더화이를 용서할 수 없었다.

"지금까지 대약진운동의 성과는 크지만 문제도 적지 않다. 그러나 앞날은 밝다"는 마오쩌둥의 연설로 개막된 루산 회의는 8일 동안 이어졌다. 펑더화이는 회의가 열리는 내내 대약진운동의 문제점을 강하게 지적했다. 그 기간 동안 무려 7번이나 발언한 것이다. 대약진운동에 극좌현상이 나타나고 있다고도 말했다. 펑더화이의 발언은 그가 속한 '소조' (小組) 밖으로는 알려지지 않았다. 마오쩌둥만이 펑더화이의 발언을 보고받고 알려지지 않도록 통제했다.

대약진운동의 오류가 공개적으로 거론된다면 마오쩌둥의 지도력에 흠집이 날 수 있는 상황이었다. 마오는 참을 수 없었다.

펑더화이는 자신의 진심 어린 보고가 채택되지 않자 마오쩌둥

중국공산당 중앙위원회 루낫회의가 열린 루산 인민극장.

에게 직접 편지를 썼다.

1. 1958년의 대약진운동은 득실의 양면이 있지만 실이 더 크다. 실제 생산은 공식발표보다 크게 밑돈다.
2. 현재의 중대 문제는 경제의 불균형이다.
3. 정직함이 결여돼 있다. 전국에 걸쳐 각 부문이 착실하게 하지 않고 허위보고를 하고 있다.
4. 쁘띠부르주아적 열광이 좌익적 편향을 낳고 공산주의에의 지름길을 찾으려는 초조함이 대중노선을 잊게 했다. 주관주의가 좌익적 경향을 조장하고 있다.

마오쩌둥은 펑더화이를 숙청하겠다고 결심한다. 펑의 편지를 접수한 다음 날 마오는 류샤오치와 저우언라이에게 '펑더화이 동지의 의견'이라는 주석을 달아 편지 사본을 보냈다. 회의에서 펑의 편지가 공개되자 펑더화이는 "개인적으로 마오 주석에게 보낸 편지를 왜 회의에서 공개하느냐"고 화를 내면서 회수할 것을 요청했지만 마오는 다음 날 아예 정치국 확대회의에 공개했다.

7월 23일 열린 루산 회의 전체회의에서 마오쩌둥은 '펑더화이의 서신은 반당(反黨)적인 강령'이라고 강하게 비난했다.

… 역사상 4개의 노선이 있었다. 또 하나의 노선이 나왔다. 내가 잘못했다면 내가 떠나겠다. 나는 농촌에 가서 농민을 이끌고 정부를 뒤집을 것이다. 여러분의 해방군이 나를 따라오지 않으면 나는 홍군을 찾으러 가겠다. 나는 일부의 동지에게 이 말을 주의 깊게 듣기를 권고한다.

펑더화이는 대약진운동으로 고통을 받고 있는 농민들의 실상을 확인하고
마오쩌둥에게 대약진운동의 오류를 시정해줄 것을 용기있게 건의했다가
수정주의자로 몰려 숙청됐다.

숙청에 앞서 마오쩌둥은 펑더화이를 만났다.

"30여 년 동안 나와 자네는 협력했지만 30%만 협력했고 70%는 협력하지 않는 관계를 지속해왔다."
"나와 주석의 협력관계는 50 대 50이었습니다."

펑더화이의 이 같은 반박에 마오쩌둥은 "아닐세. 역시 30 대 70이었네"라는 주장을 거듭했다.

펑더화이는 "주석님은 옌안에서 나를 불러 40일간에 걸쳐 매도했습니다. 이번에 제가 주석님을 20일간 비판하는 것도 용납되지 않는다는 말입니까"라고 반박했다. 마오의 반응은 싸늘했다.

마오쩌둥은 8월 2일 당 중앙위원회를 소집, '우익기회주의자로서 당의 분열을 획책했다'는 명분으로 펑더화이를 공격했다. 펑더화이는 국방부장(국방부장관)에서 바로 해임됐고, 린바오가 군의 최고지도자로 등극했다.

마오쩌둥의 골칫덩이였던 펑더화이가 마침내 제거된 것이다. 펑더화이가 '진정한 홍군'이라고 평가받은 것은 에드가 스노가 저술한 《중국의 붉은 별》에서였다.

과거 국민당의 장군이었던 펑더화이 사령관은 홍군이 극심한 곤경을 그렇듯 견딜 수 있었던 것은 그들이 매우 젊었기 때문이라고 내게 말했는데 이러한 그의 말은 믿을 만했다. 여성과의 문제가 그리 절실한 문제로 되지 않은 것도 같은 이유 때문이었던 것 같다. 펑 장군 자신도 국민당 군대의 반란을 주도하고 홍군에 가담했던 1928년 이후에는 그의 아내를 보지 못했다. 최고사령관으로부터 병사에 이르기까지 홍군은 같이 먹고 같이 입었다. 다만 대대장급 이상이면 말이나 노새의 이용이 허용되었다. 맛있는 음식이 생겼을 때는 그것이 공평하게 분배되는 것을 필자는 보았다.

닝샤(寧夏)성 동남부에 있는 고대 회교의 성곽도시 예왕보에 제1방면군 사령부가 자리 잡고 있었는데 이곳에서 필자는 사령관 펑더화이와 그의 막료를 만났다. 홍비(紅匪)로서의 펑의 경력은 그러니까 거의 10여 년 전 그가 많은 처를 거느린 군벌성장 허젠(何健) 장군 휘하의 국민당 군대 내부에서 반란을 주도했던 때부터 시작되었다.

펑은 병졸로부터 시작하여 처음에는 후난군관학교를, 다음에는 난창군관학교를 졸업했다. 졸업 후 그는 단연 두각을 드러냈고 진급이 빨랐다. 그의 나이 28세 되던 해인 1927년에 그는 이미 여단장이 되었고 실제로 병사위원회(兵士委員會)의 의견을 묻는 '자유주의적' 장교로서 후난성 전군을 통해 평판이 높았다.

당시 그는 국민당 좌파에서, 군대에서, 그리고 후난군관학교에서 영향력이 컸던 만큼 허젠 장군에게는 그가 심각한 문제의 인물이 아닐 수 없었다. 1927년 허젠은 휘하의 군대 내부에서 철저한 좌파 숙청을 시작하는 한편, 저 유명한 후난 농민대학살을 저질러 수천 명의 급진적인 농민과 노동자를 공산주의자로 몰아 살해했다. 하지만 펑더화이의 광범위한 인기가 두려웠던지 그는 펑더화이에 대한 행동을 쉽사리 결정하지 못했다. 그는 결국 결정을 미루다가 값비싼 대가를 치러야 했다.

1928년 7월 펑더화이는 자기 자신의 유명한 제1여단을 핵으로 하고 여기에 제2, 제3여단의 일부 병력과 군관학교 장교후보생들을 규합, 핑장(平江) 폭동을 일으켰는데, 이 폭동은 농민봉기와 결합하여 후난성 최초의 소비에트 정부를 탄생시켰다.

2년 후 펑은 '강철 같은 형제애'로 굳게 뭉친 8천 명의 추종자를

류샤오치와 펑더화이는 마오쩌둥과 같은 고향사람이었지만 숙청당했다.

갖게 되었는데 이것이 바로 홍군의 제5군단이 되었다. 이 병력으로 그는 후난성의 성도이며 대성곽도시인 창사를 공격하여 대부분이 아편중독자였던 허젠의 6만 군대를 격파하고 이 도시를 장악했다. 홍군은 난징, 후난 연합군의 반격에 맞서 10일 동안 이 도시를 장악했지만 결국은 외국군함으로부터 포격지원까지 받는 적군의 전력상의 절대적 우세 때문에 철수하지 않으면 안 되었다.

이때는 장제스가 홍비에 대해 제1차 대초공전(大勳共戰)을 개시한 직후였다. 남방홍군의 대장정에서 펑더화이는 선봉대인 제1군단의 지휘를 맡았다. 그는 적이 수만 명을 동원하여 쳐놓은 여러 개의 저지선을 돌파했으며, 전군 중의 중요한 거점들을 점령했고, 주력부대에게 통신망을 확보해 주었으며 마침내는 산시성(陝西省)에 이르는 길을 뚫고 서북소비에트의 근거지에 정착할 수 있었다. 그는 지쳐 있거나 부상당한 동지를 볼 때마다 그에게 자신의 말을 내어주고 장정 6천 마일을 대부분 걸어서 왔다고 그의 병사들이 내게 말했다.

펑은 장정 중에 일주일 동안이나 밀과 풀만을 날로 먹어야 했고 또한 독성이 있는 것을 먹을 때도 있었으며 며칠간이나 굶을 때도 많아 위장이 약해져 있었는데 그것을 빼놓고는 아주 건강하고 웃음을 좋아하는 쾌활한 사람이라는 것을 알게 되었다. 수십 번의 전투를 치른 역전의 용사이건만 그는 단 한 번밖에 부상을 당하지 않았고 그 상처도 깊지 않았다.

위왕바오(豫旺堡)에 체류하는 동안 필자는 펑의 사령부가 자리잡고 있는 건물의 구내에 머물렀기 때문에 그와 여러 차례 접촉할 수 있었다. 이 사령부는 책상 하나에 의자 하나, 철제문서함 두 개, 홍군에서 제작한 지도 몇 개, 야전 전화, 수건과 세면대 그리고 모포가 전부인 간소한 방이었다.

그는 그의 부하들과 마찬가지로 군복을 두 벌밖에 갖고 있지 않았으며 그 군복에는 계급장이 없었다. 그가 어린아이처럼 자랑스럽게 입는 사제 옷이 하나 있었는데, 그것은 장정 중에 쏘아 떨어

펑더화이는 당대의 전략가로 불리던 전형적인 후난 군인이었다.
한국전쟁에 참전한 중국군과 북한군의 연합 총사령관으로
전쟁을 지휘한 펑더화이와 김일성.

뜨린 적군 비행기의 낙하산으로 만든 조끼였다.

　우리는 여러 차례 함께 식사를 했다. 그는 간소한 음식을 알뜰하게 먹었는데 부하들의 식사와 다름이 없었다. 음식은 보통은 양배추, 국수, 콩, 양고기였고, 때때로 만두가 나오기도 했다. 닝샤에서는 온갖 종류의 탐스러운 수박이 재배되었는데 펑은 그것을 아주 좋아했다.

　펑은 태도와 말에서 개방적이고 솔직하고 정확했으며 동작이 민첩했고 웃음과 기지가 충만했다. 육체적으로도 매우 활기가 있었으며 말을 뛰어나게 잘 탔다. 그리고 그는 인내력이 강한 사람이었다. 그 이유는 부분적으로 그가 담배를 피우지 않고 차만 즐겼기 때문이었는지도 모른다.

　그는 어떤 방면에서든 지칠 줄 모르는 정력을 소유한 사람이라는 인상을 나에게 심어주었다. 늦게 취침하고 늦게 일어나는 마오쩌둥과 달리 펑은 늦게 취침하고 일찍 기상했다. 필자가 보기에 펑은 하루에 평균 너덧 시간밖에 자지 않는 것 같았다. 그는 절대로 서두르는 법이 없었지만 언제나 바쁘게 일했다.

　정부군의 비행기들이 펑을 사살하거나 생포하면 5만 원 내지 10만 원의 현상금을 주겠다는 내용의 삐라를 홍군 진영에 살포하는 일이 자주 있었지만 그는 사령부에 단 한 명의 보초만을 세웠고 시가지를 호위 없이 배회했다. 필자가 그곳에 있는 동안 펑더화이와 쉬하이둥(徐海東), 마오쩌둥을 체포하는 자에게는 상금을 주겠다는 내용의 삐라가 수천 장 떨어졌는데 펑은 그 삐라들을 모아두라고 명령했다. 그 삐라는 한 면만 인쇄되어 있었고 홍군은 종이가 부족한 상태였다. 삐라의 인쇄되지 않은 면은 후에 홍군의 선전문을 인쇄하는 데 사용되었다.

　펑은 어린이를 아주 좋아했으며 그래서 나는 어린이들이 무리지어 그의 뒤를 쫓는 경우를 자주 보았다.

결국 루산 회의는 펑더화이 축출이라는 단 하나의 결과만 만들어냈다. 루산 회의에서 해결된 것처럼 보였던 경제건설의 좌파적 경향은 개선되지 않았고 오히려 갈수록 악화됐기 때문이다. 루산 회의에 대한 펑더화이의 입장을 통해 마오에 대한 그의 생각을 유추할 수도 있겠다.

7월 14일에 내가 주석에게 편지를 보낸 목적은 바로 그 때문이었다. 현존하는 문제들을 신속히 개선하고 총노선과 대약진운동을 수호하며 인민공사를 견고하게 하기 위함이었다. 당을 모함하거나 마오쩌둥 동지에 반하려는 의도는 결코 없었다. 편지를 통해 나는 대약진운동에서 드러난 문제점들과 그것이 생겨난 원인이 무엇인지를 밝혔을 뿐이다. 내 생각에는 어쨌든 주석이 참고할 만한 편지였고, 주석 또한 그 점을 헤아릴 수 있었을 것이다.

그러나 7월 17일 오전 나는 중앙사무청에서 보내온 내 편지의 인쇄본을 받았다. '펑더화이 동지의 의견서'라는 제목이 덧붙여져 있었다. 일이 내 뜻과 다르게 돌아가고 있었다. 7월 18일의 소조회의에서 나는 그 편지를 돌려받고자 했다. … 7월 23일 오전 대회당에서 주석은 높은 기준에서 편지를 따져보니 우파 기회주의적인 내용이 들어가 있는 데다 무언가 계획적이고 조직적이며 의도가 내포되어 있다고 언급했다. 아울러 나를 두고 군벌주의와 대국주의를 범하고 있으며, 노선의 착오를 여러 차례 범하고 있다고 하였다. 주석의 말을 들으면서 나는 그 어떠한 말로도 표현할 수 없을 만큼 침통했다. … 문득 이런 생각이 들었다.

'내 비록 주석을 늦게 알기는 했지만, 30여 년을 서로 알고 지내온 사이가 아니던가? 그런데 내 편지가 이렇게 심각한 착오가 있다니? 그렇다면 왜 나와 의논할 수 없는 것일까?

나의 편지가 주석에게는 참고될 만한 것이 아니었을까? 왜 그것이 이견일까? 왜 그것이 우파 기회주의적 내용일까? 왜 그것이 계획적이며 의도적인 것일까? 동지들도 나에게 그렇게 이야기하지 않았던가? 진정으로 당과 인민을 위한 일이 무엇일까? 나의 의견을 고수할 것인가? 그렇지 않다면 다시 점검해 보아야 하는 것일까?'

펑더화이는 30여 년을 마오쩌둥과 함께 투쟁했지만 자신의 권력기반이 위협을 받을 때마다 발휘되던 '마오 본능'을 간과하고 있었다. 징강산에서도 그랬고 옌안에서도 그랬던 것처럼 마오쩌둥은 늘 자신에게 호락호락하지 않았던 펑더화이가 수천만 명의 인민들을 굶어죽게 만드는, 세계사상 유례가 없는 대기근을 초래한 대약진운동의 과오를 지적한 것에 대해 참을 수 없었다는 것을 이해하지 못했다.

마오쩌둥과 펑더화이 두 사람 모두 전형적인 후난 사람의 기질을 보였다. 마오쩌둥이 타고난 전략가이자 정치가로서 용감하면서 권모술수에 능한 정치가의 면모가 더 강했다면, 펑더화이는 용감하면서 강직한 후난 군인(湘軍)이었다.

마오쩌둥은 자신에게 대든 펑더화이를 용서하지 않았다. 그가 아무리 고향출신인 데다 30여 년을 함께 투쟁해온 혁명동지였다고 해도 황제의 권위를 손상케 한 행위는 좌시할 수 없었던 것이다.

화궈펑과 후야오방

후난과 인연을 맺은 중국의 최고지도자 중에서 마오쩌둥 사후 총서기에 오른 화궈펑과 후야오방에 대해서도 주목하지 않을 수 없다.

원바오조차 해결하지 못한 라오바이싱들은

마오쩌둥과 다른 지도자들 간의 첨예한 권력갈등에 아무런 관심이 없었다.

우선 마오쩌둥 사후 정국 수습과 동시에 마오쩌둥의 정치적 계승자로 갑자기 등장한 화궈펑은 후난성 출신은 아니지만 후난의 향진(鄕鎭)에서부터 당위원회 서기를 역임하다가 마오쩌둥 주석의 눈에 띄어 발탁된 '마오키즈'였다.

반면 후야오방은 중국혁명에 참여한 혁명가로 1930년 중국공산주의청년단에 가입, 대장정에 참가하고 이후 '개혁개방의 총설계사' 덩샤오핑의 측근으로 성장한 정치지도자라는 점에서 화궈펑과는 다른 정치역정을 갖고 있다.

그러나 중국공산당 권력서열 1위에 올랐던 화궈펑과 후야오방의 정치적 말로는 다르지 않았다. 마오쩌둥의 계승자였고 덩샤오핑의 대리인이었던 두 사람은 덩샤오핑에 의해 하루아침에 권력을 상실하고 역사의 무대에서 사라졌다. 후계자를 숙청하는 것은 마오로부터 배운 것이었다.

화궈펑은 마오쩌둥이 남겨놓았던 마지막 '히든카드'였는지 모른다.

마오쩌둥에게도 생애 마지막 해가 된 1976년 1월 6일. 2인자 저우언라이 총리가 암으로 사망하자 마오쩌둥 이후의 권력을 겨냥한 장칭 등 4인방 세력과 덩샤오핑을 중심으로 한 세력 간의 갈등은 최고조에 달했다. 병석에 누워 생명을 연장하고 있던 마오쩌둥으로서는 어느 한쪽의 손을 들어줄 수가 없는 상황이었다. 장칭은 제2의 측천무후, 제2의 여황제가 되려는 야심만만한 꿈을 노골적으로 표출하면서 마오쩌둥을 압박했다. 마오쩌둥은 저우언라이의 후임으로 화궈펑을 선택했다. 이는 자신의 사후 장칭에게 권력을 넘겨줄 수 없다는 의지의 표현과 다름없

화귀펑은 1976년 10월 마침내 마오쩌둥의 정치적 계승자의 자리에
공식적으로 취임했지만 그의 시대는 오래가지 못했다.
사병들과 시민들이 화귀펑의 주석직 취임을 축하하고 있다.

었다. 화궈펑의 외모가 마오쩌둥의 모습과 닮았다는 점도 이채롭다.

화궈펑은 저우언라이가 사망한 지 한 달도 채 되지 않은 2월 3일부터 총리대리 역할을 수행했다. 마오쩌둥의 병세는 더욱 악화되고 있었다.

마오쩌둥의 고향 후난성의 작은 지역인 자오청현 서기로부터 본격적인 지도자수업을 시작한 화궈펑은 말 그대로 별다른 정치적 기반 없이 마오쩌둥이 발탁해서 고속성장한 전형적인 '낙하산' 지도자였다. 화궈펑이 마오쩌둥을 직접 만난 것은 1959년 6월 마오쩌둥의 첫 고향방문 때였다. 당시 그는 샤오산이 속한 샹탄현 제 1서기였다.

마오쩌둥의 주치의였던 리즈수이도 《마오쩌둥의 사생활》에서 화궈펑과의 첫 대면장면을 기록해 놓았다.

> … 샹탄현 당 지방위원회 제 1서기인 화궈펑이 주석 일행을 맞이했다. 내가 18년 후에 마오의 후계자가 될 그를 만난 것은 그때가 처음이었다. 우리는 샹탄에서 화궈펑과 이야기하며 잠시 쉬었다. 그러나 그는 샤오산에는 동행하지 않았다. 마오는 샤오산의 농부들이 그가 근처에 있으면 솔직하게 이야기하지 못할 것 같아 걱정했던 것이다.

화궈펑 본인이나 마오쩌둥은 물론 누구도 그가 마오쩌둥 사후 마오의 정치적 위상을 이어받게 될 후계자가 되리라고 상상하지 못했다. 당시 화궈펑의 나이는 38세에 불과했다. 어쨌든 화궈펑이 마오쩌둥의 눈에 들었던 것은 사실이다.

伟大的领袖和导师毛泽东主席　　华国锋主席

—

마오쩌둥과 계승자 화궈펑의 초상화 사진.
초상화 속의 두 주석이 닮았다.
마오 주석이 화궈펑을 총애한 것도 화궈펑의 외모가
그의 젊은 시절을 닮았기 때문이라는 속설도 있다.

저우언라이 총리의 추도회가 끝난 지 6일이 지난 1976년 1월 21일. 마오쩌둥은 조카인 마오위안신(毛遠新)에게 저우언라이 후임으로 장춘차오와 화궈펑 중에서 누가 더 나을 것인지를 물었다. 조카는 장춘차오에 대해서는 부정적으로 평가하고 화궈펑에 대해서는 충실하고 정이 두터우며 매우 성실하다고 조언했다. 이에 마오쩌둥도 "화궈펑은 멋은 없지만 소박하고 진실된 데다 묵직하다"는 말로 조카의 평판에 동의하면서 화궈펑을 선택했다.

마오쩌둥이 화궈펑을 본격적으로 중용하기 시작한 것은 그가 권력기반을 잃을 수도 있었던 1962년 '7천인대회' 직후였다.

이 회의에서 화궈펑은 "1958~60년의 위대한 과업수행 이후 인민들은 야위었고 가축도 야위었으며 심지어는 땅조차 메말라 버렸다. 우리는 더 이상 이 위대한 과업을 시행할 수 없다. 농촌 지역이 이러한 어려움을 이기고자 한다면 사회주의의 길로 계속해서 전진해야 하며, 호별 농업경작제와 농지청부제도는 과감하게 거부해야 한다. 그렇지 않다면 결국엔 모두를 파멸로 이끌게 될 것이다"라면서 마오쩌둥의 대약진운동에 대한 지지입장을 표명했다.

마오쩌둥은 이때부터 "화궈펑은 정직한 사람이야. 국가의 다른 많은 지도자들보다 훌륭한 사람이지!"라며 챙기기 시작했다. 7천인대회 직후 후난성 당서기였던 저우샤오저우와 주변 세력들이 숙청되자 화궈펑은 후난성 당위원회 상무서기로 승격했다. 마오의 직접 지시에 따른 파격적인 발탁이었다. 그의 업무는 후난성의 행정업무를 책임지는 막중한 자리였다.

1978년 환담을 나누고 있는 화궈펑과 덩샤오핑.
화궈펑은 총서기직에 올랐지만 권력의 추는 덩샤오핑에게 기울었다.
그러나 마오를 계승하려는 화궈펑과 마오를 단절하려는 덩샤오핑은
격렬한 갈등을 겪었다.

화궈펑은 샤오산의 마오쩌둥 기념관 건설을 총지휘했고, 샤오산 지역의 철도와 수로 공정 등 대형건설 프로젝트를 성공적으로 추진, 마오의 환심을 샀다.

문화대혁명 기간인 1968년 후난성 혁명위원회가 출범하자 제2부주임이 됐고, 1969년 당중앙위원으로 선임됐고, 1971년 린바오 사건 이후 베이징으로 상경, 국무원 공작조 부조장, 조장을 맡아 린바오 사건을 처리했다. 그는 1972년 공안부장으로 승진, 중국의 공안과 정부망을 총괄하는 역할을 했고, 1973년 중앙정치국 위원이 되면서 공안부장을 겸했고, 1975년에는 국무원 부총리로 고속출세의 길을 달렸다.

마오쩌둥의 병세는 더욱 악화됐다. 그해 6월 15일 이후 마오쩌둥은 완전히 혼수상태에 빠졌다. 7월 28일 베이징에서 가까운 허베이성 탕산(唐山)에서 대지진이 일어나 무려 24만여 명이 사망했다.

9월 9일 마오쩌둥이 사망했다.

마오쩌둥의 유지를 이어받은 후계자 화궈펑은 장칭 등 4인방에 대한 공격을 준비했다. 장칭은 상하이 등을 중심으로 민병대 조직을 준비시켰다. 양 세력 간의 일촉즉발의 권력 쟁탈전이 긴박하게 돌아갔다. 권력 갈등은 10월 6일 장칭 등 4인방이 체포되면서 일단락됐다. 4인방의 쿠데타 기도는 무산된 것이다.

마오쩌둥의 권력계승자는 화궈펑이었지만 그의 시대는 모래성이었다. 화궈펑은 마오쩌둥의 대리인으로서 마오쩌둥 사상을 계승 발전하려 했지만 마오에 대한 세간의 시선은 화궈펑의 기

1977년 톈안먼 광장은 대자보 천국이었다.

대와 달랐다.

화궈펑은 1977년 8월 제11차 전국대표회의에서 당 총서기와 군사위원회 위원장직도 차지했다. 그는 이 자리에서 "계급투쟁이 사회주의 건설의 주요한 요소를 구성하고 있으며, 최초의 문화대혁명은 종식되었지만 프롤레타리아 독재하에 혁명을 지속시켜야 한다"며 마오의 계승자라는 점을 강조했다.

그러나 '마오쩌둥은 무조건 옳았다'며 마오에 대한 비판을 허용하지 않았던 화궈펑의 정책은 사면초가에 처하기 시작했다. 대기근과 농업정책 실패는 마오쩌둥에 대한 정면비판으로 봇물 터지듯 터지기 시작했다.

4인방의 우두머리인 장칭에 대한 재판이 마오쩌둥에 대한 재판으로 변질되면서 마오의 계승자, 화궈펑의 정치적 위상을 흔들었다. '마오쩌둥의 모든 정책과 행위가 반드시 옳지는 않았다'는 논리가 당 간부는 물론이고 일반인들에게도 확산되면서, 베이징을 비롯한 대도시에서 대자보 등을 통한 민주화 운동이 산발적으로 전개되었다.

1978년 12월에 열린 중국공산당 11기 '3중 전회'(3차 전체회의)는 덩샤오핑의 완전한 정치적 승리였다. 덩샤오핑의 핵심측근인 후야오방과 자오쯔양, 천원이 정치국에 입성했다. 펑더화이의 복권도 이뤄졌다.

덩샤오핑은 그해 12월 〈인민일보〉에 "민주주의를 위한 투쟁은 오직 중국 공산당의 지도하에 전개되어야 한다"는 점을 분명하게 밝혔다. 덩샤오핑의 시대 개막을 알린 것이다.

화궈펑은 1981년 1월 국가 주석과 총서기직을 비롯한 모든 것

장칭을 위시한 왕훙원과 장춘차오 등 '4인방'이 화궈펑의 주도로 체포되자
톈안먼 광장에 모인 시민들이 환호하고 있다.

을 잃고 역사의 무대에서 사라졌다. 후임에는 후야오방이 등장했다. 후야오방은 1982년 9월 개최된 제12차 전국대표대회에서 공산당 공식서열 1위인 총서기에 올랐다. 후야오방의 뒤에는 덩샤오핑이 있었다.

후난성 류양현이 고향인 후야오방은 열다섯 살이 된 1930년 공산주의 청년단에 가입, 소년선봉대에 참가하면서 혁명대열에 나섰다. 대장정에도 참가했고 문화대혁명 때에 이어 두 차례나 덩샤오핑과 더불어 정치적 박해를 받기도 했다.

그가 숙청당할 때는 마오쩌둥과 같은 후난성이 고향이라는 사실은 전혀 도움이 되지 않았다. 후야오방의 고향 류양은 중국공산당 창당 초기 마오쩌둥의 정적이었던 '리리싼'의 고향마을과 지척간이고 샤오산과도 20여 km밖에 떨어져 있지 않았다. 그러나 후야오방이 후난성 출신이기 때문에 최고지도자로 성공할 수 있었던 것은 아니었다.

그는 덩샤오핑의 충실한 최측근으로서 화궈펑의 "마오쩌둥의 모든 것은 옳았다"는 '판쓰론'(凡是論)에 대응한 "실천만이 진리검증의 유일한 표준이다"는 실천론을 내놓으면서 덩샤오핑 승리의 최대공신으로 승승장구한다.

그는 화궈펑 실각 후 중국공산당 주석직과 총서기직에 올라 덩샤오핑이 내세운 개혁개방 정책을 실천하는 데 앞장섰다. 그러나 무대 뒤에서 실권을 잡고 호령하던 덩샤오핑 등 원로들의 권력 남용을 지적하면서 퇴진을 직접 요구하고 나섰다가 하루아침에 실각했다. 총서기직에 오른 지 5년이 채 되지 않은 1987년 1월이었다.

후야오방은 개혁개방의 총설계사라는 덩샤오핑을 대신해서
총서기직에 올라 개혁개방 정책을 진두지휘했다.
그러나 집단지도체제로의 전환을 꾀하다가 하루아침에 실각했다.

그리고 1989년 4월 15일 베이징의 한 병원에서 갑자기 사망했다.

그의 갑작스러운 죽음은 톈안먼 사태를 촉발시켰다. 후야오방의 죽음을 추도하던 시위대는 후야오방에 대한 복권과 민주주의를 요구하고 나섰다. 시위대와의 타협에 나섰던 자오쯔양 총서기마저 실각했다. 자오쯔양의 후임 리펑(李鵬)은 계엄령을 선포하고 유혈진압에 나섰다. 약 2,500여 명이 사망했다.

우발적인 사건으로 치부한 중국지도부는 리펑에게 유혈진압의 책임을 전가하고 상하이의 시위사태를 진정시킨 장쩌민을 중국공산당의 새로운 총서기로 지명했다. 장쩌민 총서기의 등장은 중국공산당에 상하이방이라는 정치세력이 새롭게 구축된 계기가 됐다.

11. 두 퍼스트레이디 잔혹사

두 주석의 갈등은 고스란히 두 퍼스트레이디, 장칭과 왕광메이 간의 대결로 이어졌다.

장칭과 왕광메이는 출신부터 성장과정은 물론, 지적 수준과 성격, 취향까지 전혀 다른 스타일의 여성이었다. 마오쩌둥 주석의 네 번째 부인인 장칭은 산둥성(山東省)의 주청(諸省)이라는 작은 도시의 아주 복잡한 가정에서 태어났다. 그녀의 어머니는 알코올 의존증에 걸린 여관주인의 첩이었다. 반면 류샤오치의 다섯 번째 부인이 된 왕광메이는 부친이 고위관료와 외교관을 역임했고 모친도 교육계에 잘 알려진 유명인사로 장칭과는 비교가 되지 않을 정도의 저명한 상류층 가문에서 태어났다.

문화대혁명이 시작되자 류샤오치 주석과 왕광메이 부부가 가장 먼저 홍위병의 공격을 받았고, 홍위병들의 집회에 끌려 나간 왕광메이가 탁구공 목걸이를 한 채로 모욕당하는 사건은 마오와 장칭이 '문혁'을 일으킨 진정한 의도가 무엇인지를 다시금 생각

문혁이 시작되자 류샤오치와 왕광메이는 홍위병의 표적이 되었다.
홍위병들의 집회에 끌려 나간 왕광메이는 탁구공 목걸이를 한 채 모욕을 당했다.

하게 했다.

마오쩌둥이 사망하자 4인방의 핵심이었던 장칭은 반혁명 혐의로 체포돼 재판을 받다가 1991년 3월 15일 자살로 생을 마감했다. 반면 왕광메이는 문화대혁명 당시 류샤오치가 감옥에서 비명횡사한 사실도 통보받지 못한 채 '미국의 스파이'라는 혐의를 뒤집어쓰고 12년간이나 감옥에 갇혀 있었다. 왕광메이는 마오쩌둥 사망 후 석방되자 마오쩌둥 집안과의 화해에 적극적으로 나서는 등 퍼스트레이디다운 대범한 행보를 보였다. 그녀는 생전에 마오쩌둥에게 당당하게 맞서라고 류샤오치를 격려하는 등 '서슬 퍼랬던' 마오쩌둥의 시대에 다른 지도자들의 부인들이 남편에게 시대와 타협할 것을 요구한 것과는 대조적인 여장부였다.

1921년 베이징의 시단(西單)에서 태어난 왕광메이는 1947년 혁명수도 옌안으로 가서 처음으로 공산당과 인연을 맺었다. 영어가 유창했던 그녀는 입학허가서를 받은 미국 스탠퍼드대학으로의 유학을 포기하고 옌안으로 가서 번역원으로 일했다. 그리고 이곳 옌안의 해방구 역할을 한 '댄스파티'에서 류샤오치의 적극적인 구애를 받았다. 1948년 마침내 두 사람은 시바이포에서 결혼식을 올리고 정식으로 부부가 됐다.

마오쩌둥과 류샤오치의 관계는 좋았다. 마오쩌둥은 황제의 자리와 위상을 양보하는 것을 제외하고는 모든 것을 류샤오치에게 맡기고 해외에 나갈 정도로 신뢰했다. 이런 분위기는 두 집안의 잦은 교류로 이어졌다. 장칭과 왕광메이는 자연스럽게 친하게 지냈다. 두 집안의 화기애애한 분위기는 1950년대까지 지속됐다. 장칭도 이따금 류샤오치 집에 찾아가서 왕광메이와 이런 저런 이야기를 나누는 등 격의 없었다. 아이들의 교육이나 최고지도자의 부인들로서 어떻게 옷을 입어야 하는지 혹은 처신을 어떻게 하는지 등이 두 여성의 주된 화제였다. 리나와 리민 등 마오의 두 딸들과 류샤오치의 아들 류위안은 스스럼없이 어울렸다.

1960년대 초반 들어 마오쩌둥과 류샤오치의 관계가 미묘하게 벌어지면서 두 퍼스트레이디의 관계도 미묘하게 변화하기 시작했다. 여성미를 발산하는 것을 즐겼던 장칭은 정치적 역할을 갈망하고 있었고, 경쟁의식을 갖고 있던 왕광메이도 대외활동에 적극적으로 나서기 시작했다.

두 사람 간의 경쟁은 류샤오치가 국가 주석에 취임하면서 본격화됐다. 두 사람 모두 사회활동에 적극 나서고 싶어 하는 40대 중반의 나이였다.

그러나 마오 주석은 외국 국가원수를 만나는 공식적인 자리에서도 장칭이 공개적인 '퍼스트레이디' 역할을 하는 것을 허용하지 않았다. 이는 마오 주석과 장칭이 결혼할 때 정치활동을 하지 않는다는 조건을 내건 것도 한몫했다. 대중 앞에 나서는 것을 좋아하는 장칭으로서는 불만이 쌓일 수밖에 없었다.

그런 시점에 류 주석이 국가 주석으로서 외빈을 접대하거나 외국순방에 나설 때마다 왕광메이는 능수능란하게 '퍼스트레이디'로서의 역할을 충실하게 수행했다. 왕광메이는 유창한 영어를 바탕으로 외국수반들을 접대했고, 중국의 다른 최고지도자들의 부인들에게서는 찾아보기 힘든 우아하고 세련된 매너까지 갖추고 있었다. 그러다가 1962년 중국을 방문한 수카르노 대통령 부인을 접견하는 과정에서 두 퍼스트레이디 간의 갈등은 표면화됐다.

장칭은 1962년 이전에는 단 한 차례도 대중 앞에 공개적으로 나서지 않았다. 심지어 장칭의 사진이 언론에 실리는 일은 상상도 하지 못한 일이었다. 이는 공개적인 정치활동을 금지하라는 마오쩌둥의 지침 때문이었다.

그런데 장칭의 모습이 처음으로 신문에 게재됐다. 1962년 10월 1일 마오쩌둥이 인도네시아의 수카르노 대통령 부인을 만나 악수하는 순간, 장칭이 옆에 서 있는 사진이 〈인민일보〉에 실렸다. 장칭은 마오쩌둥의 옆에서 서구식 외투를 걸친 채 활짝 웃고 있었고 그 뒤로는 저우언라이와 부인 덩잉차오의 모습도 보였다.

사실 이 사진은 왕광메이 사진이 먼저 신문에 실린 것을 보고 장칭이 자신의 사진을 실어달라고 요청해서 실린 것이 아닌가 하는 추측도 있다. 이미 〈인민일보〉는 국가 주석 류샤오치와 왕광메이가 수카르노 부인을 영접할 때의 사진을 보도한 바 있었다. 류샤오치와 왕광메이는 중국정부를 대표하는 국가 주석과 퍼스트레이디로서의 공식적인 자리에 참석했다.

장칭의 〈인민일보〉 등장은 장칭의 정치활동 금지를 불문율로 여기던 공산당 최고지도부에 반기를 든 것과도 같았다. 장칭 사진의 등장은 장칭이 향후 적극적인 정치활동에 나설 것이라는 예고와 다름없었으며, 이는 마오쩌둥의 재가 없이는 불가능했다.

1963년 국가 주석 류샤오치의 인도네시아 등 서남아시아 순방은 장칭에게 잊을 수 없는 장면으로 기억됐다. 류샤오치 주석은 왕광메이 여사와 함께 순방길에 나섰다. 당시 중국 최고지도자가 해외순방을 가면서 부인을 동반, 공식일정을 수행하는 것은

장칭의 사진이 처음으로 대중에 공개됐다.
인도네시아 수카르노 대통령부인이 중국을 방문,
마오쩌둥(맨 왼쪽)을 예방하는 자리에 함께 한 장칭(왼쪽에서 두 번째)과 왕광메이.
장칭이 대중 앞에 모습을 보인 것은 처음이다.

처음이었다.

　그 이전까지 장칭과 왕광메이는 서로를 교류하면서 존중하는 사이였다. 해외순방에 나가기 전에 왕광메이는 장칭에게 전화를 걸었다. 해외순방에 나서는 국가수반의 부인으로서 어떤 옷을 입고 어떻게 처신하는 것이 좋을지 조언을 구하기 위해서였다. 장칭은 자신이 읽은 소설에서 옷에 관련된 내용이 나오면 모두 기억할 정도로 패션에 대해 관심이 많았다.

　장칭은 소설 〈안나 카레리나〉에 나오는 여주인공이 입은 것과 같이 검은 색의 단순한 벨벳 드레스를 입는 것이 어떠냐고 말했다. '그런 옷을 입으면 우아하게 보일 뿐만 아니라 보통과는 다른 느낌을 줄 것'이라고 덧붙였다. 장칭은 또 장신구는 하지 않는 것이 좋겠다고도 조언했다.

　그러나 왕광메이는 장칭의 말을 따르지 않았다. 인도네시아 같은 서남아시아는 날씨가 더워서 두꺼운 벨벳 드레스는 어울리지 않았기 때문이다. 서남아시아에 간 적이 없는 장칭의 의견을 받아들일 수가 없었던 것이다. 또한 류샤오치의 해외순방기간이 그리 짧지 않은 데다 여러 나라를 잇달아 방문하는 일정이었기 때문에 여러 벌의 의상이 필요했다.

　왕광메이의 사교적이고 자유분방한 성격은 버마에 이어 인도네시아를 방문하는 과정에서 극대화됐다. 당시 중국과 인도네시아의 관계는 아주 좋았다. 류샤오치 부부는 국빈으로 환대를 받았다. TV로 방송된 인도네시아 대통령의 환영만찬에서 왕광메이는 미소를 띤 채 수카르노 대통령의 팔짱을 끼고 연회장에서 옆방으로 음악 연주를 들으러 갔다. 또 수카르노 대통령에게 담

인도네시아 순방에 나선 류샤오치 주석과 왕광메이 부부.
왕광메이와 수카르노 부인이 각각 상대국 국가원수의 팔짱을 낀 채
리셉션장으로 이동하고 있다.
당시 중국과 인도네시아의 밀월관계를 반영한다.

뱃불을 붙여주려고 몸을 앞으로 내미는 장면도 방송에 노출됐다.

장칭은 베이징에서 류샤오치 부부의 순방장면을 놓치지 않았다. 왕광메이의 진주목걸이가 눈에 들어왔다. 이 목걸이는 버마의 네윈 대통령이 선물로 준 것이었다. 문화대혁명 때 홍위병들이 왕광메이를 집회에 내세워 탁구공으로 만든 목걸이를 목에 걸도록 한 것은 이때의 사진을 기억해서 모욕을 주려고 한 것이었다. 당시 상황에 대해 수카르노 대통령 부인은 '왕광메이가 수카르노 대통령에게 담뱃불을 붙여준 것과 마찬가지로 나도 류샤오치에게 담뱃불을 붙여줬을 정도로 환영만찬장의 분위기는 아주 화기애애했다'고 밝혔다. 문혁당시 홍위병들이 비난하듯이 퍼스트레이디로서 있을 수 없는 경박한 행동은 아니었다는 것이다.

류샤오치 부부가 해외순방을 마치고 귀국한 후 두 퍼스트레이디의 관계는 급격하게 냉랭해졌다. 장칭은 자신의 조언을 무시하고 비단 치파오를 입고 진주목걸이를 한 왕광메이를 잊을 수 없었다. 그것은 황제의 부인인 자신을 제치고 왕광메이가 퍼스트레이디로 활동하는 것에 대한 참을 수 없는 질투심이기도 했다.

수년이 흐른 후 '문화대혁명의 행동대장'역을 자임한 장칭은 홍위병 집회에서 왕광메이와 류샤오치 비난과 공격의 선봉에 섰다. 사실 당시 국가 주석인 류샤오치 부부가 홍위병들에게 납치돼 수모를 당하게 된 것은 모두 장칭의 사전 계획에 따른 것이다.

홍위병 집회에 나선 장칭은 서남아시아 순방 당시 왕광메이의 복장을 구체적으로 거론하면서 공격했다.

1966년 문화대혁명 당시 톈안먼 광장을 가득 메운 홍위병들의 모습.

왕광메이는 부정직한 사람입니다. 그녀는 인도네시아로 가기 전에 나를 보러 왔습니다. 그때 나는 상하이에 있었고 몸이 아팠습니다. 그녀는 외국여행을 할 때 목걸이를 하고 꽃무늬 드레스를 입고 싶다고 했습니다. 저는 그녀에게 옷을 여러 벌 가지고 가는 것은 좋으나 검은 색을 입으라고 권했습니다. 그러나 중국공산당 당원으로서 목걸이는 하지 않는 것이 좋다고 말해줬습니다. 내 충고를 듣고 왕광메이는 며칠 동안 잠을 자지 못했습니다. 하지만 결국 그녀는 내 의견에 따르기로 했고 목걸이를 하지 않겠다고 했습니다.

장칭은 아예 순방당시의 모습이 녹화된 TV 화면을 준비해서 군중들에게 공개했다.

이렇게 화면에 나와 있습니다. 세상에! 이 여자가 목걸이를 하고 있네요. 나를 기만한 것입니다.

왕광메이는 딸이 교통사고를 당했다는 거짓 전화를 받고 황급하게 병원에 달려갔다가 홍위병들에게 납치됐다. 장칭은 왕광메이를 납치하는 과정을 실시간으로 보고받았다.

홍위병들은 왕광메이를 집회에 내세웠다. 그녀에게 강제로 비단드레스와 굽 높은 구두를 신겼고 챙이 넓은 밀짚모자까지 씌웠다. 그리고는 탁구공으로 만든 진주목걸이를 목에 걸고 사진을 찍었다. 장칭에게 보여주기 위한 연극이었다.

결국 왕광메이는 1967년 '미국중앙정보국(CIA)의 장기침입 고급전략적 특무'라는 혐의로 감옥에 투옥됐다. 그녀가 무혐의로 풀려난 것은 마오 주석이 사망한 지 수년이 지난 1979년이었다. 감옥에서 석방된 후에야 그녀는 비로소 남편이 오래전에 숨졌다

장칭은 문혁 때의 자신의 행동은 모두 마오쩌둥 주석의 뜻에 따른 것이라면서
모든 것을 마오쩌둥의 책임으로 돌렸다.
스스로를 '마오쩌둥의 개'라고 말했다.

는 사실을 통보받았다. 허난성장으로부터 류샤오치의 유골함을 받아든 왕광메이는 한동안 유골함에 얼굴을 묻고 말을 잇지 못했다. 마오는 물론이고 류샤오치의 옛 동료 중 누구 한 사람도 그녀가 갇혀 있는 12년 동안 남편의 생사를 전해주지 않았던 것이다.

장칭과 왕광메이는 마오쩌둥 사후에 다시 조우한 적이 있다. 명예를 회복한 왕광메이가 석방된 반면, 장칭은 '4인방'의 수괴로 체포돼서 반혁명재판을 받고 있었다. 1980년 12월 3일이었다.

장칭에 대한 두 번째 재판이 속개됐다. 이날 재판에서 재판부는 장칭에게 문화대혁명의 과오에 대해 추궁했다. 재판이 시작되기 전에 미리 입정한 장칭은 옷매무새를 고친 뒤 의자에 앉았다. 그녀는 다른 피고들과 달리 당당한 태도로 꼿꼿하게 재판에 임하면서 재판부는 물론이고 화궈펑 총서기와 덩샤오핑을 비롯한 중국공산당 지도부를 당황시켰다.

장칭은 고개를 돌려 방청석을 둘러봤다. 그 순간 그녀는 자신을 뚫어지게 쳐다보던 한 여인과 시선이 마주쳤다. 놀랍게도 왕광메이였다. 노란색 스카프를 두른 채 초록색 정장을 차려입은 그녀는 장칭의 일거수일투족에 시선을 고정한 채 눈을 떼지 않았다. 몇 초 동안 두 여인의 시선이 맞부딪쳤다. 장칭은 곧바로 흔들리는 눈빛을 추슬렀고 고개를 돌렸다.

재판장이 심문을 시작했다. 장칭이 문혁 당시 왕광메이를 납치해서 홍위병 집회에 내세우는 등 숙청한 이유에 대한 재판이 진행됐다.

단란했던 류샤오치와 왕광메이 일가의 모습.

"피고 장칭은 왕광메이 동지가 미국인들을 위해 일하는 간첩이라
는 것을 어떻게 알게 되었습니까?"
"우리 정부 신문에서 그렇게 말했습니다."

장칭은 문혁에 대해서나 류샤오치와 왕광메이를 숙청한 사실
에 대해서나 모두 자신이 주도했다는 사실을 단 한 차례도 인정
하지 않았다.
재판부가 증거를 제시하면서 거듭 장칭의 책임을 추궁했다.
'문혁소조'가 류샤오치의 집을 수색해서 그들에게 불리한 자료
를 찾아내지 않았느냐며 그 문혁소조의 책임자가 장칭이었다는
점을 지적한 것이다. 그러자 장칭은 반박했다.

"그 가택수사가 무엇이 잘못되었다는 것입니까? 대답해보세요."

장칭은 자신의 집도 이번 재판에 앞서 역시 철저하게 수색했
을 것 아니냐며 당시 류샤오치의 집에 가서 가택 수색한 것은 당
연한 일을 했던 것이라고 항변했다.
장칭은 재판부가 자신을 반혁명의 수괴로 몰아붙이자 "너희가
처치하려는 것은 마오 주석이다. 우리 고향에 '개를 때리려면 주
인의 얼굴을 보라'는 말이 있다. 지금은 주인을 때리려는 거다.
나는 마오 주석의 한 마리 개였을 뿐이다. 마오 주석을 위해 나
는 너희를 때렸다. 나는 졸(卒)에 불과했다"며 자신의 책임을 모
두 마오 주석에게로 돌렸다.
장칭의 거침없는 항변을 왕광메이는 말없이 지켜봤다. 10년
간의 문화대혁명이라는 '광풍'도 그때는 이미 한순간의 일이 돼

마오쩌둥을 신격화한 영화 〈동방홍〉에서
마오쩌둥과 장칭의 역할을 맡은 탕궈창(唐國强)과 자오페이(趙飛).

버렸고 역사는 그 순간만을 기억하고 있었다.

마오 주석의 부인이었지만 '퍼스트레이디'로서는 대중의 공인을 받지 못했던 장칭은 퍼스트레이디를 넘어서는 꿈을 꿨다. 마오쩌둥이 꿈을 이뤘던 것처럼 그녀는 중국역사상 유일한 여성황제였던 '측천무후'를 뛰어넘는 제2의 여황제가 되겠다는 꿈을 향해 달려간 것이다. 그녀의 꿈은 애초부터 실현가능성이 없었다. 마오쩌둥이 사라진 시대에 황제의 부인은 더 이상 황제의 부인으로도 대접받을 수 없다는 사실을 그녀는 인식하지 못했던 것이다.

문혁 당시 장칭은 딸까지 내세워 류샤오치 부부를 괴롭혔다. 장칭의 딸 리나는 장칭의 지시에 따라 왕광메이와 류샤오치를 잡아 홍위병 집회에 다시 세웠다. 최고지도자들이 거주하는 중난하이까지 들이닥친 홍위병들은 '리나'의 감독 아래 류샤오치 부부에게 '제트비행기' 고문을 가하는 등 폭력을 가했다. 제트비행기 고문은 무릎을 꿇리고 두 팔을 뒤로 잡아 젖힌 채 고개는 아래로 숙이는 자세였다. 국가 주석의 지위를 박탈당하지도 않는 상태에서 어린 홍위병들에게 국가 주석이 집단적인 폭행을 당하는 것은 마오쩌둥의 재가 없이는 불가능했다.

사형이 예고되었던 왕광메이의 목숨을 살려준 것은 마오쩌둥이었다.

'미국의 간첩'이라는 혐의가 씌워진 왕광메이에게는 사형선고가 내려질 예정이었다. 그러나 마오쩌둥은 자신의 책상에 올라온 결재문건에 '죽이지는 말 것'이라는 메모를 적어서 사형선고

마오쩌둥과 장칭의 다정했던 한때.

마오쩌둥으로서는 양카이후이와 허쯔전(賀子珍)과의

불행했던 결혼생활을 청산하고 장칭과 가장 오랫동안 부부생활을 했다.

대신 무기징역을 내리도록 했다. 황제의 자리를 위협한 류샤오치에 대해서는 용서하지 않았던 마오쩌둥이었지만 왕광메이에 대한 장칭의 질투심에 대해서는 일말의 양심을 발휘한 것일까.

명예를 회복한 왕광메이는 정협위원과 상무위원회 위원 등을 맡았으나 정치활동에는 별다른 관심이 없었다. 수영과 산책으로 건강을 챙기던 그녀는 마오쩌둥 집안과의 공식적 화해를 위해서도 노력하는 모습을 보였다. 맏아들 류위안을 통해 마오쩌둥의 후손들과 저녁자리를 함께하면서 포용하는 대범한 자세를 보인 것이다.

동시대를 경쟁의식을 갖고 부대끼며 살아 온 두 퍼스트레이디는 한 시대를 풍미하고 세상을 떠났다. 장칭은 자살로 생을 마감했고, 왕광메이는 자신들의 가족을 파멸시키고 중국의 10년을 과거로 후퇴시킨 원한을 복수하지 않았다. 그녀는 2006년 10월 13일 중난하이와 가까운 병원에서 85세를 일기로 세상과 이별했다.

산둥성의 복잡한 가정에서 '수멍'이라는 아이로 태어난 장칭이 상하이의 배우 '란핑'을 거쳐 주석의 부인 '장칭'이 된 것은 스스로 자신의 운명을 개척한 것이라는 평가를 받고 있다. 그러나 주석의 부인이 되기에는 여러 조건이 맞지 않았던 그녀는 30년 동안 정치활동을 하지 않고, 자신의 모든 힘을 마오 주석을 보살피는 데 쏟아야 한다는 두 가지 조건 아래 마오와 결혼하는 데 성공했다. 그때 이런 조건을 제시한 것은 류샤오치와 저우언라이, 주더 등이었다. 장칭으로서는 그때의 수모를 되갚아 줄 기회를 노렸을 것이고 문화대혁명은 그 기회를 제공했다.

12. '인민을 위해 복무하라'

'인민을 위해 복무하라'

중국의 모든 정부기관과 관공서에는 어김없이 이 '인민을 위해 복무하라'(爲人民服務)라는 구호가 마오쩌둥이 쓴 글씨체 그대로 걸려있다.

마오의 시대에 중국공산당과 공공기관은 물론 모든 공산당원들은 인민을 위해 일을 해야 한다는 '복무' 자세를 강조한 정치슬로건이 '인민을 위해 복무하라'였다.

그러나 중국에서 외국인들이 자주 드나드는 파출소나 출입국관리소 등에서도 눈에 띄는 이 구호를 볼 때마다 현실과는 다소 동떨어져 있다는 느낌을 받곤 했다. 시민의식이 발달하고 시민사회가 성숙된 선진국에서는 강조하지 않아도 당연한 공무원의 복무자세가 중국공산당이 지배하는 중국이라는 사회를 생경하게 느껴지도록 해주는 순간들이었다.

요즘 거주신고를 하거나 비자를 갱신하기 위해 공안국에 가면 옛날과는 다소 분위기가 달라지긴 했지만 중국에서 공안(公安, 경찰)이나 공무원, 그리고 공산당원의 권위와 위세는 여전히 당당하다.

이 '인민을 위해 봉사하라'는 구호는 중국 공산당 당헌에 규정된 공산당원의 의무사항이기도 하다. "중국 공산당의 당원은 반드시 전심전력을 다해서 인민을 위해 봉사해야 한다. 개인 일체의 희생을 불사하고 공산주의의 실현을 위해 일생 분투해야 한다"고 분명하게 규정돼있다. 물론 공산당원은 이 같은 당원의 의무를 이행하는 동시에 특별한 혜택을 누릴 권리도 갖고 있다.

마오쩌둥 사상(마오이즘)의 하나로 간주되는 '인민을 위해 봉사하라'는 구호는 신중국 건국 직전인 1944년 옌안시절 마오쩌둥의 연설에서 나왔다. 1944년 중국공산당 중앙경비단에 소속된 장스더(張思德)라는 병사가 사고로 사망하자 마오 주석이 이 병사의 장례식과 추모대회에 참석했던 모양이다. 장스더는 1933년 홍군에 입대, 대장정에 참여해서 부상을 입은 혁명전사였다. 그는 산베이(陝北, 산시 북부지방) 안사이현(安塞縣)에서 석탄을 캐다가 굴이 무너지면서 사망했다.

> … 사람은 누구나 한 번 죽는 법이지만 죽음의 의의는 같지 않다. 중국의 문학가 사마천(司馬遷)은 '사람은 결국 한 번 죽지만, 죽음에는 태산보다 무거운 죽음이 있고, 털끝보다 가벼운 죽음도 있다'고 말했다. 인민의 이익을 위해 죽는다면 그것은 태산보다 무거운 죽음이고, '파쇼'를 위해 죽거나 인민을 착취하고 억압하는 자를 위해 죽는다면 그것은 털끝보다 가벼운 죽음일 것이다. 장스더 동지는

인민의 이익을 위해서 죽었으므로 그의 죽음은 태산보다 무겁다.

우리는 '인민을 위해 복무하는' 사람들이기 때문에 우리에게 잘 못이나 결함이 있을 때 남들이 비판하고 지적하는 것을 두려워하지 않는다. 누구나 우리(공산당)의 결함을 지적할 수 있다. 그 사람의 말이 옳기만 하다면 우리는 그의 말을 듣고 시정할 것이다. 그 사람이 말한 것이 인민에게 유익하다면 우리는 그 말을 따를 것이다.

(중략) 우리가 인민의 이익을 위해 그릇된 것을 시정하기만 한다면 우리의 대오는 반드시 성장 발전할 것이다.

우리는 하나의 공통된 혁명 목표를 위해 전국 각지로부터 모였다. 우리는 또 전국의 대다수 인민들과 함께 이 길을 걸어야 한다. 오늘 우리는 9천 1백만의 인구를 가진 근거지를 영도하고 있지만 이것만으로는 부족하며 더 확대시켜야 전 민족의 희망을 쟁취할 수 있다. 우리 동지들은 어려운 시기에 성과를 볼 줄 알아야 하고 광명을 내다볼 줄 알아야 하며 용기를 북돋아야 한다.

중국인민은 지금 어려움에 직면해 있다. 우리는 그들을 구원할 책임이 있다. 우리는 견고히 투쟁해야 한다. 투쟁하면 희생이 있으며 사람이 죽는 일이 생긴다. 그러나 인민의 이익을 생각하고 대다수 인민의 고통을 생각할 때 우리가 인민을 위해 죽는 것은 가치가 있는 죽음이다. 그렇지만 우리는 될 수 있는 한 불필요한 희생을 내지 말아야 한다. 간부들은 모든 전사들을 돌봐야 하며 혁명대오 내의 모든 사람들은 서로 돌보고 사랑하며 도와야 한다. … (하략).

석탄을 캐다가 사고로 사망한 한 병사의 죽음이었지만 마오쩌둥은 인민을 위해 희생한 고귀한 죽음으로 추켜세우면서 가치 있는 죽음으로 치부한 것이다.

이때부터 중국공산당은 모든 기관에 '인민을 위해 복무하라'는

후난성의 한 공장에 '인민을 위해 복무하라'는 구호가 내걸려 있다.
인민을 위해 복무하라는 마오쩌둥의 중요한 지침의 하나로
이후 덩샤오핑이 가장 중요한 것은 이것을 중시하는 것이라며
이것을 모든 것의 기본으로 삼아야 한다고 강조했다.

슬로건을 내걸기 시작했고 마오 사상(毛澤東思想)의 핵심 중 하나로 간주됐다.

덩샤오핑은 이후 '爲人民服務' 사상이 이론과 실천에 있는 것이 아니라며 "가장 중요한 것은 이것을 중시하는 것이다"라고 말했다.

개혁개방 이후 덩샤오핑은 인민이 만족하든 만족하지 않든 간에, 인민이 기뻐하든 기뻐하지 않든 간에, 인민이 찬성하든 찬성하지 않든 간에 '인민을 위해 봉사하라'는 원칙을 모든 일의 기본으로 삼아야 한다는 점을 거듭 강조했다. 중국공산당은 '인민을 위해 전심전력을 다해 봉사하라'를 공산당 당헌과 당장에 규정하고 각급 기관의 좌우명으로 삼도록 했다.

그러나 '爲人民服務' 사상으로 무장된 중국공산당이 지배하는 중국사회의 현실은 구호처럼 실현되지는 않는 모양이다.

중국의 대중소설가 옌롄커(閻連科)는 중국공산당의 좌우명이자 공산당원의 가슴을 격동시키는 혁명언어 '인민을 위해 복무하라'(爲人民服務)를 욕망이 가득한 한 편의 소설로 만들었다. 그의 소설〈인민을 위해 복무하라〉는 문화대혁명 시대를 배경으로, 어느 군부대에서 벌어진 남녀 간의 내밀한 사랑을 통해 마오쩌둥 사상의 핵심을 비아냥댔다.

제목으로 차용된〈인민을 위해 복무하라〉는 소설 속에서 가장 자주 등장하는 단어다. 이는 명백하게 마오쩌둥의 혁명언어 '인민을 위해 복무하라'에 대한 패러디이자 풍자였다. 2005년 중국 광저우에서 발간되는 한 문예지에 이 소설이 게재되자마자 중국 정부는 마오쩌둥 사상을 모욕했다는 이유로 이 잡지를 판매

'인민을 위해 복무하라'

문화대혁명 당시의 공연 모습.

금지 조치하고 전량 회수했다. 논란이 일면서 소설은 오히려 사람들의 호기심을 자극했다.

소설은 마오쩌둥 주석에 대한 숭배의식이 철저한 인민해방군의 '우다왕'(吳大旺)이라는 병사가 사단장의 전속 요리사로 사단장 관사에 배속되면서 전개된다. 사단장에게는 젊고 아리따운 '류롄'(劉蓮)이라는 아내가 있었다. 그녀는 젊은 우다왕을 지켜보다가 사단장이 장기 출장을 떠나자 그를 유혹한다. 그녀는 자신을 위해 일하는 것이 마오쩌둥 주석이 말하는 '인민을 위한 봉사'라면서 금기를 깨도록 유혹한다.

그녀의 요구는 마침내 위험수위를 넘어서고 그를 침대로 이끌 때마다 '인민을 위해 복무하는 것'이라고 강변한다. 마오 사상의 충실한 추종자인 우다왕은 어쩔 수 없이 사단장의 부인을 위해 최선의 봉사를 했고 그녀와의 육체적 사랑의 포로가 된다.

옌렌커의 '인민을 위해 봉사하라'는 마오쩌둥 사상의 핵심을 건드렸다는 점에서 주목을 받았다. 옌렌커는 인민을 위해 봉사하라는 구호가 사실은 마오쩌둥은 물론이고 당 간부들을 위한 정치적 슬로건에 지나지 않았다는 점을 이 소설을 통해 폭로한 것이다.

옌렌커 스스로 한국어판 서문을 통해 "〈인민을 위해 복무하라〉는 슬로건을 한 편의 소설이라는 형식을 통해 중국의 특수한 시대, 특수한 배경에서 일어났던 사랑이야기에 담아 전하고 있다. 그 시대는 혁명이라는 이름으로 세워진 영혼의 감옥이었지만 이런 감옥이 단지 중국인들에게만 있었던 것은 아니다. 과거에도 그랬고 현재에도 그렇고 미래에도 그렇겠지만 인간이 존재하는 한 권력이 존재할 수밖에 없고, 정치와 국가가 존재할 수밖에 없다. 그리고 이러한 영혼의 감옥은 필연적으로 견고한 담장을 갖추게 된다. (중략) 소설에 담겨 있는 모든 망설임과 타협과 배반도 자신이 처한 사회환경에 대한 우리 인간들의 어쩔 수 없는 흐느낌이자 반성일 것이다. 소설은 결코 비수도 아니고 총이나 수류탄도 아니다. 소설은 오히려 노래이거나 인간 정신의 교향곡이라 할 수 있다"라고 밝혔다.

마오쩌둥은 이 '인민을 위해 복무하라'는 정치슬로건을 제법 사랑했던 것 같다. 중국의 각급 기관의 가장 정면에는 어김없이 '인민을 위해 복무하라'는 구호가 걸려있다. 심지어 마오쩌둥은 물론 중국의 최고지도자들이 거주하는 중난하이에도 이 구호가 내걸렸다.

마오 주석은 자신이 직접 주황색 바탕에 흰 글씨로 '인민을 위해 복무하라'고 썼고, 이를 중난하이의 남쪽 출입구로 이용되던 신화문(新華門) 안쪽에 금박 글씨를 입힌 편액을 만들어 걸기까지 했다. 중난하이 내부에서 열리는 정기 '정치학습' 시간에 마오는 자기 자신보다 인민과 당을 위해 봉사하라는 교육을 시켰다.

옌롄커의 소설 속에서 '인민을 위해 복무하라'는 곧바로 욕망의 언어로 대체된다. 사단장의 아내 류롄은 '마오쩌둥 선집'을 들고서 속이 다 비치는 실크드레스를 입은 채 취사병 우다왕을 유혹한다.

그때마다 우다왕은 금기와 욕망 사이에서 망설인다.

중국인들은 마오쩌둥 상을 집안에 모시면 재물이 들어온다는 속설을 믿고 있다.
재물신 마오쩌둥은 욕망의 신이다.

"지금 위층으로 올라가는 것은 내가 하지 않으면 안 되는 일이 있기 때문이다. 혁명의 쇠사슬 가운데 한 고리가 위층에 있기 때문에 위층으로 올라가지 않을 수 없는 것이다."
"사단장님과 사단장님의 가정을 위해 복무하는 것이 바로 인민을 위해 복무하는 것과 같다는 뜻입니다."

그가 근무하는 부대의 지도원과 우다왕의 대화도 '인민을 위해 복무하라'는 슬로건을 희화화하고 있다.

"지도원 동지, 저는 천성이 남을 섬기는 것을 좋아합니다. 인민을 위해 복무하라는 말을 실천하는 것이지요."
"자네는 남을 섬기는 것이 정말 인민을 위한 복무라고 생각하나?"
"남을 섬기는 마음이 없다면 어떻게 인민을 위해 복무할 수 있겠습니까."
"인민을 위해 복무하기 위해 필요한 조건이 무엇인지 아나?"
"다른 사람을 자기 자신처럼 섬기는 것입니다."
"사람이 살아가는 의미가 뭐라고 생각하나?"
"인민을 위해 복무하는 사업 가운데 매일 빛을 발하는 것입니다. 자신의 모든 빛과 열정을 봉사가 필요한 사람들에게 베푸는 것이지요. 자신의 효심을 모두 부모님께 드리는 것과 같은 것입니다."
"좋아. 아주 훌륭하군, 대단히 구체적이고 실질적이야. 게다가 깊은 깨달음과 이상까지 담겨 있어. 이론과 실천을 하나로 결합한 점이 가장 훌륭하네."

이처럼 지도원 동지로부터 사상교육을 받은 우다왕은 다시 사단장 사택으로 되돌아온다. 갖은 유혹에도 머뭇거리는 우다왕을 향해 류롄은 정면으로 '爲人民服務'를 들이댄다.

"인민을 위해 어떻게 복무하겠다는 거지?"

"누님이 시키는 대로 다 하겠습니다."

상의를 벗어던지자 (우다왕의) 가슴에 '인민을 위해 복무하라'는 문구가 인쇄된 러닝셔츠가 드러났다.

그녀가 말했다.

"인민을 위해 복무해야지. 어서 벗어."

"정말 인민을 위해 복무하는군. 아주 잘했어."

마오쩌둥이 살아서 지배했던 그 시대나 죽어서 지배하는 시대나 여전히 '인민을 위해 복무하라'는 구호는 생생하게 살아있다. 옌롄커의 소설은 마오 시대에 대한 통쾌한 복수와 다름없다.

마오의 시대에 마오쩌둥은 중국 그 자체였다. 봉건시대의 황제보다 더 강한 그의 권위에 도전하거나 그와 다른 생각을 가진 사람들은 가차 없이 공격당하고 숙청당했다.

마오쩌둥은 중국의 중심이었고, 중국 인민의 구심점이었다. 그는 옳고 그름을 따지는 사람보다 무조건적 충성을 요구했다. 황제로서의 마오를 인정하는 사람들은 그의 권력을 공유할 수 있었다.

마오의 시대에 '인민을 위해 복무하라'는 말은 역설적으로 모든 인민이 오직 한 사람만을 위해 복무하라는 말로 대체할 수 있다. 마오쩌둥에게 충성을 다했던 사람은 살아남았고, 마오쩌둥으로부터 의심받은 사람은 어김없이 숙청당했다.

그러나 마오쩌둥 시대가 품고 있는 이데올로기를 굳이 알 필요도 없는 라오바이싱들은 오히려 한솥밥을 먹던 그 시대를 그리워하고 마오를 신으로 떠받들고 있다. '인민을 위해 복무하라'

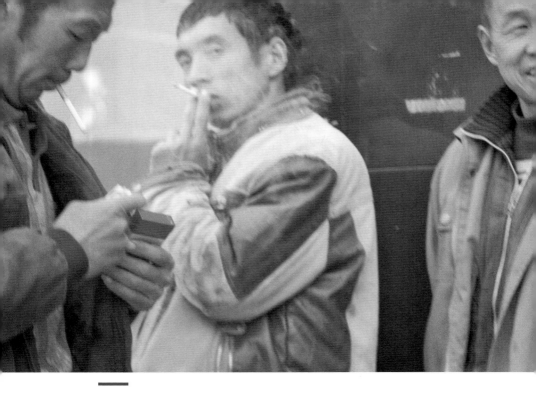

'인민을 위해 복무하라'

겨우 원바오를 해결한 농민공들에게

마오쩌둥의 정치구호 '인민을 위해 복무하라'는 어떤 의미로 받아들여질까.

는 구호는 마오 주석이 인민을 사랑하는 지도자였다는 이미지를 만들어주는 데 활용되고 있다.

마오쩌둥의 주치의를 지낸 리즈수이마저 "마오 주석의 메시지는 언제나 나를 자극했다. 내가 공산당에 입당하려고 애쓴 이유 중의 하나도 거기에 있었다"고 고백했다.

> 나는 마오의 주치의로 일하면서 마오는 모든 것의 구심점이며 보호해야 할 중요한 보물이라는 사실을 깨달았다. 모든 것이 마오를 위해 존재하는 것이다. 내가 왕둥싱(당시 경호실장)에게 '제1조'가 인민 봉사에 힘쓰지는 않고 모든 정력을 마오에게 퍼붓는다고 하자, 그는 '인민을 위한 봉사'란 추상적인 표현일 뿐이라고 말했다.
> "우리는 봉사해야 할 구체적 인물을 가져야 하오. 주석님에 대한 봉사는 곧 인민에 대한 봉사이지 않소? 당이 동지를 그 일에 배정했으니 당신은 당을 위해 일하고 있는 것이오."

이는 마오의 경호실장 왕둥싱(汪東興)의 말이다. 당이 리즈수이를 주치의에 배정했으니 마오 주석을 위해 일하는 것이 바로 인민을 위한 봉사라는 논리다.

> 그는 중국을 인도하는 별이며, 중국의 구세주이며, 최고봉이자 우리 모두의 지도자라고 믿었다. 나는 중국이 하나의 대가족이라고 생각했고, 우리는 가장이 한 사람 필요하다고 믿었다. 바로 마오 주석이 가장이었다. 나는 그에게 봉사할 것이며 그를 통해 중국 인민들에게 봉사할 것을 다짐했다.

3부

인민들은 마오 주석의 초상화를 집안 곳곳에 붙이고

마오 주석 메달을 차에 달아놓거나

마오 주석 배지를 옷깃에 단다.

붉은 별

그것은 마오 주석을 재물신 '관운장'과 함께 제단에 모셔놓고

날마다 부자가 되게 해달라고 기도하는 것과 다를 바 없다.

아니 마오 주석은 관운장의 권능을 능가한다.

마오쩌둥은 이미 神이다.

13. 문혁의 상처 위에 핀 연꽃마을, 부용진

문화대혁명이 소멸된 지 10년 후인 1986년.

한 편의 영화가 탄생했다. 영화 〈부용진〉〔감독 씨에진(謝晉)〕
은 '문혁'에 대한 아픈 상처의 기억을 되살려냈다.

〈부용진〉의 주 무대가 된 왕촌(王村)이 마오쩌둥 주석의 고향
인 후난이라는 사실은 죽은 마오 주석을 향한 문화예술인들의 통
렬한 반격이자 쓰디쓴 반성과 다름없었다. 문혁의 최대 피해자는
문화예술계 등 지식인사회였다.

물안개가 피어오르는 요우쉐이허(酉水河)의 아름다운 연꽃마
을 왕촌은 영화가 유명해진 후 '부용진'으로 불리고 있다. 부용
진은 영화의 무대인 왕촌이면서 동시에 후난성, 더 나아가 중국
대륙 전역을 상징하는, 현실에 존재하는 '그곳'이다. 문화대혁명
은 작은 마을 왕촌에서만 벌어진 일이 아니라 후난성은 물론이
고, 중국 전역에서 모든 인민을 대상으로 자행된 참극이었기 때
문이다.

한때 '부용국'(연꽃나라)으로도 불렸던 후난성 '부용진'은
원래는 '왕촌'으로 불렸던 투자족 마을이었다.
영화 〈부용진〉의 주 무대가 된 왕촌은 이제 아예 마을이름을 부용진으로 바꿨다.

또한 '부용진'이 후난성을 지칭하는 오래된, 또 다른 표현의 하나라는 점에서도 마오 주석의 과오를 간접적으로나마 공격하겠다는 감독의 의도도 엿볼 수 있다. 후난성은 '한당'(漢唐) 시대 이래로 지천으로 연꽃이 피어 '부용국'(芙蓉國)이라는 이름으로도 불렸다. 마오쩌둥의 시(詩)에서도 "芙蓉國里盡朝暉"(부용국 내의 찬란한 아침햇살…)라는 시구를 찾아볼 수 있을 정도로 후난성은 연꽃이 아름다운 곳으로 이름났다.

〈부용진〉은 중국인들이 떠올리기 싫어하는 광기 어린 홍위병의 준동 등 '문혁의 아픈 기억'을 생생하게 되살려내는 데 성공했다. 〈부용진〉이후 장이머우(張藝謀) 감독의 〈인생〉, 티엔주앙주앙(田壯壯) 감독의 〈푸른 연〉, 〈부용진〉의 주연배우이기도 한 장원 감독의 〈햇빛 찬란한 날들〉(陽光燦爛的日子) 등 문화대혁명을 소재로 한 영화가 잇달아 나오면서 '문혁'이 새롭게 조명되고 있다.

무엇보다 문혁을 빙자한 정치권력의 무자비한 폭력성과 수많은 인민들의 희생을 고발한 영화를 다른 지역도 아닌 마오 주석의 고향인 후난성에서 찍었다는 것은 씨에진 감독을 비롯한 문화예술인들이 감당해야 했던 그 시대의 무게와 고통이 얼마나 컸는가를 역설적으로 설명한다.

영화 〈부용진〉은 우리나라가 중국과 수교하기 3년여 전인 1989년 첫 수입된 중국영화라는 점에서 화제를 모아, 당시 영화가 개봉된 호암아트홀은 영화를 보려는 관객들로 장사진을 치기도 했다.

이곳, 부용진은 위로는 쓰촨성과 구이저우성에 닿고 아래로는

부용진의 중심거리인 스판지에에 있는 쌀두부집 전경.
영화의 주 무대였던 이곳은 이후에 아예 부용진의 여주인공 이름을 따서
'류샤오칭 쌀두부집'으로 이름을 바꿨다.

둥팅호(洞庭湖)에 이르는 요우쉐이허(酉水河)의 요충지에 위치한 마을로 요우양현(酉陽縣)의 가장 이름난 교역중심지로 2천여 년 전부터 이름이 높았다. 또 후난성 북서지방인 '샹시'(湘西)의 4대 아름다운 옛마을의 하나로 꼽힐 정도로 풍광이 뛰어난 곳이다.

부용진의 옛 중심거리인 '석판가'(石板街)는 가장 번성했던 청 말 건륭제 때 상점수가 500여 개에 이르렀을 정도로 일대에서는 가장 화려했던 장터였다. 그러나 몇 년 전 이 요우쉐이허에 부용진 대교가 건설되면서 이곳으로 이어지는 교통사정이 좋아졌지만 오히려 물길로 이어지는 교통은 쇠퇴하고 말았다.

무엇보다 부용진은 원래의 '왕촌'이라는 지명에서 짐작할 수 있듯이 투쓰국(土司國)이라는 왕국의 수도였다. 지금은 중국의 한 소수민족의 하나가 돼 버린 투자족(土家族)들이 수천 년 전부터 터전을 잡고 모여 살던 곳이 장자졔(張家界)와 가까운 이곳 부용진 등 샹시지역이다. 후난성에서 유일한 소수민족 자치주인 '샹시투자족먀오족자치주'(湘西土家族苗族自治州)가 있는 곳도 이곳이다.

당나라 멸망 후 다섯 왕조가 흥망을 거듭하고 10개국이 할거하던 군웅할거의 혼란기였던 '5代10國'(907년~979년) 시대 때부터 투자족의 세력이 강성해져서 '투쓰국'을 건설, 투쓰왕(土司王)이 청나라 시대까지 존속했던 곳이기도 하다. 그때부터 이곳은 투쓰왕이 다스리는 마을이라는 의미에서 한족(漢族)들이 '왕촌'으로 불렀다고 한다.

이 같은 소수민족 투자족의 역사는 부용진에 남아있는 '계주동주'(溪州銅柱)라는 구리기둥에 잘 기록돼 있다. 투자족 역사 연구

왕촌은 투자족의 왕 투쓰왕의 기거하던 행궁이 있던 곳이었다.
전통 민속공연을 하던 투자족 공연단이 포즈를 취하고 있다.

에 귀중한 자료로 활용되는 계주동주에 따르면 939년 계주 부용진은 왕촌이라고 불리기 전인 한고조 때 우링군(武陵郡)을 설치했고 이곳이 우링군 요우양현의 현청이 있던 곳이었으며 이후에 요우쉐이허의 계곡이라는 뜻에서 계주(溪州)라고도 불렸다.

이후 계주자사(溪州刺史) 펑스초우(彭士愁, 투쓰왕이다)가 초나라가 계주에 과도한 세금을 부과하자 견디지 못하고 초나라를 공격했다. 이에 계주와 초나라 간에 격렬한 전쟁이 벌어졌다. 이 전쟁은 참혹한 살육전 양상을 보였는데 이를 계주동주는 '계주전쟁'으로 기록하고 있다.

초왕은 요우쉐이허을 경계로 배를 탄 채 뒤로 물러섰고 투쓰왕이자 계주자사 펑스초우는 왕촌의 고지로 퇴각한 채 대치했다. 양측간에 휴전협약이 맺어졌다. 초왕은 계주에 대한 세금을 면제하고 자치권을 인정했다. 이 같은 내용이 계주동주에 새겨져 있다.

그때부터 투쓰국은 송, 원, 명, 청에 이르기까지 중원의 주인이 교체되는 역사에도 불구하고 800여 년에 걸쳐 투쓰왕이 통치하는 평화의 시대를 구가했다.

지금 이 부용진에 살고 있는 2만 3천여 명의 주민 가운데 80%가 투자족일 정도로 부용진은 여전히 투자족 전통을 이어가고 있다.

'酒滿茶半'(술은 가득 따르고, 차는 반만 따르라).

석판가를 안내하던 투자족 아낙네 왕쉐이자오(王水棗)는 손님을 환대하는 투자족 풍습을 설명하면서 술을 가득 따랐다.

투자족 전통을 따라 살고 있는 왕쉐이자오.
부용진은 800여 년 동안 왕국을 이어온 투자족들의 삶의 터전이었다.

술은 무조건 가득 따라야 해요. 이는 술을 가득 따르지 않으면 그
것은 손님에게 예의를 지키지 않는 것이고 온 정성을 쏟지 않는다
는 뜻입니다. 하지만 차는 반만 따라야 합니다. 가득 따라서는 안
돼요. 차를 가득 따르는 것은 손님이 빨리 떠나기를 바란다는 뜻입
니다. 그래서 차는 반드시 반만 채우고 술은 가득 채웁니다. 어서
드세요.

왕쉐이자오는 투자족 전통술인 '미주'(米酒)를 연거푸 따랐다.
그녀를 따라 거리 이곳저곳을 돌아다니다가 달콤하면서 고소한
냄새에 발을 멈췄다. '무췌이수'(木錘酥)였다. 엿과 땅콩 생강 등
을 버무려서 나무망치로 쳐서 만든 엿으로 투자족뿐만 아니라
인근의 먀오족(苗族)도 즐겨 먹는 간식거리다.

지금은 관광객들을 상대로 파는 관광상품이지만, 무췌이수는 투
자족 처녀들이 시집갈 때 가지고 가는 결혼축하사탕(喜糖)이었어
요. 시부모가 신부에게 달콤한 결혼생활을 하라는 뜻으로 준 선물
이었어요.

대부분의 중국 소수민족의 풍습이 그렇듯이 이들 투자족도 노
래와 춤에 능했다. 투자족 청년 천싱윈(陳星云)은 "좋은 아내를 맞
으려면 노래를 잘 불러야 합니다. 남들보다 노래를 더 잘해야 더
예쁘고 일 잘하는 아가씨를 아내로 맞이할 수 있다"고 말했다.
투자족의 풍습 중에서 '쿠쟈'(哭嫁)라는 것이 있다. 이는 결혼
을 하는 신부가 울면서 노래를 하는 독특한 풍습이다. 그저 훌쩍
거리면서 울거나 눈물을 흘리는 정도가 아니라 상(喪)을 당한 상
주(喪主)처럼 엉엉 울면서 곡(哭)을 하면서 노래한다. 이는 울음

부용진의 전통시장에서 투자족들이 바구니를 지고 시장을 보고 있다.

을 빌려 결혼을 앞둔 신부의 오묘한 감정을 표현하는 풍습으로, 투자족 소녀들은 '쿠쟈를 잘하는 신부가 지혜로운 신부'로 인정받기 때문에 아예 12~13살 때부터 쿠쟈를 배우기 시작한다. 노래 가사는 오래전부터 내려오는 가사도 있고 결혼생활의 고달픔을 표현하기도 하고 혹은 신부가 스스로 가사를 창작하여 부르기도 한다.

이밖에 투자족은 설날(春節)을 하루 앞당겨 쇠는 풍습도 있다. 제24대 투쓰왕 '펑이난'(彭翼南)이 명나라 조정의 긴급한 구원요청을 받고 출병하게 된다. 당시 19세에 불과했던 어린 투쓰왕은 설날을 앞두고 있었지만 전황이 워낙 급하고 갈 길이 멀어 설날 하루 전 미리 설을 쇠고 출병했다. 출병한 3천 명의 군대가 1천 9백여 왜구의 수급을 베는 전과를 올리고 귀향하자 그 후부터 이곳 우링산(武陵山) 지역 투자족들은 설날 하루 전에 설을 쇠는 풍습을 오늘날까지 이어오고 있다.

부용진에 거주하는 투자족은 2만여 명에 불과하다. 그러나 전체 투자족 인구는 약 8백여만 명(2007년 기준)으로 중국내 155개 소수민족 중에서도 인구가 많은 10대 소수민족의 하나로 꼽히고 있다. 이들은 후난성 북서쪽에 위치한 이곳 샹시투자족먀오족자치주를 중심으로 인근의 충칭과 구이저우 후베이성에 집중적으로 거주하고 있다.

영화 〈부용진〉은 수천만 명의 인민들을 희생시킨 '대약진운동'의 후유증이 채 가시지 않은 가운데 문화대혁명이 발발하기 직전인 1963년부터 1980년까지 후난성 부용진이라는 작은 마을에서 벌어진 일련의 정치운동에 휩쓸린 인간 군상들의 모습을 담담하게 그렸다.

영화는 여주인공 류샤오칭(劉曉慶)이 새벽부터 남편과 함께 쌀두부(米豆腐, 미또우푸)를 만드는 장면부터 시작된다.

쌀두부는 투자족의 전통 먹거리인데 영화 속 여주인공의 쌀두부가게는 현실의 부용진에서도 석판가 그 자리에서 '류샤오칭네 쌀두부집'이라는 간판으로 성업 중이다. 부용진에 온 관광객들이 반드시 맛보는 대표적인 투자족의 먹거리다. 영화 속 그 자리 외에도 이 거리에는 대여섯 곳의 쌀두부 식당이 자리 잡고 '원조'를 자처하는 풍경도 이색적이다.

이 류샤오칭 쌀두부식당에서 맛본 쌀두부는 우리가 늘 먹는 두부라기보다는 '묵'이라고 하는 편이 더 맞다. 류샤오칭이 영화에서 만들어 파는 쌀두부와 전통적으로 만들어먹던 쌀두부는 죽을 쒀서 두부처럼 만들어 손가락 한 마디만 하고 네모나게 자른 형태였지만 요즘 관광객들을 상대로 파는 쌀두부는 강원도에서 먹는 올챙이국수 같은 모양새였다.

실제로 쌀두부 만드는 과정을 지켜보니 우선 깨끗이 씻은 쌀을 불려뒀다가 파 등 야채와 함께 맷돌에 갈아 죽으로 끓였다. 이 죽을 타지 않도록 계속 저으면서 완전히 익힌 후 손가락마디 하나 통과할 정도로 구멍을 뚫어놓은 발에 넣어 올챙이국수처럼 통과시켜서 찬물에서 식히면 미또우푸가 완성된다.

이를 적당히 그릇에 담아서 매운맛을 좋아하는 후난 사람의 입맛에 맞게 파와 식초 고춧가루 등을 듬뿍 얹고 돼지고기 고명과 무채를 넣어서 내놓는 것이 부용진의 미또우푸였다.

영화 부용진의 여주인공 류샤오칭이 만들어 팔던 쌀두부는
투자족의 전통먹거리이다.

실제로 이 미또우푸는 단숨에 대여섯 그릇을 먹을 수 있을 정도로 맛깔스러웠고 가격도 3위안에 불과할 정도로 쌌다. 미또우푸를 먹는 중국사람들은 투자족의 별미 먹거리를 먹는 것이 아니라 영화 〈부용진〉 속 류샤오칭이 만들어내던 '문혁'의 쓰디쓴 상처를 맛보는 것 같았다. 이들은 쌀두부를 먹으면서 영화 속 문혁의 기억을 끄집어내고 그들의 어린 시절과 앞세대의 고통을 되새김질하고 있었다.

마오쩌둥이 좋아하던 말인 '츠쿠'의 경험을 공유하는 것이다. 문혁의 기억마저 불티나게 팔고 사는 것이 오늘의 중국이라는 생각이 새삼 들었다.

류샤오칭이 연기한 여주인공 후위인(胡玉音)은 불티나게 팔리는 쌀두부로 가게를 새로 열어 열심히 돈을 번다. 그 모습을 국영상점의 간부 리궈샹(李國香)이 지켜보고 있다.

리궈샹은 문혁이 발발하자 당 간부로 돌아와 후위인의 가게로 찾아가 가게의 수입이 지나치게 많다며 비판대회를 열어 마을 사람들 앞에서 자본주의자의 길을 가는 사람이 있다고 경고한다. 이 장면은 문혁 당시 마오 주석이 '수정주의자의 길을 가고 있다며 류샤오치 주석을 주자파라고 공격하는 장면과 겹쳐진다. 주자파의 수괴로 몰린 류샤오치는 마오 주석이 '사령부를 포격하라'며 직격탄을 날리자 홍위병의 공격을 받아 갖은 수모를 당한 끝에 숙청돼서 비참한 최후를 맞았다. 부용진에서도 후위인의 남편 역시 류샤오치처럼 죽었다.

'주자파'로 몰린 후위인은 새벽마다 빗자루를 들고 거리를 청소하는 신세로 전락했다. 이때 그녀 곁에는 오래전부터 우파분

영화 〈부용진〉은 마오쩌둥의 고향 후난을 배경으로 촬영했다는 점에서도
문화대혁명에 대한 신랄한 비난이었다.

자로 낙인찍혀서 청소부로 일하던 친슈티엔〔秦書田, 장원 감독이 배우로서 출연했다〕이 있었다. 동병상련의 고통을 함께하던 두 청소부는 점점 가까워진다. 어느 날 새벽, 후위인이 청소하러 나오지 않자 후위인의 집에 찾아간 친슈티엔은 그녀가 병이 난 것을 알고 간호하면서 본격적으로 사랑하는 사이로 발전한다.

이후 두 사람은 '빗자루 춤'을 함께 추면서 새벽 청소도 즐겁게 하는 방법을 터득한다.

"하나둘셋, 하나둘셋. 한 번 해봐요."
"하나둘셋, 둘둘셋, 셋둘셋…."
"아주 잘하는데요…."

새벽공기를 가르며 경쾌하게 발을 맞춘 두 사람의 '빗자루춤'이 부용진의 아침을 깨운다. 이는 문혁이라는 거대한 역사의 수렁에 빠진 가운데서도 절망하지 않고 새로운 희망을 찾아 나선 중국인민의 강한 의지를 상징하는 몸짓이다.

문혁은 이들의 순수한 사랑도 허락하지 않는다. 친슈티엔이 후위인과의 연애사실을 당에 보고하고 결혼을 승인해줄 것을 요청한다. 그러나 당 간부는 "관계는 했는지? 몇 번이나 관계를 가졌느냐"며 성희롱을 하는데도 친슈티엔은 "독신끼리 지내다 보니 자연스럽게 정이 들었습니다. 감히 어떻게 그렇게 하겠습니까. 당의 허락이 있어야 하는 것이 아닌가요"라며 극구 부인한다.

당 간부는 단호하게 반동분자들끼리의 결혼은 안 된다며 이들의 결혼을 반대했다. 이에 친슈티엔이 관계를 시인하자 당 간부

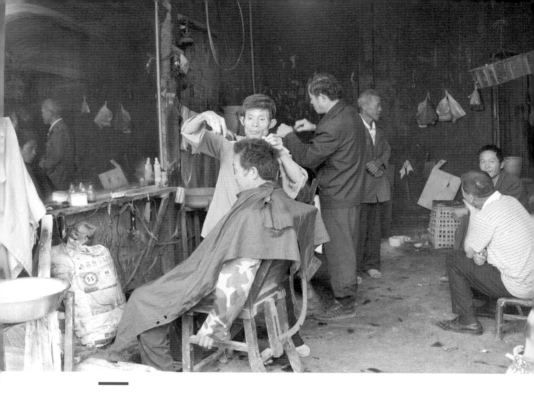

부용진은 여전히 투자족이 전통을 이어가고 있는 마을이다.

오래된 이발소는 아침부터 붐볐다.

는 '한 쌍의 개부부'라는 치욕스러운 문패를 집에 붙일 것을 명령한다.

친슈티엔은 표어를 붙이면서도 당의 허락을 받았다는 사실에 만족해 하지만 이들이 조촐하게 식을 올리고 결혼음식을 나눠먹으려고 할 때 마을사람들이 찾아와서 이들을 인민재판에 회부한다.

빗속에서 인민재판이 열리자 친슈티엔은 징역 10년 교화형, 후위인은 3년형에 처해졌다. 그는 후위인에게 "살아남아야 한다. 반드시 살아남아야 한다"고 당부한다.

문혁이 끝나고 감옥에서 풀려난 친슈티엔이 부용진에 돌아와 부부가 함께 쌀두부식당을 여는 것으로 영화는 마무리된다.

부용진은 문혁이 평범한 인민들의 삶을 어떻게 파괴했는가를 적나라하게 드러내면서 광기 어린 문혁을 이끈 당시 중국공산당과 지도부를 통렬하게 비판했다.

영화 〈부용진〉의 원작 작가 구화(古華) 역시 후난성 출신으로 후난성 작가협회 부주석을 지냈다. 소설 〈부용진〉으로 제1회 마오둔(茅盾) 문학상을 수상하기도 했다. 이 〈부용진〉에 친슈티엔으로 출연한 장원은 이후 1994년 아이들의 눈으로 문혁을 반추한 〈햇빛 찬란한 날들〉이라는 영화를 직접 연출하기도 했다.

영화 개봉 후 6년이 지난 2002년 씨에진 감독과 장원, 류샤오칭 등 주연배우와 스태프 등이 한꺼번에 이곳 부용진을 다시 찾아 성대한 잔치를 벌이기도 했다.

문화대혁명(1966~1976)의 발발 원인에 대해서는 문혁이 끝난 지 40여 년이 다 돼가는 지금도 논란이 가시지 않고 있다.

덩샤오핑이 건재하던 1981년 중국 공산당은 제 11기 6중 전회를 통해 "문화대혁명이 건국 이래로 당과 국가, 인민에게 가장 심각한 좌절과 손해를 안겨준 것은 마오쩌둥 동지의 문화대혁명 주창이 중국의 현실에 들어맞지 않음을 증명했다"고 문혁의 과오와 오류에 대한 당의 입장을 공식적으로 밝혔다. 그러면서도 마오쩌둥의 건국 공로는 높이 평가했다. '건국유공, 통치과오'라는 것이다.

마오쩌둥의 주치의 리즈수이는 자신의 저서 《마오쩌둥의 사생활》을 통해, 문혁 발발 초기 류샤오치가 대학생들의 홍위병 활동을 저지한 것에 대해 자아비판을 하려고 마련된 회의에 마오쩌둥이 몰래 나타나서는, '문혁의 진짜 의도가 무엇인지' 메시지를 던진 점에 주목했다.

마오쩌둥은 무대 뒤에서 류샤오치가 연설하는 것을 지켜봤다. 류샤오치가 자기가 잘못한 것은 하나도 없다고 변명하면서 "다만 문혁소조의 동료들이 '새로운 문제에 직면한 노혁명가들'로 구성되었기 때문에 프롤레타리아 문화대혁명을 어떻게 수행할 것인지를 제대로 이해하지 못해서 생겨난 일"이라고 얼버무렸다. 그 순간 갑자기 회의장에 나타나서는 "뭐, 노혁명가라고? 예전에는 반혁명가들이 그런 말을 즐겨 썼지"라고 류샤오치를 정면에서 공격했다.

마오쩌둥은 이 자리에서 류샤오치와 덩샤오핑을 반혁명가로 분명하게 규정했고, 문화대혁명은 이들을 제거하기 위한 대중운동이라는 사실을 솔직하게 밝혔다.

마오는 무대 뒤에 있다가 '혁명적인 대중을 지원하겠다'며 장막을 걸고 모습을 드러냈다. 그리고는 '마오 주석 만세'를 외치는 학생들을 향해 손을 흔들면서 회의를 주재하던 류샤오치와 덩샤오핑에게는 눈길 한 번 주지 않았다. 대중은 마오의 이런 의도를 즉각 간파했다.

그로부터 10여 일이 지난 1966년 8월 10일. 마오는 중난하이 서문에서 처음으로 홍위병 무리들을 만났다. 그때부터 마오쩌둥은 톈안먼 광장에서 전 중국에서 몰려든 홍위병들을 8번이나 사열했다.

마오의 목적은 분명했다. 사리분별이 떨어지는 학생들을 선동, 류샤오치와 덩샤오핑 등 자신의 정적들을 축출하려는 것이었다.

마오의 행동과 말은 이중적이었다. 같은 시기인 8월 1일부터 12일까지 개최된 중국공산당 제8차 11중 전회에서 마오는 "하나의 정당만 존재한다면 절대 군주제 사회나 다름없다. 내부의 파벌이 존재하지 않는 당 또한 이상한 것"이라고 했다. 마치 자기와 의견을 달리하는 사람들을 기꺼이 '용납'하겠다는 것처럼 보였다. 또한 "사람들이 실수를 저지르는 것은 당연한 일"이라고 하면서 "그들의 실수를 올바로 잡아주도록 우리 모두 노력해야 한다"고도 말하는 등 류샤오치 등의 과오를 이해하는 듯한 태도였다.

리즈수이의 증언은 이어진다.

마오의 이러한 말들은 속임수에 지나지 않았다. 마오는 자기 견해에 반대하는 분파를 조금도 용납하지 않았다. 그리고 자기와 다른

국가 주석 류샤오치가 중난하이에서 홍위병들에게
마오쩌둥 어록으로 머리를 얻어맞는 등 수모를 당하고 있다.
마오의 재가 없이는 있을 수 없는 일이 벌어졌다.

입장을 보인 사람들을 용서하지도 않았다. 이전에도 그의 뜻에 반대하거나 비난했던 사람들은 모두가 가차 없이 숙청되었다.

대장정 과정에서 장궈타이(張國泰)가 숙청당했고 옌안에 정착할 때 걸림돌이라고 인식되던 류즈단(劉志丹) 또한 희생됐다. 펑더화이도 숙청당했고 마오와 의견을 달리하는 사람들은 철저하게 파멸됐다.

'석자 두께의 얼음이 어는 데는 많은 세월이 걸린다'는 중국 속담처럼 '문혁'이 일어나기까지는 적잖은 시간이 필요했다. 마오는 10여 년 동안 차근차근 자신의 권력을 위협할 수 있는 잠재적 정적들을 제거하기 위해 하나씩 준비했다.

문혁의 최종 타깃이었던 류샤오치는 마오쩌둥이 자신을 숙청하기 위해 철저하게 준비하고 있었다는 사실을 전혀 알아채지 못했다. 특히 문혁을 일으키기 직전인 6월 20일부터 10여 일 동안 마오쩌둥이 샤오산에 있는 비밀별장 디슈이동에 칩거하면서 문혁소조의 활동과 류샤오치를 비롯한 당 지도부의 반격 등 베이징의 정치투쟁 상황을 실시간으로 보고받고 있다는 것을 눈치채지 못했다. 아니 알고 있었더라도 적절한 대응을 할 수는 없었을 것이다.

마오는 중국공산당에 이어 신중국의 '주석'이 되기까지 고비마다 '피의 숙청'을 마다하지 않았다. 마오 주석의 '권력본능'은 무소불위의 권력을 장악하고 나서도 공포정치를 통해 2인자를 끊임없이 주눅 들게 하는 방식으로 길들이는 것이었다.

그가 꿈꿨던 '신중국'이란 그가 황제가 되는 꿈과 다름 아니다.

1966년 11월 3일 톈안먼 광장 성루에 올라
홍위병들을 사열하고 있는 마오쩌둥 주석.

'부용진'은 마오쩌둥이 건설한 신중국의 축소판이다. 부용진은 왕촌이면서 후난성이고 더 나아가 중국 대륙의 축소판이었다.

중국 전역에서 10년 동안 자행된 문혁의 상처를 후난성을 무대로 드러냄으로써 역사와의 화해를 시도하는 동시에 문혁의 최종 책임이 마오쩌둥에게 있다는 것을 우회적으로 표현한 것으로 해석된다. 그러나 영화 〈부용진〉에서는 마오 주석에 대한 비난이 전혀 없다. 이 영화가 제작된 1986년 당시의 중국 상황이 문혁에 대한 마오 주석 책임론을 제기할 만큼 성숙되지 않은 것도 한 요인이었을 것이다.

부용진의 이른 새벽은 운무(雲霧)의 바다에 휩싸여 바다 위에 떠 있는 섬과 같다. 새벽을 가르는 쓱싹거리는 청소부의 빗자루질 소리와 '하나, 둘, 셋' 하는 구령에 맞춘 빗자루춤을 볼 수도 있을 법하지만 부용진의 골목길은 고즈넉하기만 하다.

부용진 혹은 왕촌이라는 작은 마을을 통해 문혁이 남기고 간 회복할 수 없는 라오바이싱의 상처를 되짚어보고, 다시는 공산주의와 수정주의 혹은 자본주의자(주자파)라는 식의 편 가르기와 이념대결로 인해 인간성을 파괴시키는 비극을 되풀이하지 않는 지혜를 배웠으면 좋겠다.

14. 지상의 무릉도원, 장자제

끝없는 구름 위에 펼쳐지는 수천여 개 봉우리들이 이뤄내는 대자연의 아름다움.

장자제는 '중국 산수화의 원본'이라고 일컬어질 정도로 아름다운 선경(仙境)을 자랑하는 전설 속의 '무릉도원'(武陵桃源)의 원형을 보여준다.

장자제는 후난성 서북쪽 변경지역에 위치해 있는데 1992년 유네스코 세계자연유산으로 등재됐고, 그에 앞선 1982년 중국 국무원이 중국 최초의 국가삼림공원으로 지정했다. 장자제는 이 '장자제 국가삼림공원'과 톈쯔산(天子山) 풍경구, 쒀시위(索溪峪) 자연보호구역, 양자제(楊家界) 등 4대 지역을 아우르는 명칭으로 톈먼산(天門山), 마오옌허(茅巖河) 등을 모두 포함하고 있다.

특히 장자제는 2010년 세계 최초의 3D영화 〈아바타〉(Avatar)의 촬영지로 알려지면서 신비스러운 자연풍경이 더욱 더 유명해지기도 했다. 그래서 장자제 입구에서는 물론 실제 영화의 배경

장자제 우링위안의 풍경

이 된 봉우리 '난톈이주'(南天一柱) 앞에도 영화 속에 나오는 '시조새'의 모형을 설치해두고 관광자원으로 활용하고 있었다. 특히 영화가 돌풍을 일으킨 2010년 당시 이 봉우리를 영화 속의 '할렐루야 산'으로 개명하자, 이를 둘러싸고 네티즌 사이에 반론이 제기되는 등 논란이 빚어지기도 했다.

장자제 곳곳을 다니면서 실제로 구름 위에 뜬 기암괴석과 봉우리들을 바라보노라면 영화 속 한 장면에 들어와 있는 듯한 느낌을 받았다.

장자제는 '장 씨의 땅'이라는 뜻으로 한고조 유방을 도와 한나라를 세우는 데 공을 세운 장량(張良, 장자방)이 유방의 토사구팽(兎死狗烹)을 피해서 도망친 곳이다. 자방은 항우와의 결전을 치른 해하 전투에서 옥피리로 슬픈 곡조를 불어 항우의 정예군 8천여 명이 모두 고향으로 돌아가도록 하는 심리전을 벌이기도 한 책사였다. 유방은 이런 장량에게 3만 호의 식읍을 내리며 예우했으나 장량은 이를 사양하고 병을 핑계로 낙향했다. 장량은 이곳에 와서 이 땅의 주인인 투자족들에게 수차를 만들어주는 등의 노력으로 이들의 반발을 누그러뜨리고 신임을 받았다. 장량은 유방이 토사구팽에 나설 것이라는 걸 알고 있었다.

이후 소하와 한신을 죽인 유방의 부인 여후(呂后)는 장량마저 없애겠다는 생각에서 장량이 장차 반역을 꾀하고 있다고 모함해서 군사를 몰아 정벌에 나섰다. 그러나 장량은 유방의 군대를 맞아 투자족들을 규합하여 장자제의 황석채에서 49일을 버티면서 저항하는 데 성공했다고 한다. 이후 이곳의 지명이 '장자제'가 된 것이다.

장자제는 3D영화 아바타의 실제 배경이기도 했다.

이런 장자제의 지명의 유래도 그렇거니와 장자제는 우링위안원(武陵園), 혹은 무릉도원으로도 불리고 있다. 이는 도연명의 〈도화원기〉에 나오는 무릉도원이 바로 이곳이라는 이야기와 통한다. 도화원기는 동진(東晋)의 태원(太元, 376~396) 때 우링(武陵)에 사는 한 어부가 배를 타고 가다가 타오화린(桃花林) 속에서 길을 잃었는데 이 어부는 배에서 내려 산 속의 동굴을 따라 들어갔다. 그는 마침내 아주 천상의 풍경 같은 곳에 도달했는데 그곳은 논밭과 연못이 모두 아름답고 닭소리와 개 짖는 소리가 한가로우며 남녀가 모두 외계인과 같은 옷을 입고 즐겁게 살고 있었다. 그들은 진나라의 전란을 피해 그곳까지 온 사람들이었다. 수백 년 동안 세상과 접촉을 끊고 살고 있는 별천지 같은 곳이었다. 어부는 융숭한 대접을 받고 돌아오면서 그곳의 이야기를 절대 입 밖에 내지 말라는 당부를 받았다. 하지만 어부는 이 당부를 어기고 돌아오는 도중에 표시를 해 두었다. 그러나 다시는 돌아갈 수가 없었다는 그곳이 〈도화원기〉 속의 무릉도원이다.

그 〈도화원기〉 속의 무릉도원처럼 천상에서나 있을 법한 기암괴석과 원시림으로 가득 찬 자연을 간직한 장자제는 사실 고대에는 물론이고 20세기 들어와서도 대중에 전혀 알려지지 않은 천하절경이자 비밀의 화원 같은 곳이었다. 옛 시인들의 시문(詩文)에서도 장자제는 전혀 오르내리지 않았고, 이곳을 지켜 온 투자족 외에는 다른 문명의 침입도 없었다.

장자제의 아름다움이 알려지기 시작한 것은 1979년 유명화가였던 우관중(吳冠中)이 〈아무도 모르는 규방의 아가씨〉(養在深閨人未識)라는 제목을 붙인 그림을 세상에 내놓으면서 널리 이름

314

장자제의 백룡 엘리베이터. 수직 높이가 355m에 이른다.

이 알려졌다.

이후 지질조사를 포함한 대대적인 삼림조사가 이뤄지면서 1992년 중국 국무원이 중국 최초의 '국가삼림공원'으로 지정했고 이후 90년대 초반인 1992년 유네스코는 "우링위안은 누구도 인정하지 않을 수 없는 자연미를 갖췄으며 웅장하고 날렵한 봉우리들과 울창한 삼림, 맑은 계곡, 그리고 비할 데 없는 아름다운 종유동굴, 지하수 등이 있다"며 세계자연유산 목록에 등재되면서 진가가 인정됐다.

이 우링위안 풍경 구내에는 3,103개의 봉우리가 우뚝 솟아서 절경을 이루고 있으며 구름 위로 솟아나있는 400m 이상 봉우리도 243개에 이른다.

장자제는 사실 장자제 국가삼림공원에서부터 시작되는데 이곳이 사실상 우링위안의 핵심관광자원이다. 여기에는 금편계(金鞭溪), 황석채(黃石寨), 비파계(琵琶溪), 사도구(沙刀溝), 요자채(腰子寨) 등이 유명하다. 이밖에 삭계욕(索溪峪) 자연보호구역은 우링위안 4대 풍경구의 동부에 위치하고 있으며, 가장 큰 면적을 차지하고 있다. 장자제는 예전부터 투자족이 살던 땅으로 155만 인구의 절반 이상이 투자족이며 그 밖에 바이족(白族)과 먀오족(苗族) 등을 합친 소수민족이 70% 이상을 차지하고 있다.

장자제에서 무료 셔틀버스를 타고 이동하다 도착하는 곳이 위안자제(袁家界)인데 이 위안자제의 백미는 '천하제일교'(天下第一橋)의 풍경이다. 또한 산을 내려올 때 탈 수 있는 높이 355m의 수직엘리베이터 '백룡'도 타볼 만하다.

'부처암'(夫妻岩)은 장자제의 또 다른 절경 중의 한 곳인데 땅에서 우뚝 솟아난 바위덩어리로 아래쪽 절반은 나무에 가려져 있지만 상단부의 바위는 노출돼 있는데 한 남자와 여자처럼 보인다. 남자는 미소를 띠고 있고 여자는 애정이 가득한 눈빛으로 바라보는 것 같은 형상인데 두 사람은 서로 사랑하고 그리워하면서 마치 한 쌍의 금실 좋은 부부와도 같은 모습이다.

이 바위는 장자제에서 '한 쌍'의 사랑의 신으로 전해 내려오는 바위로, 평소에는 금실이 좋지 않은 부부일지라도 이곳에서 바위를 향해 세 번 절을 하면 신혼 초로 돌아가서 금실이 다시 좋아지고 백년해로하게 된다는 이야기도 전해 내려온다.

류샤오치 주석의 부인 왕광메이가 장자제를 방문했다가 이 바위를 보고 눈물을 흘렸다는 이야기가 알려진 후 부처암을 찾는 중국인들이 많아지고 있다.

1983년 11월이었다. 12년간의 수감생활을 마치고 자유의 몸이 된 왕광메이가 장자제를 찾아나섰다. 그녀의 얼굴에서는 시종일관 온화한 미소가 가시지 않았다. 그녀는 누구와도 친숙하고 다정한 태도로 대화를 나눴다.

아침식사 후 왕광메이는 예정된 일정에 따라 황석채와 금편계를 유람한 뒤 '부처암'을 둘러보고 있었다.

이날 날씨는 쾌청했고 장자제의 아름다운 풍경은 늦가을의 따뜻한 햇살 아래 색조가 풍부하고 웅장한 기색의 한 폭의 풍경화를 보는 듯 평온했다. 왕광메이 역시 장자제 이곳저곳을 둘러보면서 감탄을 금치 못했다.

황석채에 오른 왕광메이는 사방을 둘러보고는 천 개 봉우리의 아름다움을 감상하고는 탄성을 질렀다. 황석채를 내려오던 왕광

장자제 황스자이에 있는 부처암.
금실 좋은 부부의 애틋한 사랑을 표현하는 듯하다.

메이는 돌연 말문을 닫았다. 그러다가 한참이 지난 후 천천히 입을 열었다.

> 저 망망대해 같은 숲을 바라보다가 갑자기 건국 후 류샤오치 동지를 따라 모스크바를 방문했던 때가 생각났다. 그때 소련의 한 퇴직한 홍군이 만든 숲을 본 적이 있는데 그 숲은 아주 광대해서 바다처럼 넓었다. 그때 샤오치 동지가 아주 감동해서 "광메이야. 나는 앞으로 주석이 되지 않고 학교로 돌아가고 싶다. 학교로 돌아가지 못한다면 시골에 가서 나무나 기르고 싶다. 인생 뭐 별거 없지 않은가"라고 말한 것이 생각났다.

왕광메이는 이 말을 하고는 이후 반나절 동안 더 이상 아무 말도 하지 않았다. 수행한 사람들도 오랫동안 말없이 생전의 류샤오치 주석의 갈등을 마음속에 되새겼다. 왕광메이의 닫힌 입은 열리지 않았다. 신경이 날카로워진 것 같았다.

부처암에 도착한 왕광메이는 바위를 쳐다보고 있지만 마음속은 걷잡을 수 없이 요동치는 듯했다. 수행원들이 그녀에게 이 바위에 대해 설명했지만 그녀는 아무것도 듣지 못하는 듯 멍한 상태였고 한동안 그런 상태가 계속 이어졌다.

왕광메이의 두 눈에서 갑자기 두 줄기 눈물이 흘러내리기 시작했다. 흐르는 눈물을 주체할 수 없었던 왕광메이는 잠시 후 자신의 눈물을 발견하고는 황급하게 눈을 닦고 주변에 있던 사람들이 "자 이제 내려갑시다"라고 재촉했다.

그날 밤 왕광메이의 숙소에서는 밤늦도록 불이 꺼지지 않았다. 아무도 그녀를 방해하지 않았다.

장자제 곳곳에도 영원한 사랑을 맹세하는 연인들의 열쇠가 매달려있다.

다음 날 아침 왕광메이는 짧은 시 한편을 내놓았다.

奇峰异石 冠絶天下: 蒼松勁杉, 美不胜收.
'기암괴석은 천하제일이고, 푸른 소나무와 곧은 삼나무는 견줄 데
가 없네.'
〔이 시에서 '奇'와 '美'는 류샤오치와 자신을 의미하는 대구로 해석
되고 있다.〕

15. 시간이 가둬버린 성(城)
   – 펑황(鳳凰)과 남방(南方)

평황고성은 루쉰(魯迅)과 더불어 중국의 양대 문호로 꼽히는 '선총원'(沈從文)의 표현처럼 "산이 아름답고 물이 아름답고 노래가 아름답고 사람이 아름다운" 곳이다. 선총원은 중국의 현대문학을 대표하는 100대 문호 중에서 루쉰과 더불어 중국인들로부터 가장 사랑받는 작가다. 특히 이곳에 살고 있는 소수민족 '먀오족'의 혈통을 이어받은 선총원은 15살 때까지 평황고성에서 자랐다.

그의 대표작인 〈비엔청〉(邊城)은 바로 이곳 '평황고성'을 무대로 펼쳐지는 서정적 소설로 중국의 농촌풍경과 정서를 향토색 짙은 필치로 아름답게 그려냈다. 그러나 중국혁명의 와중에서 선총원은 '자본주의 작가', '반동작가'로 몰리면서 의식이 낙오된 창작을 한다는 비판을 받자 절필하고 문학의 길을 포기했다.

소설 〈비엔청〉이 새롭게 재평가된 것은 문혁이 끝나고도 10여 년이 지난 1980년대였다. 〈비엔청〉은 그야말로 변경지대의 군영(軍營)이 주축을 이루는 작은 도시, 평황의 소박한 삶을 담

중국의 3대 고성인 평황고성의 아름다운 자태.

소수민족 먀오족의 터전이었던 이곳은 퉈장 주위로 수상가옥 등 고성이 형성돼 있다.

담한 필치로 그려낸 '사랑의 송가'라는 문학적 평가를 받고 있다.

선총원은 '책머리'를 통해 다음과 같이 밝혔다.

> 민족 전체의 시공 속에 존재하는 모든 장단점에 대해 깊은 관심을
> 가진 사람들에게 보여주려는 것이다. 그들은 진정 지금의 농촌이
> 어떤지 알고 있으며 지난날의 농촌이 어떤지 알고 싶어 한다. 그들
> 은 이 책을 통해 세상의 한 귀퉁이에 존재하는 어느 한 시골마을과
> 그곳에 사는 군인들에 대해 알고 싶어 할 것이다. … 다른 한 작품
> 에서 20년간의 내전으로 어느 누구보다 먼저 희생되어야 했던 농
> 민들, 그들의 성격과 영혼이 엄청난 충격 속에서 어떻게 본래의 질
> 박하고 근검하며 평화롭고 정직하던 모습을 상실하고 정체불명의
> 또 다른 생명체가 되어버렸는지를 보여줄 것이다. …

그의 말을 들으면 후난성 북쪽의 어느 소수민족 마을의 한가
로운 풍경을 묘사한 것처럼 보이는 〈비엔청〉은 중국혁명이라는
내전의 소용돌이 속에서도 꿋꿋하게 삶을 이어가고 서로 사랑하
면서 살아가는 사람들을 통해 농민들의 건강한 삶을 표현한 지
극히 현실주의적인 소설로 볼 수 있다.

평황고성에 들어서면 고성을 가로지르는 퉈장(沱江) 좌우로
수상가옥들이 즐비하게 늘어서 있는 아름다운 풍경이 펼쳐지고
강 양안을 이어주는 '홍교'(虹橋)가 자태를 뽐내고 있는 고성의
정취를 느낄 수 있다. '퉈장'이라는 지명은 뱀이 지나가듯이 구불
구불한 지류를 뜻하는 먀오의 언어에서 비롯된 것이다.

특히 홍교 위에 올라 강 아래쪽을 바라다보면 바둑알처럼 촘
촘하게 박힌 듯한 징검다리 위로 무거운 짐을 들고 능숙하게 균
형을 잡으면서 분주하게 오가는 마을 사람들의 모습을 한동안

평황고성에 자리 잡고 있는 선충원의 옛집은 늘 관광객들로 북적거리고 있다.
선충원은 소설 〈비엔청〉을 통해
평황고성의 고즈넉한 풍경을 시적으로 그려내는 데 성공했다.

지켜보는 재미도 꽤 괜찮다.

　동문을 나서서 퇴장 쪽으로 내려가면 아직도 다듬이방망이를 두드리며 빨래하는 아낙네를 만날 수도 있다.

　강가에서 만난 아낙이 수천 년 전부터 이곳에 터전을 잡아 온 먀오족이나 투자족 아낙네일 거라고 짐작했지만 아쉽게도 성안에 거주하는 주민들은 대부분 '한족'인 모양이었다. 먀오족이 강성했을 때 외적인 한족에 대항해 축성된 고성이었지만 결국 평황을 차지한 것은 한족이었다. 평황은 오히려 한족에게 대항한 먀오족의 침입을 막는 성곽이 된 것이다.

　사실 이곳 평황고성에 오래전부터 살던 주민들은 대부분 먀오족과 투자족의 침입을 막기 위해 설치한 녹영둔정(綠營屯丁)에 근무하는 군인들과 이들 부대를 대상으로 장사를 하던 한족들이었다.

> 　그러나 녹영병으로 근무하는 군인들이나 오래전 군적을 버리고 이곳에 정착, 밭을 갈거나 고기를 잡으며 이 자그마한 성곽 안에서 살아가는 사람들은 모두 각자에게 주어진 날들 속에서 사랑과 미움 등 인간사에 대해 필연적인 기대를 지닌 채 살아가고 있었다.
> ─〈비엔청〉

　이처럼 선총원이 묘사한 1930년대의 평황고성의 모습이나 80여 년이 지난 지금의 모습은 별반 차이가 없을 정도로 평황은 시간이 멈춰버린 듯한 말 그대로의 '고성'이다.

　홍교를 지나 바닥이 온통 석판으로 포장된 석판가를 지나다가 선총원의 옛집에 닿을 수도 있고, 먀오족 고유의 '후루쓰'라는 악

고성 내의 '비엔청술도가'.

펑황고성 내에는 선총원의 소설 〈비엔청〉을 기억하게 하는 상점들을
곳곳에서 볼 수 있다.

기를 불어대는 연주자를 만날 수도 있다. 혹은 관광객들을 유혹하는 수많은 상점들로 이어진 골목길 귀퉁이에 다소곳이 자리를 잡고 밤새 수놓은 먀오족 특유의 전통자수를 수놓은 베갯잇과 아기포대 등을 광주리 가득 담아 팔고 있는 먀오족 할머니를 만날 수 있다.

이 자그마한 산성 안은 이렇게 고요하고 평화로웠다. 하지만 이곳이 쓰촨 동쪽과 장사하고 거래하는 관문인 만큼 성 밖 강가의 거리는 풍경이 좀 달랐다. 장사꾼들이 묵어갈 수 있는 여관도 있고 오래된 이발관도 자기 자리를 지키고 있었다. 이 외에 음식점, 잡화점, 기름가게, 소금가게, 옷가게 등이 모두 한 자리씩 차지하며 이 거리를 장식했다. 또 배에서 쓰는 활차, 대나무를 꼬아 만든 닻줄, 솥이나 냄비를 파는 가게도 있고, 뱃일을 소개해주며 부두 덕분에 살아가는 집도 있었다.

작은 음식점 앞에 놓인 식탁에는 늘 노릇노릇 구운 잉어에 두부를 곁들인 요리가 붉은 고추를 얹은 채 굽 낮은 사발에 담겨 있고, 그 옆의 큼직한 대나무 통에는 굵은 젓가락들이 꽂혀 있었다. 누구든 돈을 좀 쓰고 싶다며 대문 옆 식탁 앞에 척 걸터앉아 젓가락 한 쌍을 뽑아들기만 하면 되었다. 그러면 대뜸 저쪽에서 눈썹을 가늘게 다듬고 얼굴에 하얀 분칠을 한 아낙이 이쪽으로 다가와 "유, 오라버님, 나으리, 단술 드실래요? 아님 소주 드실래요?" 하고 말을 걸었다. …

홍교를 지나 상점가를 느릿느릿 걷다 보면 선총원이 〈비엔청〉에서 묘사해놓은 당시의 풍경이 그대로 재현되는 듯했다. 어느 가게 앞에선 기둥에 엿 한 통을 걸어놓고 '생강엿'(姜糖)을 만들고 있었고, 그 옆에선 벌겋게 숯불에 달궈진 금속을 담금질

관광지화된 고성 내 곳곳에서 만날 수 있는 먀오족 할머니는
먀오족 전통자수가 놓인 공예품을 팔고 있다.

하면서 정교한 솜씨로 장신구를 만들고 있었다.

골목은 그렇게 끊임없이 이어지고 결국은 광장으로 연결되었다. 골목들이 만나는 자그마한 광장 한컨에서는 이른 아침 동네 어귀에서 따온 들꽃다발로 엮어 만든 '화관'(花冠)을 주렁주렁 들고 있는 마을사람을 만나기도 한다. 신선한 들꽃다발이라도 10위안 정도면 화관을 사서 머리에 이고 먀오족이나 투자족 여인으로 변신할 수도 있다. 햇살을 가득 머금어 일시적으로 시들어 버린 들꽃이라면 단 돈 몇 푼 정도만 건네주더라도 화관 하나 정도는 쉽게 얻을 수 있을 것이다.

강을 따라 쌓아올린 성벽을 걷다가 만나는 성벽 출구 사이에서 만나는 오랜 세월의 흔적인 양 푸른 이끼는 여행객의 마음을 위로해줄 것이다.

걷다가 골목길 모퉁이에서 만난 먀오족 할머니 곁에 주저앉았다. 할머니 곁에는 화려한 문양의 자수가 수놓인 손지갑과 머리띠 등 온갖 장신구가 놓여있었다. 중국어에 서툰 이방인과 '표준 중국어'(普通話)를 구사하지 못한 채 펑황 사투리도 아닌 먀오족 사투리만 구사하는 할머니였지만 눈빛과 미소로 통했다.

화려한 자수가 놓인 작은 손지갑 몇 개만 사고 일어서는데 할머니는 다시 보퉁이 저 아래쪽에 감춰둔 커다란 자수를 꺼내서 권한다. '베갯잇'과 아기를 업는 포대다. 아마도 잠시 동안이지만 따뜻하게 마음을 나눈 이방인에게 주는 선물 같은 것이었을 것이다. 망설일 필요가 없었다. 구름도 쉬어간다는 고즈넉하고 아름다운 펑황에 사는 사람들이었다.

〈비엔청〉에서 만난 뱃사공의 손녀 '추이추이'(翠翠)가 떠올랐

펑황고성의 먀오족 전통악기인 후루쓰 달인.

다. 추이추이가 젓는 나룻배를 더 이상 탈 수는 없었지만 나루터에
서는 물안개가 살포시 남아있는 뒤장을 가로지르는 배를 타고 평
황의 정취를 온전하게 느낄 수 있다.

선총원이 묘사한 평황의 풍경을 기억하면서 현재의 고성을 둘
러보는 것도 나쁘지 않다.

> 자 한번 보자, 거칠면서도 견고한 큰 돌들을 쌓아 만든 원형의 성
> 곽을 가운데로 하여 사방으로 펼쳐진다. 그 변방 벽지의 외로운 도
> 시를 둘러싸고 7,000여 개의 보루와 200 군데가 넘는 진영이 있다.
> 보루(堡壘)는 각 산꼭대기에 돌로 쌓아 만들었다. 한줄기로 이
> 어져 있는 산봉우리를 따라 구불구불 곳곳으로 연이어 늘어서 있
> 고, 진영은 질서정연하게 역로를 따라 위치해 있다. 그것들은 180
> 년 전 주도면밀한 계획에 의거, 적당한 거리를 유지하면서 주위 수
> 백 리 내에 균등하게 배치시켜 구석으로 쫓겨나 한 모퉁이만을 지
> 키면서 늘 '준동'을 일으키는 변방 먀오족들의 반란을 해결하려 했
> 던 것이다.
> 두 세기 이래로 만천(晚淸)의 폭정, 그리고 그 폭정으로 인해 야
> 기된 항거는 모든 거리와 많은 보루를 피로 붉게 물들였었다. 지금
> 은 모든 것이 마무리되었다. 돌로 쌓은 보루 대다수는 이미 부서지
> 고 대부분의 진영은 민가로 변했으며, 사람들은 거의 동화되었다.
> 황혼이 질 무렵, 산들로 에워싸여 홀로 우뚝 솟아있는 외로운
> 성곽 높은 곳에 서서 줄지어 늘어서 있는 파괴된 보루들을 바라보
> 노라면 아직도 나팔, 북, 햇불들로 위급함을 알리는 당시의 광경
> 을 어렴풋이나마 짐작할 수 있다.
> ― 선총원의 《자연의 아들》

다동에는 앞으로는 강을 끼고 뒤로는 산을 타고 쌓은 성이 있다.
산에 닿은 성벽은 마치 긴 뱀처럼 구불구불 능선을 타고 뻗어있다.

평황고성의 모습.
선총원이 소묘한 옛 고성모습이 그대로 남아있다.

강 쪽으로는 성 바깥 강가의 빈 땅에 부두를 만들어 작은 돛배들이 정박할 수 있게 하였다. 하류로 내려가는 배들은 오동기름이나 청해(靑海) 소금 그리고 염색에 쓰이는 오배자 따위를 싣고 다니고, 상류로 올라가는 배들은 면화, 솜실, 포목, 잡화, 해산물 등을 싣고 다닌다. 강가로 여러 부두를 연결하는 거리가 만들어져 있는데 이곳 사람들의 집은 반은 땅 위에, 반은 물 위에 떠있는 형태였다. 땅이 비좁은 터라 집집마다 받침대를 괴어 다락방 같은 것들을 만들어 얹었다. 봄물이 불어 거리로 밀려들면 주인들은 긴 사다리를 한 쪽 끝은 지붕 위에, 다른 한쪽 끝은 성벽 위에 걸쳐 놓은 뒤 시끄럽게 떠들어대며 봇짐이며 이부자리, 쌀 항아리 같은 것들을 손에 들고 사다리를 통해 성 안으로 들어갔다. 그러다가 물이 빠지면 성문을 통해 다시 성 밖으로 나왔다. 물이 너무 사납게 덮쳐드는 해에는 영락없이 강가의 다락집 몇 채가 물에 밀려 떠내려갔다. 그럴 때 사람들은 모두 성 위에 올라서서 멍하니 바라볼 뿐이었다. 큰 손해를 입은 사람들도 그것에 대해 할 말을 잊은 채 그냥 남들처럼 멍하니 지켜볼 따름이었다. 자연이 몰고 오는 속수무책의 불행을 목도할 때처럼, 물난리가 나면 사람들은 성 위에서 갑자기 넓어진 수면을 바라보았다. 기세 좋게 물은 흐르고 계곡물을 따라 부서진 집채, 소, 양, 굵직한 나무 같은 것들이 상류에서 둥둥 떠내려왔다. 그런 경우 물살이 느려지는 세관 거룻배 앞에 누군가 작은 배를 타고 나와 물 위에 떠 있는 가축이나 나무 막대, 빈 배를 보다가 배에서 여인이나 애들의 우는 소리가 들리기라도 하면 서둘러 노를 저어 다가가 목표물을 긴 끈으로 동여맨 뒤 강가로 끌고 나왔다. 착하고 용감한 사람들. 이득도 정의도 지킬 줄 아는 이 고장 사람들의 모습 그대로였다. 서슴없이 사람 목숨과 재물을 구할 줄 아는 그들은 모험을 즐기기도 하는 날렵하고 용기 있는 사람들이었다. 그런 모습을 바라보노라면 누구라도 박수가 절로 나왔다. …

— 〈비엔청〉

평황고성의 야경.

선총원이 소설 〈비엔청〉에서 묘사한 '다동'이 바로 자신의 고향마을 평황이었다. 지금의 평황고성의 풍경 역시 선총원이 이 소설을 쓴 80여 년 전과 별반 달라지지 않았다.

선총원의 할아버지는 만청 제독이라는 직함까지 받았던 선훙푸(沈洪富)다. 그는 22세 때 윈난 자오통(昭通) 진수사를 지냈고 후에 부상을 당해 고향에서 요양하다가 별세했다. 그런데 이 할아버지가 자식이 없어서 동생인 선훙팡(沈洪芳)으로 하여금 젊은 먀오족 여인을 아내로 맞이하게 하여 아들 둘을 낳고 그중 둘째를 양자로 삼았다.

당시 먀오족 여인이 낳은 자녀는 사회적 지위를 가질 수 없고 문무 과거시험에도 참여할 수 없었다. 그래서 그 먀오족 여인을 먼 곳으로 시집보내고 죽은 것으로 하여 고향에 묘를 만들었다. 혈통을 따른다면 일부분은 분명 먀오족에 속할 것이다.

아버지도 군인이었다.

우리 집에서 새로 옮겨간 학교까지 갈 때면, 도중에 바늘가게 앞에서 항상 큰 안경을 끼고 머리를 숙여 바늘을 갈고 계시는 노인 한 분을 뵐 수 있었다. 또 대문을 활짝 열어젖혀 놔서 우산을 만들 때에는 십여 명의 견습생들이 함께 일하는 장관을 볼 수 있던 우산가게가 있었다. 뚱뚱한 구두장이가 날씨가 더울 때면 크면서도 시커먼 배를 내밀고는 부목을 가지고서 신바닥을 붙여 꿰매는 구둣가게도 있었다. 어떤 계절을 막론하고 늘 조그마한 함지에 손을 올리고서 멍하게 이발사가 이발과 면도를 끝내기를 기다리는 사람들이 서 있던 이발소도 있었다.

힘이 넘치는 건장한 먀오족 남자들이 오목하게 패인 연자매를 밟고 높이 서서 손으로 횡목을 붙잡고서는 왼쪽 오른쪽으로 번갈

평황고성의 원주민은 먀오족이었다.
상점들이 먀오족의 고향이라는 간판을 내걸고 있다.

아가며 흔들흔들 움직이는 염색집도 하나 있었다. 머리에 수놓은 수건을 두른 곱디고운 화파 먀오족 여인들이 일각일각 낮은 소리로 노래를 부르며 한편으로는 애기보로 싸서 등에 업은 아기를 어르면서 한편으로는 빛을 발하는 적동 국자로 콩국을 뜨는 먀오족들의 두부 만드는 작업장도 세 군데나 있었다.

멀리서 당나귀가 드렁드렁 연자를 굴리는 소리가 들리고 지붕 꼭대기 선반 위엔 하얀 전분 발이 가득 널려있는 전분가루 작업소도 반드시 지나야 했다. 또 정육점 고기 탁자를 지나가야 했는데, 신선한 돼지고기가 다져질 때마다 끊임없이 들썩들썩 튕겨 오르는 것을 볼 수 있었다.

하얀 얼굴의 저승사자, 남색 얼굴의 염라대왕, 어룡가마, 금동옥녀가 있는 부장품을 장식하여 꽃가마를 빌려주던 점포도 꼭 지나야 했다. 매일 그곳에서 몇 사람이 결혼을 하며, 부장품이 몇이나 되고 주문하여 만든 작품이 어느 정도 이루어졌는지, 어떤 모양으로 바뀌었는지를 알 수 있었다. 그리고 멈추어 서서 그들이 금을 입히고 분을 바르고 색칠하는 것을 보며 한참동안 있었다.

— 《자연의 아들》 선총원 자서전 중에서

펑황고성과 더불어 인근에 있는 남방장성(南方長城)도 함께 둘러봐야 한다. 펑황고성이 원래는 먀오족의 성곽이었다면 그 바깥에 위치한 남방장성은 17세기 명대(明代)에 강성해진 먀오족의 공격을 막기 위해 축조된 성이었다.

북쪽의 만리장성의 규모에 비하면 아무것도 아닌 190여 km에 불과하지만 남방장성은 명청(明淸) 시대 한족들이 소수민족 오랑캐들의 침입을 방어하던 주요 요충선이었다. 장성(長城)은 사실 중국인들의 중화사상과 밀접하게 연결돼 있다. 수천 년의 세월을 거치면서 '155개'로 분류된 중국 내 소수민족 대부분이 '한족'

먀오족의 터전인 펑황고성에 여행온 한족 여성들이
전통의상을 입고 포즈를 취했다.

과 동화된 것이 사실이지만 이들 소수민족은 오랫동안 장성 바깥에 거주해야 하는 '오랑캐'로 취급돼 왔다. 그런 면에서 장성은 중원과 변방, 한족과 오랑캐를 구분 짓는 경계였던 셈이다.

17세기 초 명나라는 제국을 칭할 정도로 강대해진 '먀오족'의 침입을 막겠다며 이 거대한 남방장성을 쌓았다. 400여 년이 지난 어느 날 일부만 남아있는 장성에 올라 사방을 내려다봤지만 한족도, 먀오족도 사라지고 그들 모두가 후난 사람, 중국 사람이 되어있었다.

남방장성은 평황고성배 세계바둑대회가 열리는 장소로도 유명세를 타고 있다. 세계바둑대회라는 명칭이지만 사실은 한중 바둑계의 정상급 국수들이 한판 친선대국을 벌이고 있다.

이 바둑대회가 주목받게 된 것은 남방장성에 마련한 거대한 바둑판에서 소림사의 어린 무술제자들이 무술공연과 동시에 인간바둑돌 역할을 하기 때문이다. 바닥에 청홍석을 깔아 만든 바둑판은 길이 31.7m에 1005㎡, 무게 159톤에 이르는 세계 최대 바둑판으로, 원래 바둑판의 1만 배에 이른다.

이 대회는 2003년부터 격년제로 열리고 있는 데다 한국과 중국 양국의 프로바둑계에서 랭킹 1위에 오른 최정상급 고수들끼리의 맞대결 형식으로 전개되면서 한·중 프로 바둑기사들의 꿈의 대국으로 불리고 있다. 특히 정식 대국 때와는 달리 '초읽기' 없이 50분 타임아웃제로 진행되는 단판승부라는 점에서도 정상급 고수들도 긴장하지 않을 수 없는 대국이다.

지금까지의 전적은 2003년 1회 대회 때 조훈현 9단이 중국의 창하오(常昊) 9단을 상대로 236수 만에 백 10집 반 승을 거둔 것

남방장성에서 열리는 펑황고성배 세계바둑대회.
소림사 무술제자들이 361개의 바둑돌 역할을 하는 모습이 장관이다.
ⓒ 한국기원

을 시작으로, 2005년에는 이창호 9단과 창하오 9단이 승패를 가리지 못했고, 이어 2007년 중국의 뤄시허(羅洗河) 9단이 한국의 이세돌 9단에게 불계승을 거두는 등 두 나라 고수들이 일진일퇴의 전적을 기록했다.

또 2009년에는 이세돌 9단이 다시 나서 중국의 구리(古力) 9단을 상대로 승리를 따내면서 설욕에 성공했고, 2011년 한국의 최철한 9단이 중국의 쿵제(孔杰) 9단을 이기는 등 한국의 바둑 고수들이 다소 앞서는 대국전적이었다. 지난 해 열린 6번째 대회에서는 중국의 천야오예(陳耀燁) 9단이 한국의 박정환 9단을 꺾고 승리를 따내면서 지금까지 한국측이 3승 1무 2패로 다소 앞서고 있다.

친선대국이기는 하지만 우승상금이 40만 위안(한화 약 7,000만 원), 준우승 28만 위안(한화 약 5,000만 원)으로 적지 않은 편이다.

남방장성 입구에 마련된 누각 뒤로는 1회 대회부터 5회 대회까지의 두 국수 간의 대국모습을 청동으로 제작한 동상이 각각 조성돼 있다.

16. 굴원 그리고 웨양로우

웨양로우(岳陽樓)에 올랐다.

이백과 두보, 백거이 등 수많은 시인 묵객이 반드시 한 번은 올라 눈앞에 펼쳐지는 망망대해 같은 '둥팅호'를 바라보면서 시 한 수를 지었던 그곳이다. 단오를 맞아 웨양로우에서는 웨양시 (岳陽市)에서 나온 공무원들이 누각에서 쫑즈(种子)를 빚어 웨양 로우를 찾은 시민들과 관광객들에게 무료로 나눠주고 있었다.

단오에는 미뤄장에 몸을 던진 굴원의 넋을 달래기 위해 늘 비 가 내린다는 속설처럼 새벽부터 내리던 비는 그치질 않고 계속 이어지고 있었다. 3층으로 된 웨양로우 제일 꼭대기에 올라 창 으로 멀리 둥팅호를 내려다봤다. 이백과 두보 같은 대시인처럼 웨양로우에 올랐을 때의 시상을 떠올리려 했지만 〈등악양루〉의 첫 구절만 귀에 맴돈다.

웨양로우에 오르다가 만난 1층에 새겨진 마오쩌둥이 초서로

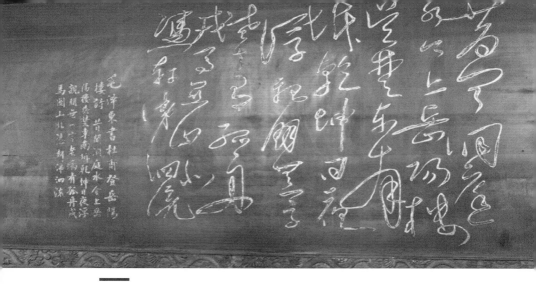

두보의 〈등악양루〉, 마오쩌둥의 필체다.

휘갈겨 쓴 〈등악양루〉도 눈길을 끌었다.

마오쩌둥은 당대의 시인묵객들과 겨룰 만한 실력이 없다는 걸 알고 아예 두보의 〈등악양루〉를 필사하는 것으로 웨양로우에 대한 예의를 다한 것은 아닐까 라는 생각이 들었다.

웨양로우까지 오는 길에 만난 수많은 시는 한결같이 웨양로우와 둥팅호에 대한 칭송뿐이다.

그러나 입구에서부터 당나라 때부터 송, 명, 청대에 이르기까지 웨양로우의 누각 변천사를 한눈에 볼 수 있는 모형 누각을 일별한 후 막상 3층 규모의 웅장한 웨양로우를 대했지만 그리 웅장하거나 대단하다는 생각은 들지 않는다. 특히 가파른 계단을 통해 웨양로우에 올라 망망대해 같은 둥팅호를 내려다봤지만 대자연이 주는 감흥은 전혀 오지 않는다. 둥팅호를 오가는 검은 연기를 내뿜는 모래운반선과 준설선의 통통거리는 소리가 '여기는 빛의 속도로 달려가는 중국'이라는 사실을 거듭 각인시켜줄 뿐이어서일까.

실제로 둥팅호의 면적도 예전과 달리 크게 줄어들었다고 한다. 중국 당국의 발표에 따르면 둥팅호의 호수면적은 예전 최대치에 비해 무려 46%나 축소되었다. 특히 급속한 산업화로 인해 둥팅호 주변 유역에 공장이 많이 들어섰고 산업폐수가 대거 유입되면서 둥팅호의 수질도 크게 악화된 것이 사실이다.

웨양로우에 올라 바라보는 둥팅호가 맑은 날에도 탁하게만 보이는 것은 그 때문일 것이다.

누대에 오르니 악양 경치 한눈에 들어오고
광활한 동정호 눈앞에 펼쳐졌다
날아가는 기러기 나의 수심 가져가니
산 너머에 호젓한 달 떠오르네
악양루 높아 구름 사이에 술자리 본 듯
천상에서 술잔 부딪치네
취흥 돌 제 서늘한 바람 이는 것은
나풀거리는 무희의 소매자락에서라네

樓觀岳陽盡川逈洞庭開
雁引愁心去山銜好月來
雲間逢下榻天上接行盃
醉後凉風起吹人舞袖回

　　이백의 〈여하십이등악양루〉(與夏十二登岳陽樓) 라는 시이다.
　　이백의 시는 두보의 그것에 비해서는 풍류가 넘친다. '웨양로
우'가 원래 강남의 패권자였던 손권이 군사를 조련하던 훈련대였
다는 점을 감안한다면 두보의 〈등악양루〉는 '싸움터의 말이 아
직 북쪽에 있어 난간에 기대어 눈물만 흘리네' 라는 등의 시구를
통해 전란으로 고통받고 있는 세상사를 담았다고 볼 수도 있다.
그러나 이백의 시는 아예 세상사에 무심한 듯, 달과 술에 취한
취흥만 담겨있는 것 같다. 당대의 풍류가였던 이백의 시답다는
생각이 새삼 든다.
　　물론 이 웨양로우는 당나라의 연국공 장열(燕國公 張說)이 이
곳에 올라 시를 읊은 뒤 유명해진 이래로 등자경(滕子京)이 누각
을 수리하고 범중엄(范仲淹)이 〈악양루기〉(岳陽樓記) 를 지었고,

웨양로우 전경.

웨양로우에 오르면 중국 제 2의 호수 둥팅호가 한눈에 들어온다.

소식(蘇軾)이 글씨를 쓰고 소소(邵疎)가 전액(篆額)을 썼는데 이를 '사절'(四絶)이라 할 정도의 이야기는 알고 있었다.

> 벼슬에 나아감도 걱정이요 물러남도 걱정이니,
> 그러면 어느 때가 즐거운가.
> 그 반드시, 천하의 걱정에 앞서 걱정하고,
> 천하의 즐거움에 다음하여 즐겨 한다 말할 것이다.
> 아아 이 사람이 없으면
> 나는 누구로 더불어 사귀며 지내랴

> 是進亦憂退亦憂
> 然卽何時而樂耶
> 其必曰 先天下之憂而憂
> 後天下之樂而樂歟
> 噫微斯人
> 吾誰與歸

이것은 범중엄의 〈악양루기〉다.

웨양로우에 올라서 바라보는 세상이나 생각들이 그 시대에 따라 제각각 달라짐을 미루어 짐작할 수 있는 셈이다.

나름대로 중국 곳곳을 다니면서 수많은 시를 남긴 마오쩌둥이 직접 웨양로우에 올라 시 한 수 남기지 않고 두보의 시를 필사하는 것으로 대신한 것은 아마도 이백과 두보, 백거이 등의 시와 자신이 비교당하는 것을 원치 않았기 때문일지도 모르겠다.

이미 후난 제1사범학교 시절부터 곳곳에 자신의 시를 남겼던 마오쩌둥이 웨양로우에서 시 한 수 남기지 않았다는 것은 의외의

웨양로우 뒤편에 있는 소교사당에 걸려있는 소교의 초상.

주유의 부인 소교는 삼국지연의에서 절세미인으로 이름을 날렸다.

일이기도 하다.

사자의 힘이 깃든 산은 겹겹의 구름에 싸여 있고
다리는 깊은 비췻빛 강물 위에 떠 있는 배를 가둔다.

마오쩌둥은 당시 같은 학년이었던 '샤오위'와 함께 후난성으로 무전여행을 떠났을 때 곳곳에서 이처럼 짧은 시를 여러 편 남겼다.

웨양로우의 뒤편으로 난 작은 오솔길을 지나 문에 들어서면 작은 사당과 무덤이 보인다. 바로 삼국지 적벽대전의 영웅 중의 한 사람인 오나라 주유(周瑜)의 부인 소교(小嬌)의 무덤이다. 물론 소교의 무덤은 허묘(虛墓)다. 이곳이 과거 오나라 땅이었던 데다, 주유가 이곳에서 오나라 군사들을 조련시킨 곳이라는 점을 감안해서 소교의 묘를 뒤늦게 만들어놓은 것이 아닌가 하는 추측을 해본다.

사실 웨양로우와 소교의 무덤이 같은 공간에 있는 풍경이 쉽게 이해가 되지는 않았지만 당초 이곳이 둥팅호를 바라보는 군사시설로 만들어진 것이라는 점을 감안하면 이해 못할 바는 아니다.

물론 그때 웨양로우를 둘러싼 둥팅호는 지금과 다른 규모와 기품으로 당시 사람들을 압도했을 것이다.

둥팅호가 있어 후난과 후베이가 생겼고 둥팅호 남쪽으로 흐르는 샤오장이 샹장과 합쳐져서 거대한 호수를 이룬다. 둥팅호는 칭하이호(靑海湖)에 이어 중국에서 두 번째로 큰 담수호다.

둥팅호와 하나인 샤오장과 샹장의 풍경 중에서 절경을 예로부

웨양로우에서 바라다 보이는 둥팅호의 모습.

지금은 호수를 오가는 준설선과 화물선들의 모습이 많이 보인다.

터 '샤오샹팔경'이라 부르면서 수많은 시인과 화가들이 칭송을
아끼지 않았다.

그 팔경은 '산시청람'(山市晴嵐) — 봄기운에 쌓인 강촌 풍경,
'연사만종'(煙寺晚鐘) — 해질녘에 절로 돌아가는 승려, '소상야
우'(瀟湘夜雨) — 샤오샹강에 내리는 밤비, '원포귀범'(遠浦歸帆) —
먼 포구로 돌아오는 배, '평사낙안'(平沙落雁) — 모래밭에 내려앉
은 기러기, '동정추월'(洞庭秋月) — 둥팅호의 가을 달, '어촌석조'
(漁村夕照) — 저녁노을 물든 어촌, '강천모설'(江天暮雪) — 해질녘
산야에 내리는 눈 등이다.

그러나 이처럼 그림 같은 '샤오샹팔경'은 실제의 둥팅호와 웨
양로우의 풍경과는 조금 차이가 있을 수밖에 없다. 이미 둥팅호
의 면적이 절반 가까이 줄어듦에 따라 웨양로우에서 보이는 둥
팅호의 모습이 과거 이백과 두보가 봤던 그 풍경과는 확연하게
달라졌을 뿐 아니라 도시화와 산업화로 인해 웨양로우 주변의
자연도 달라졌을 수밖에 없기 때문이다.

옛 모습 속 둥팅호를 상상하면서 그 시대의 역사 속으로 뚜벅
뚜벅 걸어 들어가는 것이 가장 좋은 방법이다.

오히려 웨양로우는 망망대해 같은 둥팅호를 바라보는 누각으
로서가 아니라 위, 촉, 오의 삼국이 천하의 패권을 다투던 당시
강남의 패자 손권이 형주를 둘러싸고 유비와 다투면서 군사훈련
을 하던 지휘누각의 성격이 더 컸다는 점이 새삼 눈에 들어왔다.

단오절에 맞춰 무료로 나눠주던 쫑즈를 맛보다가 미뤄장에 몸
을 던진 전국시대의 굴원이 떠올랐다. 중국 사람들이 단오절에
쫑즈를 나눠먹는 것은 굴원의 '고사'와 관계가 있다. 서민들이 먹

는 쫑즈는 그저 쌀을 종려나무 잎이나 연잎에 싸서 쪄 먹는 단순한 음식이지만 각 지방마다 쌀뿐 아니라 다양한 재료를 넣고 다양한 방식으로 만든 쫑즈를 만들어 먹고 있다.

굴원은 전국시대 '초나라' 재상을 지낸 정치가이자 시인이었다.

굴원은 이름이 평(平)이고, 초나라 왕실과 성이 같다. 그는 초나라 회왕의 좌도(左徒, 초나라의 관직명)로 있었는데, 보고 들은 것이 많고 기억력이 뛰어났으며, 잘 다스려질 때와 혼란스러울 때의 일에 밝았고, 글 쓰는 능력이 탁월했다. 그는 궁궐에 들어가서는 군주와 나랏일을 의논하여 명령을 내렸으며, 밖으로 나와서는 빈객을 맞이하고 제후들을 상대하였다. 회왕은 그를 매우 신임하였다.

사마천은 굴원을 이렇게 소개했다.

굴원의 조상인 '굴하'는 초나라 무왕의 아들로 '굴'이라는 지역을 다스리게 되어 '굴'(屈)이라는 성을 하사받았다. 또 굴원이 맡았던 회왕(懷王, BC.328~299)의 '좌도'란 관직은 왕의 곁에서 정치적인 조언을 하고, 조서나 명령의 초안을 잡아 보고하고, 외교 협상 등의 주요한 일을 맡았던 요직이었다.

왕과 같은 집안인 데다 왕의 최측근에서 좌도란 정치적 요직을 맡고 있었던 굴원은 회왕의 신임을 받았음에 틀림없다.

특히 굴원은 조국인 '초나라'와 초나라 백성들을 사랑하는 마음이 아주 강했던 모양이다. 세상을 보는 안목이 넓은 데다 지혜로웠고 거기다 글과 말재주까지 뛰어나 회왕이 그를 신임하지 않을 수 없었다. 그런데 회왕 주변에는 그런 굴원을 시기해서 헐뜯는 사람들이 많았고, 회왕 역시 그런 간신들의 험담에 귀를 기울일 정도로 귀가 얇고 어리석었다. 결국 굴원은 그를 시기하는 다른 대신의 모함을 받아 한수(漢水) 북쪽으로 쫓겨났다.

이에 굴원은 "왕이 다른 사람들의 말을 듣는 데 밝지 못하여 참소와 아첨하는 말이 군주의 밝음을 가로막으며, 흉악하고 비뚤어진 말이 공정함을 해치고, 단아하고 올곧은 사람을 받아들이지 않는다"며 마음 아파했다(사마천의 《사기열전》).

굴원은 두 차례 귀양을 가게 됐는데, 첫째는 어리석은 회왕이 간신배들이 질투심에 모함한 말을 듣고 쫓아냈기 때문이고, 두 번째는 회왕의 아들인 경양왕 때였다.

당시 초나라는 상당히 강대한 나라였지만 천하통일을 꿈꾸던 진나라가 호시탐탐 노리고 있었다. 이에 나머지 여섯 나라가 합종(合從) 계로 진나라에 대항했다. 그러나 패왕을 꿈꾸던 진나라는 '연횡'(連横) 계로 여섯 나라의 연합을 각개격파 시켰다.

특히 대국으로 꼽히는 초나라와 제나라의 동맹은 진나라의 천하통일 계획에 걸림돌이었다. 진나라는 장의(張儀)를 사절단으로 보내 회왕을 회유해서 제나라와의 동맹관계를 깨뜨렸다. 그러나 진나라의 회유책이 거짓이었음을 알아차린 회왕이 진나라를 공격했지만 전쟁준비를 마친 진나라를 당해낼 수 없었다. 그제야 회왕은 굴원이 '진나라는 호랑이나 이리와 같다'며 경계하라고 조언한 것이 생각나서 다시 그를 불러 제나라에 사신으로 보냈다. 초나라가 제나라와 동맹관계를 회복하게 되자 진나라는 초나라에 화친을 청하면서 회왕을 진나라로 초대해서 억류하려는 계책

미뤄장에 몸을 던져 목숨을 끊은 초나라의 재상 굴원.

을 세웠다. 굴원은 진나라의 계책을 알아차리고 회왕의 진나라행을 막았지만 회왕은 진나라에 갔다가 돌아오지 못한 채 그곳에서 병사했다.

초나라는 회왕이 돌아오지 못하자 회왕의 뒤를 이어 경양왕을 즉위시켰지만 그는 아버지보다 더 어리석었다. 주색잡기에 여념이 없었던 '경양왕'은 아버지의 일을 잊어버리고 진나라가 사위가 되어달라고 제의하자 흔쾌히 받아들였다. 진나라의 '천하통일' 야심을 꿰뚫고 있던 굴원은 경양왕에게 충심으로 진나라의 제의를 받아들여서는 안 된다고 간언했다. 원래 충성스런 말은 귀에 거슬리는 법이다. 경양왕은 굴원의 충언을 받아들이는 대신 그를 미뤄장으로 유배 보내 버렸다.

《사기열전》을 통해 사마천은 굴원이 그의 대표적인 시로 꼽히는 〈이소〉(離騷)를 지은 것은 그가 잃어버린 권력을 되찾기 위해 자기 세력을 다시 모으고 와신상담한 것이 아니라 자신이 생각하는 세상과 다른 나라와 백성을 생각했기 때문이라고 설명했다. 그런 걱정이 시(詩)가 됐다는 것이다.

대체로 하늘은 사람의 시작이며, 부모는 사람의 근본이다. 사람이 곤궁해지면 근본을 뒤돌아본다. 그런 까닭에 힘들고 곤궁할 때 하늘을 찾지 않는 자가 없고, 질병과 고통과 참담한 일이 있을 때 부모를 찾지 않는 자가 없다. 굴원은 도리에 맞게 행동하고, 충성을 다하고 지혜를 다하여 군주를 섬겼지만, 참소하는 사람의 이간질로 곤궁하게 되었다. 신의를 지켰으나 의심을 받고, 충성을 다했으나 비방을 받는다면, 원망하지 않을 수 있겠는가?

356

단오절 미뤄장에서 펼쳐지는 롱저우징두(龍舟競渡) 대회.
굴원의 넋을 슬퍼해서 매년 단오 때마다 비가 내린다고 한다.

굴원은 초나라 왕으로부터는 제대로 인정받지 못했지만 당시 대제국을 꿈꾸던 진나라와 제나라 등 삼국의 갈등관계를 제대로 풀어낸 전략가였다. 그는 진나라의 실체를 제대로 꿰뚫어보고 있었고, 진나라의 야욕을 견제하겠다며 제나라에 사신으로 가서 초나라와 제나라 간의 합종을 성사시키는 데 성공했다.

이때 굴원의 상대로 나타난 책사가 진나라의 장의다. 장의는 초나라에 사신으로 와서 회왕에게 600리의 땅을 바치겠다고 속여 초나라와 제나라 간의 합종관계를 단절하도록 만들었다. 뒤늦게 장의의 계략에 속은 것을 알아챈 회왕이 진나라와 전쟁을 했지만 강대한 진나라에 패할 수밖에 없었다. 이미 동맹관계를 단절한 제나라의 도움도 받지 못했다. 경양왕이 즉위한 뒤 굴원은 다시 초나라 조정에 복귀했지만 진나라와의 국교가 정상화되자 그는 다시 강남으로 유배됐다. 그가 자살한 것은 이때다. 둥팅호 남쪽을 방황하던 굴원은 미뤄장에 이르러 '세상은 취해있는데 혼자서만 깨어있다'며 〈어부가〉를 남기고는 강에 뛰어들었다.

미뤄장을 찾은 것은 마침 단오절이었다.

매년 단오절에는 이 미뤄장에서 '룽저우징두 대회'가 열린다. 천여 년 전부터 계속돼 온, 이 미뤄장에 빠져 죽은 굴원의 넋을 기리고 그를 기억하기 위한 행사다. 물고기들이 물에 빠진 굴원의 시신을 훼손하지 않도록 기원하는 마음에서 쭝즈나 쌀을 미뤄장에 흩뿌리는 일도 빠뜨리지 않는다.

이 룽저우징두는 미뤄장뿐만 아니라 펑황고성에서도 열리고, 강이 있는 곳이면 중국 전역 어디에서나 열리지만 미뤄장 룽저우징두 대회가 원조라고 해도 과언이 아니다. 실제 경기에 앞서

둥팅호 전경.

굴원의 시를 음악과 춤으로 형상화한 행사가 한참동안 펼쳐졌다. 그러고 나서 강가에서 온종일 롱저우징두가 열린다. 이 경주는 굴원을 위해 물고기를 쫓고, 홍수와 가뭄 대신 풍년을 기원하고 축복을 기원하는 중국인들의 마음을 담고 있다.

특이한 것은 다른 지역은 몰라도 이곳 미뤄장에서의 롱저우징두 대회는 해마다 비가 내리는 가운데 열린다는 점이다. 이 해에도 강수량이 예년보다 크게 적은 가뭄이어서 경주대회를 치르지 못할 정도였는데 가까스로 대회 직전에야 강행하겠다는 방침을 확정했다. 역시나 이 해에도 식전 행사가 끝나자마자 비가 억수같이 내리기 시작했다.

홍콩이나 타이완에서도 이와 비슷한 용두대회가 열리고 있다. '탕' 소리와 함께 용머리를 한 가늘고 긴 배들이 고수의 '둥둥둥' 북소리에 맞춰 쏜살같이 치고 나온다. 강변에선 '찌아요우! 찌아요우!'(加油! 加油!) 하는 응원소리가 거세다. 역사와 정치의 영역에 속해 있던 굴원이 중국인들의 마음속으로 자리 잡은 것이 바로 이 미뤄장이었다. 주군과 백성을 위해 목숨을 던진 굴원의 행위는 이제 '쫑즈' 먹기와 롱저우징두 같은 모든 사람들이 함께 즐기는 단오절의 빼놓을 수 없는 행사가 됐다.

'좌절한 정치가' 굴원을 통해 신중국의 정치상황이나 정치인들을 반추해볼 수 있었다. 굴원은 현실적인 정치가가 아닌 이상을 좇던 시인이었다. 그 시대나 지금이나 굴원 같은 유약한 문인은 한 시대를 이끄는 정치가가 될 수는 없었다. 아마도 전국시대에도 신중국의 황제 '마오쩌둥' 같은 야심가가 있었다면 천하를 장악할 수 있었을지도 모른다.

17. 마오는 살아있다

'마오 주석이 우리를 영원토록 지켜줄 것입니다.'

톈안먼 성루에 걸려있는 거대한 마오쩌둥의 초상화는 오늘의 '신중국'을 상징하고 있다.

그런데 마오쩌둥 주석의 초상화는 베이징의 톈안먼에만 걸려 있는 것이 아니다. 인류역사상 유례없는 대기근으로 이어진 대약진운동과 '문화대혁명'이라는 비극적인 시대를 거친 중국이지만 그들의 가정에서는 어렵지 않게 마오쩌둥 초상화를 발견할 수 있다. 라오바이싱의 집과 식당 혹은 상점은 물론, 적잖은 기업의 사옥이나 사장실에는 어김없이 마오쩌둥 초상화가 걸려있었다.

아예 기업의 출입구나 가정집 거실에 별도로 마오쩌둥 주석을 모신 제단을 차려놓은 경우도 적지 않았다. 그들은 매일 아침마다 마오 주석에게 향을 올리고 절을 하고 기도를 한다. 그런 그들이야말로 진정한 '마오이스트'(마오주의자)라고 할 수도 있다.

인민 위에 군림하면서 자신들을 괴롭히고 박해했던 '폭군'(暴君)이었지만 그가 사망한 후에 '마오의 시대'를 고발하고 그의 과오를 파헤치기는커녕 오히려 마오쩌둥을 신의 영역으로 끌어올려 놓고 그리워하는 것이 오늘날의 중국사회다. 마오의 시대가 없었다면 개혁개방의 덩샤오핑 시대나, '원바오'를 달성하고 '샤오캉' 시대로의 진입이 불가능했을 것이라는 인식도 확산되고 있다.

늘 자신의 권좌(權座)를 불안해하면서 죽을 때까지 '문혁'을 통해 공포와 숙청 정치로 일관한 마오의 걱정은 한갓 기우(杞憂)에 지나지 않았다.

마오 주석은 이제 중국인들에게 유일신이자 재물신으로 간주되고 있다. 재물을 가져다줄 뿐만 아니라 라오바이싱의 안전까지 보장하는 신인 셈이다. 30여 년간의 '마오의 시대'가 만들어낸 무신론과 유물론, 배금주의의 결합이 오늘날의 마오쩌둥의 신격화로 이어진 것이다.

살아있는 마오가 황제였다면 죽은 마오는 신으로 승격했다. 실제로 중국인 가정의 신앙조사 결과를 보면 조사대상의 11.5%가 마오 주석을 모시고 있었다. 조상신을 모시는 가정(12.1%)에 이은 엄청난 수치로 재물신이 마오 주석에 이어 3위를 차지했다. 마오 주석과 관우 등의 재물신 혹은 불상을 함께 모시는 가정이 전체의 절반에 이른 것이다.

중국에서 종교의 자유는 존재한다. 그러나 '신을 믿지 않는' 무신론이 바탕인 공산당이 지배하는 중국에서 유일신을 믿는다는 것은 신분상승의 특권으로 여겨지는 공산당에 입당하지 못하는 등 많은 것을 포기해야 하는 모험일 수밖에 없다. 한때 공산당은 '종교를 사회주의의 마약'이라며 비판한 적도 있다. 그러니 신을 믿는 것보다는 현세의 실력자인 마오쩌둥의 초상화를 걸어놓고 날마다 기도하는 것이 보다 현실적이고 도움이 되는 선택인 셈이다. 이미 마오 주석은 중국인 모두에게 '재물신'으로 공인되지 않았던가.

중국인의 종교는 다양하다. 마오 주석을 신봉하는 마오주의자도 있고, 기독교도 있고, 불교도 있다. 그러나 이들을 관통하는 단 하나의 종교는 돈이다. 이미 《인민복을 벗은 라오바이싱》(2007, 아르테, 298쪽)에서 지적했듯이, '중국인들의 가치관은 지극히 현실적'이다. 사후와 미래를 생각하기보다는 오늘과 현재를 더 중시한다는 의미에서 현실적이라는 뜻이다. 생활이 더 윤택해지고 경제적 이득이 생긴다면 체제 따위는 문제 삼지 않는다. 요즘 중국인들의 최대 관심사는(물론 예전에도 마찬가지지만) '어떻게 하면 내 돈을 굴려서 더 많은 부를 창출하느냐'다.

그래서 마오 주석의 초상화는 톈안먼과 중국인들의 가정에만 걸려있는 것이 아니라 그들의 마음속에도 단단하게 고정돼 있다. 그들 마음속 깊숙이 걸려있는 마오 주석의 초상화는 누구도 강제로 끌어내릴 수 없다. 문혁 때의 홍위병들처럼 손에 마오쩌둥 어록을 움켜쥔 마오주의자가 아니더라도 중국인이라면 누구나 마오를 신으로 받아들이게 된 것이다.

톈안먼 마오 주석의 초상화는 류샤오치가 주석직에 재선출된

후난성의 어느 가정집에 차려진 마오 주석 제단.
라오바이싱에게 마오쩌둥은 유일신이다.
그들은 매일 아침 마오 주석을 향해 향을 올리고 부자가 되게 해달라고 빌고
가족의 안전과 건강을 기원하고 있다.

1965년, 류 주석의 초상화로 대체될 뻔했다. 그러나 신중한 류샤오치는 중앙위원회의 결정을 뒤집고 마오 주석의 초상화를 끌어내리고 자신의 초상화를 내거는 일을 막았다. 아마 그때 마오 주석의 초상화가 톈안먼에서 끌어내려졌다면, 역사는 달라졌을지도 모른다.

두 번째는 마오 주석이 사망한 직후, 그의 공과에 대한 평가가 분분했을 때다. 덩샤오핑이 주도한 당시 중국지도부는 '공7 과3'으로 결론내렸다. 마오가 신중국 건국에 공이 컸지만 문화대혁명 등 통치과정에서는 적잖은 과오와 오류가 있었다는 점을 지적한 것이다. 덩샤오핑은 마오 주석의 영원한 유훈통치를 승인했다. 이로써 마오 주석의 초상화는 '영원히' 톈안먼에 걸려있게 된 것이다.

마오 주석은 우리의 신입니다. 중국의 영웅이지요!

닝샤오야오(宁少遙)는 무한한 경외심을 갖고 마오 주석을 모시고 있었다.

문혁이 발발했던 당시, 세 살에 불과했던 샤오야오는 문혁에 대한 나쁜 기억보다는 오늘의 중국을 세운 마오 주석에 대한 감사와 존경의 마음을 앞세웠다. "마오 주석이 없었다면 오늘과 같은 중국은 상상도 할 수 없습니다."

샤오야오가 4대째 사는 이곳은 후난성 중부에 위치한 훙장구청(洪江古城). 청말 때까지 내륙수로의 요충지로 번성했던 '훙장구청'은 상업의 중심지답게 200여 개나 되는 아편굴이 밀집한 환

톈안먼 광장에 나타난 마오쩌둥.

사실은 마오쩌둥 역할을 전문으로 하는 배우 구윈(古云)이었다.

중국에서는 그를 마오 주석 특형(特型, 전문) 배우라고 부른다.

그는 인터뷰를 할 때마다

'우리의 예술활동은 대중을 위해 복무하는 것이다'라고 말한다.

락의 소굴이기도 했다. 쇠락한 영화(榮華)의 한켠을 부여잡고 살아가는 후난인 샤오야오. 단 하루도 이 오래된 고성을 떠나본 적이 없는 그는 특히 마오 주석이 후난의 이웃마을 사람이라는 자부심이 대단했다.

우리 후난 사람들은 정이 많고 예의를 굉장히 중요시합니다. 후난이 없었다면 중국도 없었을 것입니다.

샤오야오의 집에 들어서자 거실 한가운데에 차려진 제단 위에 마오 주석의 초상화가 빛바랜 채 걸려있었다. 수십 년 전부터 그 자리를 잡고 있었던 것 같았다. 그리고 마오 주석 바로 옆에는 '재물신'으로 추앙받는 삼국지의 영웅 '관우'의 초상화도 나란히 붙어 있었다. 마오 주석은 관우와 같은 반열의 신이 돼 버린 것이다.
샤오야오에게 물었다.

"왜 마오 주석의 초상화를 모시고 있나요?"
"중국인민들은 마오 주석을 마음속으로 존경하고 있습니다. 마오 주석은 우리 인민의 영원한 신입니다."
"마오 주석을 모시면 부자가 될 수 있다는 속설을 들었습니다."
"누구나 부자가 되고 싶지요. 무엇보다 마오 주석은 '신중국'을 건설한 인민의 영웅입니다. 오늘날과 같이 누구나 잘살 수 있게 된 것도 따지고 보면 마오 주석 덕분입니다. 우리는 매일 아침 일어나자마자 이 제단에 있는 마오 주석에게 절을 하고, 잠자기 전에도 마오 주석에게 절을 합니다. 이렇게 가족이 건강하게 잘살고 있는 것도 다 마오 주석의 보살핌 때문입니다."

후난 사람들에게 마오쩌둥은 영웅이자 신이다.

그들은 집안 곳곳에 마오쩌둥의 초상화와 사진을 도배하다시피 붙여놓고 있었다.

마오 주석의 초상화를 붙여두면 부자가 될 수 있다는 속설도 믿고 있다.

샤오야오의 집뿐만이 아니었다. 홍장구청의 어느 집에 들어서더라도 가장 먼저 눈에 들어오는 것이 마오 주석의 초상화였고, 마오 주석의 조각상이었다. 3대가 함께 모여 단란하게 식사하는 식탁에서도, 이웃사람들과 모여서 마작하는 테이블 위에도 마오 주석은 함께했다. 바느질하는 모습에 이끌려 들어간 한 가정집은 사방 벽이 온통 마오 주석의 초상화로 도배되어있었다. 그것은 종교적인 믿음 이상의 집착 같기도 했다. 중국인 중에서도 특히 후난 사람들의 마오 주석 사랑은 유별났다.

'마오 주석이 없었다면 중국은 없다.', '후난이 없다면 중국도 없다.'

후난 사람들의 지독한 마오 주석 사랑에는 이런 생각들이 바닥에 깔려있다.

대약진운동을 통해 이상적 공산주의의 길을 재촉하다가 수천만 명의 인민을 희생시킨 데다 자신의 후계자 류샤오치를 '주자파'(자본주의자)의 우두머리로 몰아 잔혹하게 숙청한 마오 주석이 오히려 중국인들로부터 가장 사랑받던 재물신 '관우'보다도 더 섬기는 재물신이 된 현실은 역사의 아이러니가 아닐 수 없다.

샤오산 마오 주석의 옛집을 찾는 수많은 참배객들이 마오 주석을 그리워하고 추모하기보다는 좀더 많은 부를 바라는 마음으로 찾는다는 사실을 마오 주석이 깨닫는다면 무덤 속에서도 벌떡 일어날지도 모른다. 샤오산의 중국인들은 마오 주석의 흔적을 더듬어 보고 마오 주석이 즐겨 먹던 홍샤오로우를 먹고 가난했지만 '한솥밥을 먹던' 마오의 시대를 떠올리고는 안도의 한숨

마오는 살아있다.

마오 주석 탄생 120주년을 맞아 발행한 기념주화는 불티나게 팔렸다.

을 내쉬곤 한다.

더 많은 돈을 벌기 위해 경쟁을 해야만 살아남는, 자본주의보
다 더 가혹한 중국식 사회주의체제 속에서 중국인민들은 한편으
로는 부자가 되게 해달라고 마오 주석을 향해 절을 하고, 다른
한편으로는 그 시절을 떠올리며 향수에 젖어든다.

실제로 중국인들이 마오 주석의 초상화를 부적처럼 지니고 다
니게 된 재미있는 일화도 전해지고 있다. 마오쩌둥 탄생 100주
년이 된 1993년, 광둥성(廣東省)에서 버스사고가 났다. 많은 사
람들이 다치거나 죽었는데 유일하게 한 사람만이 다친 데 없이
멀쩡했다. 공교롭게도 그가 마오 주석의 사진을 몸에 지니고 있
었다는 사실이 알려지면서 그때부터 마오는 중국 인민의 안전을
보장하는 신으로 추앙받고 있다. 운전기사들은 너 나 할 것 없이
마오 주석의 초상화를 차량의 이곳저곳에 붙이고 다니기 시작했
고, 라오바이싱들도 마오의 초상화나 마오 배지 혹은 작은 마오
쩌둥상 하나 정도는 품에 지니고 다니는 현상이 신드롬처럼 빚
어졌다.

중국인들에게 마오는 신 이상의 존재다.

견디기 힘든 지옥과도 같은 문혁 등 거칠고 험난했던 '마오의
시대'를 살아남은 중국인들에게 마오는 독재자이자 폭군 이상이
었을 것이다. 그러나 이제 마오는 더 이상 폭군도, 선정(善政)을
베푼 주석도 아니다. 마오는 중국인들이 위안을 받고자 하는 신
과 같은 존재이자 참배의 대상이기도 하고 돈을 벌게 해주는 재
물신이다. 1위안짜리 인민폐에서부터 100위안짜리에 이르기까

마작을 하는 사람들 뒤로 마오 주석의 초상화가 걸려있다.
마오는 늘 그들과 함께하는 재물신 이상의 존재다.

지 중국의 모든 지폐를 장악한 마오 주석은 부자가 되고 싶은 중국인들의 유일한 재물신이다.

전지전능한 신의 위상으로 올라간 마오. 그는 이제 물과 공기처럼 생활 속에서 중국인민과 함께하는 절대존재가 됐다.

죽은 마오 주석에 대한 숭배 분위기는 후난성을 비롯한 중국 전역에 마오쩌둥 동상이 속속 세워지는 현상에서도 엿볼 수 있다.

마오 주석의 고향 샤오산의 마오쩌둥 동상은 1993년 마오쩌둥 탄생 100주년에 맞춰 조성한 '마오쩌둥 동상광장'에 세워진 것으로, 당시 장쩌민 주석이 직접 글을 쓰고 제막했다. 이 동상은 기단 높이 4.1m에 동상 높이가 6m로 총 10.1m에 이른다. 10.1m는 중화인민공화국, 곧 '신중국'이 수립된 10월 1일 국경절을 뜻하는 숫자로, 마오쩌둥이 신중국을 창건한 국가지도자라는 것을 상징한다. 이 '마오쩌둥 동상광장'은 2008년 '마오쩌둥 광장'으로 이름이 바뀌었다.

마오쩌둥 광장에 상징성을 부여하려는 중국지도부의 의지는 이 광장의 입구에서부터 동상이 위치한 곳까지의 길이가 183m라는 사실에서도 또 하나 엿보인다. 마오 주석의 키가 183cm였다는 점을 기억해내면서 마오 주석에 대한 끝없는 숭배의식을 하나 더 노출한 셈이다.

창사시를 동서로 가르면서 흐르는 샹장 한가운데에 위치한 '쥐즈저우' 공원에는 '큰바위 얼굴'을 연상케 하는 거대한 얼굴상이 우뚝 서 있다. 바로 마오쩌둥의 청년시절 모습을 조각한 두상(頭像)으로 창사시 정부가 마오 주석의 공적을 기리겠다며 2009년

창사 쥐즈저우에 조성된 마오쩌둥 두상.
창사는 마오의 유적이 남아있는 '마오의 도시'다.

조성한 것이다.

모래톱섬인 이곳은 창사시민이 즐겨 찾는 공원인 데다 샹장을 오르내리는 유람선에 타고서도 마오 주석의 큰바위 얼굴을 볼 수 있다는 점에서 창사시의 색다른 볼거리로 유명세를 타고 있다. 이 대형 두상은 높이가 32m, 폭 41m, 길이가 83m에 이르는 엄청난 규모다.

중국을 여행하다 보면 사막 한가운데에서 금빛으로 번쩍번쩍 빛나는 마오쩌둥 동상을 만나기도 하고, 대학구내에서도 마오 주석의 동상과 맞닥뜨리는 일을 종종 겪는다. 생전에 시작된 마오 주석에 대한 개인숭배는 오히려 사후, 전지전능한 신이 된 뒤 비로소 완성되고 있는 것 같다. 마오쩌둥이 사망한 후, 톈안먼에서 그의 초상화를 걷어내 버리는 대신 오히려 신중국의 영웅으로 부각시키면서 신격화에 나선 공산당 지도부. 그것은 죽은 마오 주석에 필적할 만한 카리스마를 갖춘, 당시 8억의 중국인을 이끌고 나갈 수 있는 지도자가 없었기 때문이었는지도 모르겠다.

마오 주석에 맞섰던 류샤오치와 펑더화이, 주더 같은 정적들이나 유능한 전략가였던 저우언라이마저 '마오 주석이 존재하지 않는 세상'을 보지 못한 채 먼저 세상을 떠났다. 이 같은 마오 주석 신격화는 절대권력에 대한 중국인민의 체화된 열망이자, 마오 사후 본격화된 재물신 숭배와 궤를 같이한다는 점에 주목할 필요도 있다.

문혁 당시의 홍위병 공연 모습.

2013년 12월 26일 마오쩌둥 탄생 120주년을 한 달 앞둔 12월 초. 베이징의 한 농장에서는 마오쩌둥 동상 낙성식이 열렸다.

이 동상은 마오가 손을 흔들고 있는 모습을 형상화한 것으로 높이가 12. 26m에 이르렀다. 12. 26m는 마오가 태어난 12월 26일을 의미하는 숫자다. 이 동상의 실제작비는 100만 위안. 동상 제막식에는 마오의 두 딸 리민과 리나를 비롯한 마오의 후손들은 물론 혁명원로들의 후손들(紅二代)이 대거 참석했다. 낙성식을 마친 동상은 이후 광둥성 칭위안(請遠) 시 동방홍(東方紅) 문화광장에 설치됐다고 〈싱다오(星島) 일보〉가 보도했다.

동상 제작비용을 댄 광둥성 출신의 우화전(吳華珍, 82)은 동상을 건립한 이유에 대해 "마오 주석에게 행동으로 감사드리고 싶었다"고 밝혔다. 그 역시 힘든 시기를 살아남아 운 좋게 부자가 된 것을 기념하기 위한 것이었으리라. 우화전 같은 중국 부자들의 기부는 더 많은 돈을 바라는, 욕망의 기도의 일환이라는 점을 놓쳐서는 안 된다.

중국공산당 창당 90주년과 마오쩌둥 탄생 120주년을 맞이한 2011년과 2013년 중국 전역에서는 마오쩌둥 동상 주조붐이 일었다.

허난에서는 마오쩌둥 얼굴을 새긴 500g짜리 순금 기념주화를 발행했다. 이 주화의 가격은 21만 9천 위안(약 3, 700만 원) 이었다. 남쪽 광둥성 선전시에서는 순금과 옥으로 만든 50kg짜리 마오 주석 동상을 제작했다. 다리를 꼰 마오 주석이 옥으로 만든 의자에 앉아 있는 모습의 이 초호화 동상은 높이가 80cm에 이르는데 제작비만 1억 위안(약 170억 원) 이 들었다.

이 같은 마오 주석에 대한 중국인들의 절대적인 숭배분위기와

후난위인 100인상(像) 위에 한 여대생이 올라간 사진이 논란을 불러일으켰다.
이 여대생이 마오쩌둥의 부조 위에 올라 바로 옆의 류샤오치를 쓰다듬고 있다.
류샤오치 옆은 펑더화이 장군이다.

달리 마오 주석의 고향인 후난의 한 젊은 여성이 공공장소에 전시된 마오 주석 동상에 걸터앉았다가 사진이 찍혀 중국 인터넷에서 논란이 된 적이 있다.

2009년 2월 쓰촨성의 〈톈푸자오바오〉(天府早報)와 인터넷 사이트인 쓰촨짜이셴(四川在線)은 '마오쩌둥 동상에 올라탄 여대생'이라는 제목으로 인터넷에 올라온 사진을 게재했다. 사진의 주인공은 후난성의 한 공원에 설치된 '후난 위인 100인상'으로 불리는 동상 중에서 하필이면 마오쩌둥 주석의 어깨 위에 올라탄 채로 웃고 있었다. 이 사진이 인터넷에 공개되자 중국의 인터넷은 난리가 났다. 순식간에 사진 속 인물을 찾아내 실명을 공개하고 비난과 욕설을 보냈다고 한다.

"어떻게 감히 온 인민의 존경을 받는 신과 같은 마오쩌둥 주석의 동상에 올라앉아 사진을 찍을 수 있느냐."

공교롭게도 이 사진의 주인공이나 동상이 위치한 곳은 모두 마오 주석의 고향인 후난성이다.

재물신 마오

중국의 지폐인 런민비에는 1위안짜리에서부터 100위안짜리 고액권에 이르기까지 모두 마오쩌둥 주석의 초상화가 도안으로 사용돼 있다. 우리나라의 고액권인 5만 원권에는 신사임당이 1만 원권에는 세종대왕이 도안으로 사용된 것과 달라서 지폐 전면에 인쇄된 인물만으로는 지폐를 구분할 수 없다.

마오쩌둥이 런민비에 처음으로 등장한 것은 1987년 단행된 제

마오쩌둥 대역 전문 배우(구원)가 마오쩌둥의 글씨를 흉내 내서 쓰자
마오를 숭배하는 중국인들이 기념사진을 찍고 있다.

4차 런민비 개혁 때다. 중국인민은행은 마오쩌둥을 신중국 건국에 공이 큰 3명의 혁명원로들과 함께 런민비 도안으로 사용했다.

이때 새롭게 발행된 100위안짜리 런민비에는 마오쩌둥이 저우언라이, 류샤오치, 주더 등과 함께 처음으로 등장했다. 그 이전에는 마오든 누구든 국가지도자가 화폐에 등장한 적이 없었다. 마오쩌둥의 집권기인 1949년~76년 사이에도 런민비에는 마오쩌둥은 물론 다른 역사적 인물이 사용된 적이 없다.

10여 년 후인 1999년 신중국 건국 50주년을 맞아 단행된 제 5차 런민비 발행 때 마오쩌둥은 1위안에서부터 100위안에 이르기까지 런민비의 전면을 독차지해버렸다.

이는 건국 50주년을 맞은 중국공산당 지도부의 정치적 고려에 의해 단행된 것으로 볼 수 있다. 이미 개혁개방 이후의 폭발적인 시장경제의 성장을 고려하지 않을 수 없는 중국 정부로서는 2위안짜리를 폐기하는 대신, 20위안권 런민비를 발행했고, 100위안권을 대폭 개편해서 내놓았다. 또한 1위안권 이상의 모든 런민비의 도안을 마오쩌둥의 초상화로 대체했다.

이는 신중국 50주년을 경축함과 동시에 마오쩌둥 사상을 중심으로 한 중국공산당의 혁명 역사와 정치체제를 공고히 다지겠다는 정치적 의지를 대내외에 선포했다는 의미를 갖고 있다. 또한 죽은 마오쩌둥을 통해 중화인민공화국의 정치적, 이념적 통일성을 강조하고 체제안정성을 지향하겠다는 정치적 의미도 함께 담겨있다.

특히 계획경제에서 시장경제로의 이행이 완벽하게 이뤄짐과 동시에 마오쩌둥은 인민들이 생각하는 부의 화신으로 확실하게

런민비에는 1위안에서 100위안에 이르기까지
모두 마오쩌둥 주석을 도안으로 사용하고 있다.

자리매김하는 계기도 마련한 것이다.

사실 당시 제 5차 런민비 발행을 추진한 '인민은행'은 화폐인물을 도안하면서 '공자'와 '장자', '이백', '악비' 등 중국 역사상의 주요 인물들을 전면에 배치하는 방안을 고려한 것으로 알려졌다. 그러나 역사적 인물들에 대한 정치적 평가와 인민들의 호감도가 달라서 고심을 거듭하지 않을 수 없었다. 그러다가 결국 대부분의 중국인들이 마오쩌둥에 대해서는 익숙하게 받아들이고 있다는 점에서 마오쩌둥을 선택했다는 것이다. 이 제 5차 지폐도안에 사용된 마오쩌둥 초상화는 제 1차 정치협상회의 석상에서 강연하던 모습으로 비교적 초창기의 모습이다. 100위안권의 경우, 4차 때의 청색 런민비가 홍색으로 색조가 바뀐 것도 또 다른 변화로 꼽힌다. 홍색은 중국인 특유의 기쁨과 아름다움을 나타내고 중국인의 전통복장과 생활에서도 늘 사랑받는 색이었다. 그런 점에서 런민비의 변화는 경제성장에 따른 중국사회의 시대정신 변화의 상징이기도 한 셈이다.

1987년에 발행한 제 4차 런민비는 처음으로 100위안권 고액권이 등장했다는 점이 가장 큰 특징이다. 제 4차 런민비 발행계획은 1983년부터 추진됐다. 이때는 마오쩌둥이 사망한 지 수년이 지났을 때였다. 처음에는 20위안권만 새롭게 발행할 계획이었는데 상품경제의 발전에 따른 시장의 폭발적 수요에 따르지 않을 수 없어 더 높은 고액권인 50위안과 100위안권을 발행했다. 이때 마오쩌둥을 필두로 한 4명의 국가지도자를 100위안권의 도안에 삽입한 것은 "마오쩌둥 사상은 중국공산당의 집단지혜의 결정"이라는 의미를 담고 있었다.

신이 된 마오쩌둥. 마오는 가난한 라오바이싱의 집안에 붙어있는
낡은 사진뿐만 아니라 그들의 마음속에도 존재한다.

1999년 제5차 런민비 발행 이후 지금까지 더 이상의 변화는 없다. 현재 중국 화폐는 지폐인 런민비와 경화(동전)가 함께 사용되는데 본위화폐로는 1위안권에서부터 5위안, 10위안, 20위안, 50위안, 100위안 등 6가지가 있고, 1자오〔角, 시중에서는 자오라고 하지 않고, 마오(毛)라고 부르기도 한다〕와 5자오 등의 보조화폐가 함께 사용된다.

다만 이 '자오권'의 도안은 소수민족이 차지하고 있다는 점이 마오쩌둥이 독차지한 본위화폐와 다르다. 1자오에는 고산족과 만주족, 5자오에는 먀오족과 좡족을 대표하는 초상화가 그려져 있다. 4차 런민비 때 발행된 2자오에는 부이족과 조선족이 함께 도안으로 사용돼 있다.

또한 마오쩌둥 초상화로 대체되기 전인 제4차 런민비에선 1위안에 둥족과 야오족, 2위안에 위구르족과 이족, 5위안에 티베트족과 후이족, 10위안에 한족과 몽골족, 50위안에 노동자 농민 지식인 등이 도안으로 사용된 것도 간과할 수 없다. 당시 시대정신이 중화민족의 전통과 민족의식 및 민족 간 단결을 강조할 때라서 인구가 많은 소수민족들을 상당히 배려한 흔적을 남긴 것이다.

또한 이들 인민폐의 뒷면에는 오성홍기가 그려진 '국장'(1, 2, 5자오)과 만리장성, 난텐이주, 창장싼샤, 히말라야 초모룽마봉, 황허의 후커우 폭포, 징강산 등을 넣어 중국의 산수와 중국공산당의 혁명역사를 찬양했다.

우리가 흔히 부르는 '런민비'라는 명칭은 우리나라 한국은행처럼 발권권한이 있는 '중국인민은행'이 중국의 공인화폐를 발행하기 때문에 붙여진 것이다. 중국인민은행은 신중국 건국 직전인 1948년 12월 1일, 옌안을 중심으로 성장한 북해은행과 서북농민은행, 화북은행을 합병해서 설립하자마자 곧바로 홍색정부의 중앙은행 역할을 해왔다.

그 길의 끝에서

마오로드, 그 길의 끝에 서있다.

길의 시작에 마오쩌둥이 있었다. 그리고 그 길의 끝에도 마오가 서있다.

어쩌면 '마오 없는 후난, 마오 없는 신중국'은 존재하지 않을지도 모른다.

마오로드와 신중국의 길은 '마오쩌둥호'의 궤적을 따라 같이 달려왔다.

한때 그 길은 혁명이라는 미명하에 붉은 피로 물들기도 했고, 대약진(大躍進)이라는 구호 아래 수천만 명이 굶어죽기도 했고, 문화대혁명의 광풍이 불 때는 부모와 자식, 스승과 제자, 형제자매, 친구와 친구, 이웃과 이웃 간에 서로 총칼을 겨누기도 했던 미망(迷妄)의 길이었다.

마오의 시대를 견디며 살아남은 8억의 중국인들은 살아남기 위해 마오쩌둥을 절대 복종해야 하는 신의 존재로 여겼다. '마오쩌둥 어록'을 높이 쳐들고 그의 말을 성경처럼 외웠다. 혹은 아버지를 '반동분자'로, '지식인분자'로, '부르주아'로 고발하면서 마오쩌둥의 시대에 살아남기 위해 발버둥쳤다. 출세를 위해 형제들에게도 돌을 던졌고, 내 가족을 지키겠다며 이웃을 마오에게 팔아넘겼다.

그때는 그런 시대였다. 모두가 숨을 죽였고 모두가 부역자였다. 마오쩌둥을 따르지 않으면 죽어야 했다. 류샤오치가 그랬고, 펑더화이가 그랬다. 국가 주석마저 어린 홍위병들에게 수모를 당한 끝에 비참한 죽음을 당하는 사태는 공포스러운 사회였다. 살아남아야 했다. 그때는.

그러나 마오는 신이 아니었음을 증명하듯 83세의 나이로 생을 마감했다. 자신이 할 수 있는 모든 것을 불살라 자신의 욕망을 불태웠으나 불로초를 구하지 못한 진시황처럼, 마오의 욕망도 유한한 인간의 삶을 넘어서지는 못했다.

그 길의 끝에서 묻는다.

마오에게 권력은 무엇이었을까. 그에게 인민과 이데올로기는 무엇이었을까.

한때 마오는 수정주의자, 주자파로 정적들을 매도했지만 사실 마오쩌둥에게 인민은, 이데올로기는 권력을 유지하기 위한 도구였을지도 모른다. 그의 욕망의 도구였을지도 ….

황제가 사라진 평등한 세상을 꿈꾼 혁명의 명분은 그럴듯한 것이었다. 장제스의 국민당 정부가 할애한 옌안 시절은 마오의 혁명과정에서 가장 평화로운 시기였다. 천하대란은 늘 그에게 기회였고, 그의 권력을 향한 본능의 촉수는 그것을 놓치지 않았다. 사회주의든, 공산주의든 중요한 것은 권력을 잡을 수 있는 기회였다.

징강산에서 처음으로 권력의 맛을 본 후, 대장정에 나서 구이저우성 쭌이에서 확보한 중국 공산당의 최고지도자라는 자리를 그는 일평생 내려놓지 않았다. 한 번 잡은 권력을 내려놓지 않는 것이 '마오 본능'이었다. 장제스의 초공전(剿共戰)이라는 절체절명의 위기상황도 정적들에 대한 무자비한 견제와 숙청을 멈추게 하지 못했다. 그는 일평생 정적과 싸웠다.

그가 황제의 자리에서 내려오지 못한 것도, 후계자를 숙청한 것도, 아내를 믿지 않았던 것도 따지고 보면 '피는 함께 나눌지라도 빵은 함께 나눌 수 없는' 권력의 속성에서 비롯된 것이었다.

그럼에도 아직, 마오는 살아있다.

마오로드를 떠나오면서 문득 그런 생각이 들었다.

어쩌면 마오는 중국인 모두에게 '주홍글씨'와도 같은 존재는 아니었을까.

근대사의 광풍 속에 오직 살아남기 위하여 누군가에게 주홍글씨를 새기고, 돌팔매를 치고, 총칼을 겨누었던 원죄의식이 남아 있는 것은 아니었을까. 그 거대집단의 암묵적 용인은 스스로가 자행한 범죄를 마오 정신과 마오의 유토피아에 다다르게 하는 행위라고 자위했던 것은 아니었을까. 그것이 그 시절을, 그 모순된 폭력을, 그 패륜과 그 짐승 같은 시간을 용납받을 수 있는 유일한 길이었을지도. 그럼으로 역으로, '마오의 부정'은 인민 스스로와 그 시대의 정수리에 스스로 총을 겨누는 자살행위와도 같은 것이다.

신중국을 사는 그 누구도 마오 시대의 책임에서 자유롭지 못하다. 마오쩌둥을 계승한 화궈펑 주석이 마오쩌둥의 시대를 연장하고 계승하겠다고 하자, 라오바이싱은 그를 외면했다. 마오쩌둥을 넘어선 새로운 마오의 시대를 요구했던 것이다. 덩샤오핑은 그런 시대적 흐름을 읽고 있었다. 그 역시 마오의 계승자였기 때문에 톈안먼 성루에 내걸린 마오쩌둥의 초상화조차 끌어내리지 않고 오히려 마오쩌둥을 신으로 격상시켰다. 마오의 시대에 대한 평가와 비판을 허용하지도 않았다. 그때부터 마오는 신이 됐다. 그 시대를 살아남은 사람들의 원죄는 다시 깊숙이 묻혔다.

황제의 꿈은 계속되고 있다.

후난에서 시작된 마오로드는 세계를 향하고 있다.

지금 중국은 경제대국 G2를 넘어, 미국을 능가하는 전 세계의 '황제국가'가 되겠다는 야심만만한 '신대국 굴기'(新大國 崛起)를 추진하고 있다. 미국과 소련에 이어 원자탄을 개발하고 우주개발에 나서는 한편 군사대국을 지향하면서 마오쩌둥이 그렇게도 집착한 '강대국' 중국의 꿈은 대약진운동의 실패로 무산됐지만, 그가 죽은 후 '마오로드'를 통한 강대국의 꿈은 사실상 이뤄졌다. 이미 중국은 미국 대통령에게 당당하게 '신대국관계'를 요구하고 있다.

후난은 그런 중국인들의 감춰진 속마음 같은 것이다.

수천 년의 시간이 지나도 변함없는 것은 자연과 인간의 욕망이다. 후난을 지키는 장자제와 둥팅호가 변함없이 그 자리에서 후난을 후난답게 하고 있다면 마오쩌둥의 욕망이 빚어낸 '마오로드' 또한 오늘의 중국을 마오처럼 '격렬'하게 하는 원동력이다.

오늘도 샤오산에는 마오쩌둥을 기억하려는 붉은 여행객들의 발길이 이어지고 있다. 그들은 마오쩌둥의 흔적을 확인하고 마오쩌둥의 요리로 불리는 '욕망의 만찬', 홍샤오로우 한 점으로 부자가 되고 싶은 그들의 욕망의 허기를 채울 것이다.

서명수 지음

산시, 석탄국수

중국의 지난 백 년을 알고 싶다면 상하이를,
천 년을 알고 싶다면 베이징을 보라.
그리고 중국의 3천 년이 궁금하다면
산시(山西)를 보라!

산시 사람들이 즐겨하는 말처럼 중국 3천 년 역사는
산시의 이야기와 궤를 같이한다. 국수, 석탄, 그리고
산시 사람. 이 책은 이 세 가지 키워드를 중심으로 독
자들에게 산시를 소개한다. 중국 전문기자인 저자가
직접 산시 곳곳을 누비며 취재한 이야기들은 산시의
과거와 현재, 미래는 물론이고 정치와 경제, 역사와
평범한 산시 사람의 일상까지 살아 움직이듯 생생해
독자들은 산시와 중국의 3천 년과 나아가 현재의 중
국을 만날 것이다.

신국판 | 226면 | 15,000원

서명수 지음

후난, 마오로드
신이 된 마오쩌둥

4반세기를 기자로 살아온 중국전문기자
서명수의 눈으로 거대한 나라, 중국의
후난(湖南)을 파헤친다.
후난의 길. 그 어디서나 느껴지는
마오(毛澤東)의 발자국, 숨결 그리고 신화!

마오쩌둥의 고향인 후난. 마오가 걸었던 후난의 5개
현, 마오로드를 찾아 나섰다. 신의 위상에 올랐던 마
오 신화도 세월이 흘러 한 꺼풀씩 벗겨졌지만, 후난에
서는 여전히 상점이나 가정집 어디서든 마오쩌둥의
초상화를 볼 수 있다. 후난 사람들은 마오쩌둥, 후난
이 없었다면 오늘의 신중국도 없었을 것이라는 자부
심을 가지고 살아간다. 직접 여행을 다니는 듯 펼쳐지
는 이야기를 통해 살아 있는 마오쩌둥을 보고, 신중국
속으로 걸어 들어가 보자.

신국판 | 396면

다큐멘터리 차이나

고희영 지음

여성 다큐작가의 섬세한 눈으로 클로즈업한 중국 서민들의 인사이드 스토리!
'세계의 공장'에서 'G2 국가'로 도약하기까지 중국인들의 눈물과 웃음을 담다!

우리는 이웃나라 중국에 대해 얼마나 알고 있을까? '문화대혁명', '세계의 공장', 'G2 국가' 등 파편적 이미지로만 파악하고 있지 않은가? 《다큐멘터리 차이나》는 이러한 피상적 이해에서 오는 오해와 편견을 깨고 현대 중국의 진정한 모습을 발견할 수 있도록 도와준다. 〈그것이 알고 싶다〉와 〈뉴스추적〉에서 메인작가로 활동했던 저자가 10년간 중국에서 살면서 인구의 99%를 차지하는 평범한 서민들의 삶과 그 삶 속에 흐르는 꿈과 사랑 그리고 아픔을 클로즈업했다.

크라운판 변형 | 올컬러 | 304면 | 20,000원

물숨

해녀의 삶과 숨

고희영 지음

웃자란 욕망을 다스리는 바다, 웃자란 욕망을 잘라내는 물숨. 오늘도 그 바다로 뛰어드는 해녀들의 이야기!

해녀의 발원지라 알려진 제주도 우도에서 해녀와 함께한 6년의 세월을 동명의 다큐멘터리 영화, 그리고 책으로 엮었다. '물숨'은 해녀들이 일컫는 물속에서의 호흡을 뜻한다. 욕심이 넘치는 순간 그 호흡을 마시고 죽음에 이를 수 있는 바다, 그 삶과 죽음의 경계에서 웃자란 욕망을 다스리며 살아가는 해녀들의 이야기를 아름다운 사진과 함께 담았다.

크라운판 변형 | 올컬러 | 448면 | 24,000원